高等院校市场营销系列精品规划教材

ADVERTISING PLANNING
PRACTICE AND CASES

第3版

广告策划
实务与案例

吴柏林　编著

机械工业出版社
China Machine Press

图书在版编目（CIP）数据

广告策划：实务与案例 / 吴柏林编著 . —3 版 . —北京：机械工业出版社，2018.1（2023.6 重印）

（高等院校市场营销系列精品规划教材）

ISBN 978-7-111-58622-7

I. 广⋯ II. 吴⋯ III. 广告学 – 高等学校 – 教材 IV. F713.81

中国版本图书馆 CIP 数据核字（2017）第 295286 号

  本书注重广告策划教学的综合性与实用性，在行文上力求提纲挈领；在语言表述上力求自然、准确、简练，尽可能使用广告人喜闻乐见的语言，并避免学究气和华而不实。案例教学与互动式教学历来是广告策划课程的鲜明特色之一，通过精选案例分析与研究引导学生更快地进入学习状态，真正以广告人的身份进入广告策划的学习。

  本书适用于市场营销、广告学等相关专业本科生与研究生，以及相应领域的社会工作人士。

出版发行：机械工业出版社（北京市西城区百万庄大街 22 号　邮政编码：100037）
责任编辑：宋　燕　　　　　　　　　　　责任校对：李秋荣
印　　刷：北京建宏印刷有限公司　　　　版　　次：2023 年 6 月第 3 版第 11 次印刷
开　　本：185mm×260mm　1/16　　　　印　　张：16.5
书　　号：ISBN 978-7-111-58622-7　　　定　　价：45.00 元

客服电话：(010) 88361066　68326294

版权所有·侵权必究
封底无防伪标均为盗版

第 3 版前言

亲爱的读者朋友：

大家好！

《广告策划：实务与案例》（第 3 版）与大家见面了，自 2010 年 4 月第 1 版、2013 年 5 月第 2 版出版以来，一直受到广大读者的厚爱。第 1 版持续重印 6 次，第 2 版持续重印 10 次，两个版本发行量累计 3 万余册。

细心的读者一定注意到第 3 版的变化。例如，第 1 章"广告策划概论"，增加了一节内容，"1.4 Web1.0、Web2.0、Web3.0 环境下的营销传播"。随着时代的进步、营销传播理论内涵和外延的不断丰富，在互联网技术、移动互联技术更新换代迅速、传播业态急剧转型的当下，广告策划需植入更多互联网基因，广告人需要了解更多关于"互联网""互联网+""移动互联"方面的知识。仔细分析、研究营销传播在 Web1.0、Web2.0、Web3.0 不同时期的变化与特质，对我们的"广告策划"来说，具有十分重要的意义。

与第 2 版相似，第 3 版的"开篇案例"同样也做了一些调整，具体情况如下。第 3 章"广告定位策略"以"耐克锁定女性市场"替换"想想小的好处——德国大众的汽车广告"，这次不是简单的"以新换旧"，更融入了耐克（Nike）官网的最新内容及链接；第 6 章"广告创意策略"以"戴姆勒-奔驰 smart fortwo 汽车广告'Offroad'"替换"动物历险记"；第 7 章"广告文案写作"以"新百伦《致匠心》"替换"大卫·奥格威为劳斯莱斯汽车所写的广告文案"；第 8 章"广告媒体策划"以"可口可乐中国广告的'因时而变'"替换"中央电视台 2009 年广告招标总额超过 92 亿元"；第 9 章"广告效果评估"以"IBM'关键时刻'——广告效果测评的神奇力量"替换"浪费的一半哪儿去了？"。新增案例注重知识性、实操性与时效性，力求与其所在章节的知识内容、实践环节更加合拍。

第 3 版也有一个"亮点"令人兴奋，那就是与我们"广告策划"相配套的微信公众号"营销传播与管理"（见图 0-1）。

"营销传播与管理"尝试建立一个移动互联环境下学习、咨询与服务的平台。通过学习交流与资源共享，帮助大家认识、理解、掌握市场营销的原理、方法与技巧，同时成为营

图 0-1 微信公众号"营销传播与管理"的二维码

销者、公关员、广告人深入研究与探讨营销调研、定位、策划、创意、传播、评估的交流场所。

"营销传播与管理"分为"营销传播""品牌管理"与"广告策划"三个大的栏目,"营销传播"含有"公共传播""商业传播""微信营销""体验式营销""整合营销传播"五个子栏目;"品牌管理"含有"品牌资产""品牌要素""品牌定位""品牌设计""品牌传播"五个子栏目;"广告策划"含有"广告定位""广告创意""广告文案""广告媒体""广告评估"五个子栏目(见图 0-2)。其中集合了作者 20 多年来搜集、整理的三大块共 15 类资源,分别以文字、图片与视频的形式展示。除此之外,如果你善用"查看历史消息"的话,相信大家在浏览之际,能够获取更多"干货",即更多的理论知识、拓展资源与优秀案例,备感"物有所值"。

图 0-2 微信公众号"营销传播与管理"的三大栏目,15 类资源

感谢中山大学(管理学院、岭南学院及传播与设计学院)、中国广告协会、广东省广告协会、机械工业出版社为本书写作所提供的支持与帮助。感谢各位读者对本书第 1 版、第 2 版所提出的宝贵意见与修改建议。感谢历届 MBA、MPA、EMBA、EDP 的同学、企业"总裁班""经理班"各类培训班的学员们。感谢我的学生陈碧琦(第 1 章"广告策划概论"中的"1.4

Web1.0、Web2.0、Web3.0环境下的营销传播")、姚颖纯(第6章"广告创意策略"的"开篇案例戴姆勒–奔驰smart fortwo汽车广告'Offroad'")、涂胜彬(第7章"广告文案写作"的"开篇案例新百伦《致匠心》")、王晓慧(第8章"广告媒体策划"的"开篇案例,可口可乐中国广告的'因时而变'")、王紫薇(第9章"广告效果评估"的"开篇案例,IBM'关键时刻'——广告效果测评的神奇力量")等同学为第3版的新内容与新案例所做的资料搜集与整理工作。感谢我的家人,在本书第1版、第2版、第3版的写作期间,给我的不仅仅是生活上的关心,更多的是精神上的支持与鼓励。

2017年10月于广州康乐园

第 2 版前言

《广告策划：实务与案例》（第 2 版）与大家见面了，自 2010 年 4 月第 1 版出版以来，本书一直受到广大读者的厚爱，持续重印 6 次。在此期间，不少读者朋友来信、来电、发电子邮件或通过"广告策划与策略"专题学习网站、博客、播客、微博、微信与作者一起切磋广告策划方面的问题，在切磋与交流之中给予巨大鞭策，使本人获益良多。

留心的读者一看便知，第 2 版的体例与版式更加人性化，为大家的学习与研究提供了更多便利。每一章的开头仍然有一个内容翔实的"开篇案例"，中间也不时有小案例、小资料出现。在每一章的教学内容之后，仍然有课后练习。

新版的"开篇案例"做了一些调整，具体内容如下：第 3 章"广告定位策略"以"想想小的好处——德国大众的汽车广告"替换"耐克锁定女性市场"；第 5 章"广告策略规划"以"'一人之军'广告战役"替换"'沐歌'沐浴露成功的公关与广告策划"；第 6 章"广告创意策略"以"动物历险记"替换"广告公司如何为自己做广告"。此外，第 10 章"综合案例研究"以"植入式广告：007 电影商业成功的奥秘"替换"昆仑之巅，未雨绸缪：'昆仑润滑油'整合营销传播策略"。这样的调整使其与该章的知识内容更加吻合，新增案例更注重时效性，力求与时俱进。

第 2 版最让人兴奋的一个亮点是我们的新版学习网站已经开通，网站分"学习导航""学习内容""学习平台""案例库""教学互动""课程特色""教学资源"与"课程评价"8 个栏目，集合了作者近 20 年来在广告策划方面收集、整理的各类资料，分别以文字、图片与视频等形式展示，毫无保留地奉献给读者。相信大家在浏览与观赏这些内容时一定会有意外的收获。网址是：http://ettc.sysu.edu.cn/policy/cmp_adv/index.htm。

在这个新的学习网站上，除了第 1 版所具有的全部内容以外，还有作者亲自主讲的很多专题讲座，其中有中山大学"管理论坛"专题讲座；中山大学精品课程实录；电视专题片"广告创意中的思维活动"；中山大学管理学院、岭南学院 MBA、EMBA 课堂实录"广告策划与策略"等。通过学习网站还可链接到优酷播客，直接播放作者在北京大学、清华大学、上海交通大学、浙江大学、中山大学 MBA、MPA、EMBA、EDP 其他课程的课堂直播或实录。

读者还可以上博客、微博、播客，参与网上资源共享、免费下载、问题研究与讨论。具体网址是：

网易博客"上善若水柏树林"：http：//lpsslwj. blog. 163. com/

新浪微博"中山大学吴柏林"：http：//t. sina. com. cn/1898673734/profile/

优酷播客"柏树成林"：http：//i. youku. com/u/UNDEzNzk1NTY=

感谢中山大学（管理学院、岭南学院及传播与设计学院）、中国广告协会、广东省广告协会、机械工业出版社为本书写作所提供的支持与帮助。感谢各位读者对第1版所提出的意见与修改建议，同时也期望大家对第2版进一步提出宝贵意见。感谢历届MBA、MPA、EMBA、EDP的同学、企业培训班的学员们，在"广告策划与策略"的各个教学环节（尤其是网上互动的全新教学形式）中，大家的积极参与让我们更进一步体验到了"双向互动、教学相长"。感谢我的10位研究生唐小红、谢冬纯、刘应映、姜兆恩、甘露、丁亦佳、唐嘉仪、尹夕君、赵梦、马金玲为第2版的案例所做的资料收集与整理工作。感谢我的家人，在本书首版及再版写作期间，给我的不仅仅是生活上的关心，更多的是精神上的支持与鼓励。

2013年3月于广州康乐园

第 1 版前言

关于本课程

广告策划是广告学、公共关系学、市场营销学、传播学、新闻学、装潢设计等专业的必修课程，其他专业的专业选修课或公共选修课。通过本课程的学习，能帮助学生从整体上把握广告策划的基本原理与方法，了解广告运作的基本环节，熟悉广告策划的基本策略与技巧，为学生将来从事广告策划工作做好知识与技能上的准备。

本书特色

本书的编写充分体现了广告策划教学的综合性与实用性、前瞻性与实操性，力争做到提纲挈领、要言不烦。

在语言表述上，力争做到自然、准确、简练，尽可能使用广告人喜闻乐见的语言，尽量避免学究气和华而不实。案例教学与互动式教学历来是广告策划课程的鲜明特色之一，通过精选案例分析与研究，引导学生更快地进入学习状态，真正以广告人的身份进入广告策划的学习。每章开头都有内容翔实的"开篇案例"，结尾有"本章小结""测试题""案例分析讨论题"。本书的网上教辅还附有两份"模拟考试试卷"。

适用对象

本书不仅可作为广告学、市场营销学、公共关系学、广告设计等学科的专业基础课教材，新闻传播、企业管理、经济管理、电子商务、艺术（装潢）设计等学科的专业选修课教材或参考书，也能满足广告公司、公共关系公司、文化传播机构、营销策划机构、政府宣传部门中从事广告策划、营销传播、宣传推广工作的专业人士以及广大广告策划与创意爱好者的学习需求。

网上学习支持与资源共享

为了让学生充分享受学习的快乐,同时也方便老师的教学与科研,与本书密切配套的《广告策划:实务与案例》学习辅导网站提供全套PPT教学课件、千余件全球广告经典案例、研究生案例研究报告、本科生协作学习交流视频、广告策划专题论文、全球知名广告专业刊物(网站)友情链接及海量教学资源免费下载与分享。网址是:http://ettc.sysu.edu.cn/policy/cmp_adv/index.htm。

感谢中山大学传播与设计学院、公共传播研究所、管理学院、岭南学院,感谢机械工业出版社,感谢中国广告协会,感谢广东省广告协会,感谢我的学生及所有对本书的写作直接、间接地做出贡献的人们。感谢我的家人,他们给我的不仅仅是生活上的关心,更多的是精神上的支持与鼓励。

2010年3月1日
于广州中山大学康乐园

教学建议

教学目的

通过本课程的学习,帮助学生从整体上把握广告策划的基本原理与方法,了解广告运作的基本环节,熟悉广告策划的基本策略与技巧,为学生将来从事广告策划工作,做好知识与技能上的准备。

前期需要掌握的知识

市场营销学、消费心理学、广告学原理等相关知识。

课时分布建议

教学内容	学习要点	课时安排		案例使用
		研究生/MBA	本科/专科	
第1章 广告策划概论	(1) 了解广告的直接功能与间接功能、广告策划的大致内容、整合营销传播的几个发展阶段 (2) 理解整合营销传播的两个特性、广告活动的主要构成要素、整合营销传播基于消费者的方法 (3) 熟悉广告策划的7个核心内容、整合营销传播方案实施的5种方法 (4) 掌握广告的概念、整合营销传播的概念	2	4	第1章 开篇案例
第2章 广告调查研究	(1) 了解广告策划通常使用的营销研究与广告研究、市场调研的流程 (2) 理解调查问卷的功能、广告调查问卷问题设计中的5个"应该"和11个"不应该" (3) 熟悉广告调查的具体内容、广告调查的信息来源、广告调查问卷问题设计的具体方法 (4) 掌握广告调查研究的概念、市场调查报告的文体结构	4	6	第2章 开篇案例

(续)

教学内容	学习要点	课时安排 研究生/MBA	课时安排 本科/专科	案例使用
第3章 广告定位策略	(1) 了解品牌取名的程序与方法、商标设计的原则 (2) 理解市场细分的概念、有效市场细分的5个特点、定位的4种错误 (3) 熟悉广告定位的3大战略、10大战术 (4) 掌握市场细分的概念、产品定位的概念、品牌的概念	4	6	第3章 开篇案例
第4章 广告目标与预算	(1) 了解营销目标的概念、DAGMAR法可能存在的问题 (2) 理解广告目标的意义、科利关于广告传播任务的等级模型、DAGMAR法对于制定广告促销活动计划的重要性 (3) 熟悉营销的具体目标、广告预算时考虑的因素、广告预算的方法、广告预算分配的方法 (4) 掌握广告目标的概念、广告预算的概念、DAGMAR的含义	4	6	第4章 开篇案例
第5章 广告策略规划	(1) 了解广告策划所涉及的主要程序、广告计划的分类、展销会、包装广告、馈赠广告、示范广告、抑价促销、摸彩等促销广告形式 (2) 理解拟订广告方案应该遵循的原则、广告计划的作用、广告主题三要素、促销活动的作用 (3) 熟悉广告策划所涉及的程序、广告决策的基本步骤、广告策略计划书的几个要素、公关广告的实施方式 (4) 掌握广告计划的概念、预测的概念、公关广告的概念与特点	6	8	第5章 开篇案例
第6章 广告创意策略	(1) 了解詹姆斯·韦伯·扬、李奥·贝纳、罗瑟·瑞夫斯、大卫·奥格威、威廉·伯恩巴克、理查德·伍甘、艾·里斯和杰克·特劳特等人关于广告创意的观点与方法 (2) 理解广告创意的特点、广告创意的基本范畴、形象与形象思维在广告创意中的作用 (3) 熟悉联想的4个基本形态、产生创意的过程、广告创意方法 (4) 掌握创意的概念与特点、联想的概念、USP的含义	6	8	第6章 开篇案例
第7章 广告文案写作	(1) 了解广告文案的体式、广告文案撰稿人经常会犯的错误 (2) 理解广告文案的立意、写作规范与要求 (3) 熟悉广告文案的写作过程、广告文案构思的内容、广告文案的构思方法、广告文案修改中的自我检核方法 (4) 掌握广告文案的概念标题、正文、广告语、随文的写作规范或要求	4	6	第7章 开篇案例
第8章 广告媒体策划	(1) 了解广告媒体的分类方法、POP广告、DM广告、媒体方案评估的主要内容 (2) 理解影响媒体选择的因素、效果较佳的媒体组合形式、广告推出的时间安排 (3) 熟悉报纸、杂志、广播、电视、互联网广告的优缺点、媒体选择的基本原则 (4) 掌握广告媒体的分类与作用、对广告媒体的8项评价指标	4	6	第8章 开篇案例
第9章 广告效果评估	(1) 了解广告社会心理效果分析的侧重面 (2) 理解广告效果的5个特性 (3) 熟悉广告效果的调查方法 (4) 掌握评估广告效果的几个重要指标	2	4	第9章 开篇案例
课时总计		36	54	

说明：(1) 在课时安排上，对于MBA 36学时即可；相关专业本科生与专科生是根据54学时安排的。
(2) 讨论、案例分析等已经包括在各章的教学安排之中。
(3) 关于教学的目标描述分别为："了解""理解""熟悉"与"掌握"，这是一个由浅入深的过程，对学生的要求也是一个渐进提高的过程。
(4) 第10章为案例研究，教师可根据实际情况自行安排课时。

目 录

第 3 版前言

第 2 版前言

第 1 版前言

教学建议

第 1 章　广告策划概论 ……………………………………………………… 1

开篇案例　AAAA 的一则关于广告的广告 ……………………………………… 1

1.1　对广告概念与功能的重新审视 ……………………………………………… 4

1.2　广告策划概述 ………………………………………………………………… 7

1.3　整合营销传播：广告策划新境界 …………………………………………… 11

1.4　Web1.0、Web2.0、Web3.0 环境下的营销传播 …………………………… 14

本章小结 …………………………………………………………………………… 18

测试题 ……………………………………………………………………………… 19

第 2 章　广告调查研究 …………………………………………………… 21

开篇案例　关于"速溶咖啡"与"一次性尿布"的广告调研 ………………… 21

2.1　调查研究：广告策划的基础 ………………………………………………… 23

2.2　信息来源及调查研究的类型 ………………………………………………… 25

2.3　问卷设计 ……………………………………………………………………… 32

2.4　调查实施 ……………………………………………………………………… 37

2.5　调研报告的撰写 ……………………………………………………………… 40

本章小结 …………………………………………………………………………… 43

测试题 ……………………………………………………………………………… 44

第3章 广告定位策略 ... 47

开篇案例 耐克锁定女性市场 ... 47
3.1 市场细分与广告定位 ... 49
3.2 广告定位战略 ... 53
3.3 广告定位战术 ... 60
本章小结 ... 66
测试题 ... 67

第4章 广告目标与预算 ... 69

开篇案例 我们在广告上的投入真的重要吗 ... 69
4.1 广告目标 ... 70
4.2 DAGMAR法 ... 75
4.3 广告预算 ... 78
本章小结 ... 85
测试题 ... 86

第5章 广告策略规划 ... 89

开篇案例 "一人之军"广告战役 ... 89
5.1 广告计划编制程序 ... 91
5.2 公关广告策划 ... 106
5.3 促销广告策划 ... 110
本章小结 ... 120
测试题 ... 123

第6章 广告创意策略 ... 126

开篇案例 戴姆勒-奔驰smart fortwo汽车广告"Offroad" ... 126
6.1 广告创意概论 ... 128
6.2 广告创意的基本范畴 ... 131
6.3 广告创意过程 ... 138
6.4 广告创意方法 ... 140
本章小结 ... 150
测试题 ... 152

第 7 章　广告文案写作 ... 154

开篇案例　新百伦《致匠心》 ... 154
7.1　广告文案的写作过程 ... 156
7.2　广告文案的结构与写作 ... 160
7.3　广告文案的体式 ... 179
本章小结 ... 180
测试题 ... 181

第 8 章　广告媒体策划 ... 184

开篇案例　可口可乐中国广告的"因时而变" ... 184
8.1　广告媒体概述 ... 187
8.2　广告媒体的选择程序 ... 192
8.3　广告媒体的选择策略 ... 194
本章小结 ... 199
测试题 ... 200

第 9 章　广告效果评估 ... 202

开篇案例　IBM"关键时刻"：广告效果测评的神奇力量 ... 202
9.1　广告效果的特性 ... 203
9.2　广告效果的评估指标 ... 204
9.3　评估实施与分析 ... 206
本章小结 ... 208
测试题 ... 208

第 10 章　综合案例研究 ... 211

10.1　植入式广告：007 电影商业成功的奥秘 ... 211
10.2　营销《新快报》 ... 214
10.3　"代代相传，由你开始"：百达翡丽手表营销 ... 220

附录 A　各章测试题参考答案 ... 229
附录 B　广告策划模拟考试试题与参考答案 ... 239
参考文献 ... 248

第1章
广告策划概论

> 开篇案例

AAAA 的一则关于广告的广告

20世纪90年代,针对商业界有些人士不相信广告的价值与作用所提出的种种论点,美国广告代理商协会(American Association of Advertising Agencies,AAAA 或4A)的"广告价值"委员会发起了一场"关于广告价值与作用"的公众宣传运动。

这一场广告宣传运动从以下三方面抨击关于广告的反面舆论:

(1)由一系列的长篇文字广告构成,这些实证广告"用事实说话",以非常有力的统计数字来说明广告的价值与作用。

(2)在广告衰退时,仍然强调广告的重要性。作为4A主席兼高级行政官员的约翰·奥图尔强烈建议刊登广告的公司在衰退时不要削减投资,相反应该增加投资。

(3)第三方面也是最有力的方面,就是让那些杰出公司的领导人亲自讲述广告对于本公司经营成功的作用,证明广告宣传与经营业绩之间的联系。

第三方面的系列广告都是由一些杰出公司的广告代理商来负责策划与制作的。例如麦肯(McCann-Erickson)广告公司为可口可乐公司总裁艾克·赫伯特(Ike Herbert)制作了广告;BBDO广告公司为苹果电脑公司领导人约翰·斯卡利(John Sculley)制作了广告;李奥·贝纳(Leo Burnett)广告公司为麦当劳总裁麦克·昆兰(Mike Quinlan)制作了广告。这一系列广告的目的就是以可口可乐、苹果电脑与麦当劳总裁们的现身说法,说服那些在公司里财权在握的领导人正确认识广告的价值与作用。

图1-1与图1-2就是这一系列广告中的一个代表,这一则广告是由李奥·贝纳广告公司策划制作的。广告的标题用的是麦当劳总裁麦克·昆兰所说的一句话:

"如果没有广告,人们都会认为罗纳德(Ronald,即麦当劳叔叔)只是个美国前总统的名字。"

广告正文也设计得很好,整个内容是由麦克·昆兰本人说出。麦克·昆兰首先说:

"……当您一想到麦当劳,您就会想到在那里工作的人。他们是一群友好的人,包括一名快乐的小丑罗纳德,他会欢迎孩子及爸爸妈妈们的到来,让他们在麦当劳过得愉快。您头脑中的景象正是我们的广告发生了作用。"

当提到商业界有些人士不相信广告的价值与作用时,麦克·昆兰用事实反驳了他们的论点:

"……对此我想列举两个事实：第一，麦当劳是世界上最乐于做广告的公司；第二，麦当劳是标准普尔500中唯一自1965年以来营业额、收入和盈利都连续100多个季度保持增长的公司。"

最后，麦克·昆兰颇有幽默感地说出了广告的结论：

"说实话，麦当劳叔叔和我本人都承认广告宣传与经营业绩之间的联系。"

图 1-1 AAAA 的一则关于广告的广告（英文原版）

这一则由李奥·贝纳广告公司策划制作的广告，请麦当劳总裁麦克·昆兰出面讲述广告对于本公司经营成功的作用，以证明广告宣传与经营业绩之间的联系。

值得注意的是：当您一想到麦当劳，您就会想到在那里工作的人。他们是一群友好的人，包括一名快乐的小丑罗纳德（Ronald，即麦当劳叔叔），他会欢迎孩子及爸爸妈妈们的到来，让他们在麦当劳过得愉快。您头脑中的景象正是我们的广告发生了作用。

"如果没有广告，人们都会认为罗纳德只是个美国前总统的名字。"

我们的广告强调人与人的关系。当我们这群人邀请我们的顾客光顾麦当劳时，内心充满着亲切、友好和真诚。

我听说商业界有些人不相信广告的作用。对此我想列举两个事实：第一，麦当劳是世界上最乐于做广告的公司；第二，麦当劳是标准普尔500中唯一自1965年以来营业额、收入和盈利都连续100多个季度保持增长的公司。

麦克·昆兰（左），麦当劳总裁、CEO。

说实话，麦当劳叔叔和我本人都承认广告与经营业绩之间的联系。

If you would like to learn more about the power of advertising, please write to Department D, AAAA, 666 Third Avenue, New York, New York 10017, enclosing a check for five dollars. You will receive our booklet It Works! How Investment Spending in Advertising Pays Off. Please allow 4 to 6 weeks for delivery. This advertisement prepared by Leo Burnett Co. Inc

© American Association of Advertising Agencies, 1992.

图1-2　AAAA的一则关于广告的广告（中文版）

　　为满足不同层次读者的需要，作者特意为大家做了一个中文版本，广告设计的整体风格没有变，只是文字改成了中文。对于中国人来讲，这样的传达效果就好多了。由此大家可以体会一下什么叫作"全球化策略的本土执行"。

这一场广告宣传运动一炮打响，震动了美国的新闻界。因此，这一系列广告还获得了在《新闻周刊》《商业周刊》《福布斯》《华尔街日报》《广告时代》《纽约时报》等美国排名前20位大报刊中的大部分免费刊登权。通过这一场"关于广告价值与作用"的公众宣传运动，有效地扭转了那些反对广告的舆论。

资料来源：弗雷德·波普. 世界百家超级公司广告最新广告剖析［M］. 葛彦，万秀英，戴涛，译. 大连：大连出版社，1994.

这一则关于广告的广告，具有一般广告所具有的典型特征。例如，它有特定的广告主，这个广告主就是美国广告代理商协会（AAAA 或 4A）；从广告的信息结构上来看，该广告有标题、正文、附文及相关信息，它主要传达了麦当劳总裁关于"广告宣传与经营业绩之间的联系"的观点与见解；显然，《新闻周刊》《商业周刊》《福布斯》《华尔街日报》《广告时代》《纽约时报》等是它的传播媒介；对于该广告在美国前 20 位大报刊中获得了大部分的免费刊登权，我们会感到意外，因为广告通常是要付费的。最后，也是最关键的地方，这个广告是准备做给谁来看的，它要达成什么样的目标？毫无疑问，这个广告要做给那些在公司里掌握财权的领导人看，意在引导他们正确认识广告的价值与作用。

本章首先对广告的概念与功能进行重新审视，然后探讨广告策划及其内容、成功广告策划的基本特性，最后将侧重介绍广告策划的全新理念与方法——整合营销传播。

1.1 对广告概念与功能的重新审视

1.1.1 广告的概念

从词源的角度来看广告这个词，英文"Advertising"（广告）来源于拉丁文的"Advertere"，其含义是"注意"或"诱导"。中文"广告"一词，就字面上来看，可理解为"广而告之"，但其确切含义，并非像字面含义那么简单，单用"广而告之"可能还是解释不清楚的。

1. 广告的定义

为了探索广告一词的真正含义，不妨看一看一些较权威的工具书上是怎样定义广告的。

《美国百科全书》对广告的解释是："广告是一种销售形式，它推动人们去购买商品、劳务或接受某种观点。广告这个词来源于法语，意思是通知或报告。登广告者为广告出钱是为了告诉人们有关某种产品、某项服务或某个计划的好处。"

美国人格林沃尔德在他的《现代经济词典》一书中，对广告一词做了如下解释："广告是为了达到增加销售额这一最终目的，而向私人消费者、厂商或政府提供有关特定商品、劳务或机会等消息的一种方法。它传播关于商品和劳务的消息，向人们说明它们是些什么东西，有何用途，在何处购买，以及价格多少等细节。"

《简明不列颠百科全书》对广告的解释是："广告是传播信息的一种方式，其目的在于推销商品、劳务，影响舆论，博得政治支持，推进一种事业，或引起刊登广告者所希望的其他反应。广告信息通过各种宣传工具，传递给它所想要吸引的观众或听众。广告不同于其他传递信息形式，它必须由登广告者付给传播信息的媒介以一定的报酬。"

美国市场营销协会 AMA（American Marketing Association）给广告所下的定义是（为了准确传达该定义的原始含义，我们最好还是引用英语原文）：

Advertising is the nonpersonal communication of information usually paid for and usually persuasive in nature about products, services or ideas by identified sponsors through the various media.

参考译文如下：

广告是由特定的广告主通常以付费的方式、运用说服的技巧通过各种传播媒介对产品、服务或观念等信息的非个人的介绍及推广。

本书将采纳这一个定义。仔细分析一下这个定义，我们可以明确以下几点：

（1）广告由特定的广告主（identified sponsors）所发布。任何一个广告都是由特定的人或特定的组织为了一定的目的而发布的。

（2）广告是非个人的传播（the nonpersonal communication）。广告所面对的不是个人，而是特定的某些人或整个公众。当广告受众在读广告时，他所面对的也不是某个推销员。换句话说，广告传播不是一种人与人、面对面的人际传播，在广告的传播过程中，广告主和广告受众并没有直接的接触。

（3）广告通常需要支付一定的费用（usually paid for）。一般来说，做广告需要支付费用，这个费用是由广告主来承担的。但也有一些广告是不用付费的，例如某些公益广告。

（4）广告要传达某些信息（information）。广告所要传达的信息内容可以是有关产品（products）的，也可以是有关服务（services）的，还可以是关于某些观念（ideas）的。

（5）广告要运用说服（persuasive）的技巧。广告在其信息的传达过程中、在其信息传达的形式上，还得运用说服的方法与技巧。对消费者来讲，广告活动实际上（in nature）是一种劝服性的营销活动。

（6）广告可以通过各种各样的媒介（through the various media）来传播。一般来讲，多数广告是通过报纸、杂志、广播、电视等大众传播媒介来传递信息，但也有不少的广告是采用邮寄、传单、路牌、电影、Internet（国际互联网）等其他各种各样的传播媒介来传递信息的。

2. 广告活动的构成要素

对一项具体的广告活动来讲，其主要构成要素有广告主、广告代理商、广告信息、广告媒介、广告受众等。

（1）**广告主**。广告主是指为推销商品、提供服务或者传达某种观念，自行或者委托他人设计、制作、发布广告的组织或者个人。广告主是广告活动的行为主体。做广告是一种投资，要做广告就必须付费，做广告的费用是由广告主来承担的。因此，广告主对广告的发布具有一定的控制权，同时，广告主对自己的广告活动负有法律责任。若从传播与沟通的角度来看，广告主是广告信息的"信源"。

（2）**广告代理商**。广告代理商是指受广告主委托，负责广告活动的策划与执行的广告经营机构。广告代理商为广告主提供广告的设计、制作、代理等项服务。在广告主与广告媒介之间，广告代理商扮演着沟通桥梁的角色。依照现代广告代理制的运行规则，广告代理商通过为广告主和传播媒介提供双重服务发挥其主导作用。

（3）**广告信息**。广告信息是指广告的内容及其传达的形式。广告的内容主要是由广告主提供的，它可以是关于产品的、关于服务的或是关于某种观念的。当这些内容被广告经营机构的创作人员赋予某种传达形式时，它在广告活动中才具有实际的意义。从这个角度来看，如果说广告主是广告信息的"信源"的话，那么广告代理商则是广告信息的"加工者"和"传达者"。

（4）**广告媒介**。广告媒介是广告信息的载体。广告媒介是联结广告主与广告受众的纽带，是广告信息得以传播的工具。广义来讲，凡能在广告主与广告受众之间起到传递中介作用的载体都可以称之为广告媒介。从传播与沟通的角度来看，广告媒介是广告信息的

"信道"。

（5）**广告受众**。广告受众是广告信息的接受者，是广告信息传播的对象。广告受众可以是广告主所要推广产品的消费者，可以是广告主的服务对象，也可以是广告所要传达观念的接受者。这里所说的消费者、服务对象或接受者，可以是"此时此刻"的，更可以是"未来"或"潜在"的。事实上，凡是看到、听到或接触到广告的人，都可以称之为广告受众。若从传播与沟通的角度来看，广告受众是广告信息的"信宿"。

1.1.2 广告的功能

广告的发展，一方面以市场经济和商品经济的发展为基础；另一方面，广告又会积极反作用于它所赖以生存和发展的经济制度、社会环境以及其他因素。广告的这种"反作用"便可称之为广告的功能。广告的直接功能是它的商业功能，间接功能是它的社会文化功能。

1. 服务市场营销：广告的商业功能

广告得以产生并发展的直接功能，是其对经济和商业或者说市场所带来的效应。人们承认并肯定广告也多半因其所具有的商业功能。在西方发达国家，人们从市场营销功能的角度给予广告的肯定程度是很高的。美国广告专家波特说，报纸、杂志、广播、电视等大众传播媒介的大量信息培养了人们对各种商品的需求，也使人们为满足需求加倍努力。生产水平的提高扩大了就业和投资，其结果也就使国民收入有所增长，从而使整个经济和再生产得到扩大。具体来讲，广告的商业功能有以下几点：

（1）**沟通产销，刺激需求**。广告为社会和公众提供商品和劳务信息，有助于沟通产销，促进社会再生产过程的循环。经济学家们认为，广告扩大了社会整体的需求，提高了个人收入，增加了就业机会。

（2）**扩大销售，加速流通**。在市场营销中，促进流通的方式多种多样，如人员促销、广告促销、公关促销与业务推广等形式，但从实际的销售业绩与效率上来看，有证据表明广告是最好的方式之一。例如我国，土地辽阔，人口众多，市场广大，没有广告，假如仅仅以人员销售为企业产品的推广手段的话，想开拓全国市场几乎是不可能的。

（3）**鼓励竞争，活跃经济**。在现代市场活动中，除了一些垄断行业，总会有大大小小的竞争存在。这些"大大小小的竞争"当然包括日益激烈的广告竞争。为了获得相对于其他企业的市场优势和有利的市场地位，竞争企业除了采取了各种各样的营销手段之外，利用广告影响消费者是非常重要的竞争手段之一。

2. 传播企业文化：广告的文化功能

作为一种独特的文化传播形式，广告传播效果具体表现在由浅入深的三个层次：① 认知（感知和理解）层次；② 情感体验（喜爱和偏好）层次；③ 行为（尝试和购买）层次。所有这些只有站在消费者的角度和社会文化的角度来观察、研究与分析，才能找到合理的传播理由、合适的传播策略、合用的传播媒介、合乎公众心理的切入点，最后才有了广告主（企业）满意的广告效果。

美国总统罗斯福曾经表示："如果我能重新生活，再次挑选我的职业生涯，我想我会进入广告界。"有不少广告人把这句话理解为："不做总统，要当广告人！"并以此而感到骄傲。罗斯福说："若不是有广告来传播高水平的知识，在过去半个世纪中各阶层人民现代文明水平的普遍提高是不可能的"。在这两句话里，罗斯福看到了广告与人类文化进步的对应关系，他看重的并不是广告本身，而是广告文化及广告的社会文化功能。

如果从企业文化传播与管理的角度来看待广告，广告不仅是企业市场营销的工具，而且是传播企业文化的手段。作为营销的工具，广告所带来的销售业绩只能是眼前的、暂时的。由于对销售业绩的关注，一般企业对广告功能的认识只是停留在其商业功能上，总是以一种急功近利的心情去设计、制作、发布企业的广告。这种急不可待的心情正是许多愚蠢的、俗不可耐的广告产生的真正原因。正是因为如此，一般普通大众才躲避广告、讨厌广告，不为广告的言辞所动。而作为传播企业文化的手段，广告以感性的形式将企业的理念、企业的价值观、企业的精神或意识、企业的使命或社会责任、企业的处世态度、企业独特的经营方式与作风、企业对顾客的服务承诺、企业产品的属性以及它们能够给顾客带来什么利益，等等，以受众喜爱的、最易于接受的、充满美感的形式传达出去，意在消费者的心目中构建企业的整体形象、品牌个性及文化品位。站在文化的角度上，美国著名的广告大师大卫·奥格威曾经说过："广告，就是对企业形象的长程投资。"事实上，国际上卓越的商业企业，都能够很好地将广告的商业性与文化性兼顾起来，以文化的品位来"包装"广告，尽量淡化广告的商业性。换言之，尽可能将广告的商业动机隐藏起来，以文化的魅力去接近公众，让广告发挥其最大、最好的效益。

1.2 广告策划概述

1.2.1 广告策划的概念

哈佛企业管理丛书编纂委员会认为："策划是广告人通过周密的市场调查和系统的分析，利用已经掌握的知识（情报或资料）和手段，科学地、合理地、有效地布局广告活动的进程，并预先推知和判断市场态势、消费群体态势和未来的需求，以及未来状况的结果。"[一]

"广告策划是根据广告主的营销计划和广告目标，在市场调查的基础上，制订出一个与市场情况、产品状态、消费者群体相适应的、经济有效的广告计划方案，并加以实施、检验，从而为广告主的整体经营提供良好的服务的活动。广告策划，实际上就是对广告活动进程进行的总体策划或者叫作战略决策，包括广告目标的制定、战略战术研究、经济预算等，并诉诸文字。"[二]

在我国香港和台湾地区，广告策划通常被称为"广告企划"。"广告企划"的一个典型定义是："执行广告运动必要的准备动作。在实务上，广告主和广告代理商处理运作企划有着很大的差异，但理想的过程可以是下列行动的组合：产品—市场分析、竞争状况评估、客户简介、目标设定、预算、目标对象设定、建立创意及媒体策略、创意的执行、媒体的购买及排程、媒体执行、与其他行销组合机构的配合、执行完成、效果评估。"[三]

广告策划的宗旨是通过一系列的策划工作，使广告能够准确、及时、有效地传播有关产品（products）、服务（services）及观念（ideas）的信息，以改变观念、刺激需求、引导消费、促进销售、开拓市场，获得较大的经济效益与社会效益。它的重要任务就是要确定广告

[一] 杨荣刚. 现代广告策划 [M]. 北京：机械工业出版社，1989：3。
[二] 北京广播学院广告教研室. 广告学 [M]. 北京：中国广播电视出版社，1993：121。
[三] 朝阳堂. 现代广告事典 [M]. 台北：朝阳堂文化事业股份有限公司，1996。

的目标、广告的对象、广告的计划、广告的策略与效果等原则问题。任何一个广告活动，必须首先明确广告为着什么目的而做，意欲达成什么目标，应该怎样去行动，应该针对什么对象去行动，何时何地以何种方式去行动，如何行动将会取得最佳效果等，这些基本的原则和策略，都必须通过广告策划来确定形成。为了解决这些问题，具有远见卓识的广告主或广告代理人都必然会进行广告调查研究，掌握市场信息，进行分析论证，提出广告活动的原则和战略策略；在这些原则与策略的指导下，进而拟订出广告行动方案，确定广告目标、广告对象、广告主题、广告方式、广告时机、广告地域、广告媒体、广告效果等一系列重要问题。这种对广告活动预先的设想规划正确与否，是决定广告活动成败的关键。

综上所述，我们认为，广告策划就是通过细致周密的市场调查与系统分析，充分利用已经掌握的知识（信息、情报与资料等）和先进的手段，科学、合理而有成效地部署广告活动的进程。简言之，广告策划就是对广告运作的全过程做预先的考虑与设想，是对企业广告的整体战略与策略的运筹与规划。

正确理解广告策划的概念，有以下几个关键点。
- 广告策划的目的是追求广告进程的合理化与广告效果的最大化。
- 企业的营销策略是广告策划的根本依据，广告策划不能脱离企业营销策略的指导。
- 广告策划有其特定的程序，这种程序应该是科学、规范的而不是盲目地凭空设想与随心所欲。
- 广告策划应该是广告活动的整体策划，停留在具体操作层面的"广告计划"并不是广告策划。
- 广告策划必须以市场调查为依据，良好市场调查为广告策划提供了市场环境、消费心理、竞争对手等方面的重要信息。
- 广告的心理策略、定位策略、规划策略、创意策略、媒介策略及测试评估是广告策划的核心内容。
- 广告策划书（文本）是广告策划结果的一种可见的形式，它为广告活动提供了运行的蓝图与规范。
- 广告效果的测定方法与标准应该在广告策划中预先设定。

1.2.2 广告策划的基本内容

一项较完整的广告策划主要包括以下7个方面的核心内容。

1. 市场调查研究

市场调查，是进行广告策划的基础。只有对市场和消费者了解透彻，对有关信息和数据掌握充分，才可能做出较为准确的策划。市场调查安排，就是要确定要向什么市场、什么用户、进行何种方式的调查。

2. 消费心理分析

对于消费者心理与行为的分析、研究是广告策划的基础。具体来讲，只有准确地把握住消费者的需要、动机、注意、知觉、记忆、想象、态度、情感与情绪等心理因素，才能有较准确的广告定位与较高水平的广告创意。

3. 广告定位研究

采取广告定位，是为了突出广告商品的特殊个性，即其他同类商品所没有的优异之处，而这些优点正是特定的用户所需求的。广告定位确定了广告商品的市场位置，符合消费者的心理需求，就可以保障广告取得成功。有了准确的广告定位，广告主题也就可以确定下来。

4. 广告目标与预算

广告目标是广告主根据企业发展战略及企业资源所拟订的希望通过广告来实现的目标。广告目标是广告策划的出发点和归结点，广告策划的各项工作均是围绕广告目标展开的。广告预算是广告活动所需费用的计划和控制方法，它规定计划期内从事广告活动所需经费总额和使用范围，是企业广告活动得以顺利进行的保证。

5. 广告创意表现

这是决定广告策划成败的关键。广告定位之后的问题就是，如何根据广告定位，把握广告主题，形成广告创意并恰当地表现出来。成功的广告在于它能够运用独创的、新奇的诉求策略与方法，准确地传递出商品信息，有效地激发消费者的购买动机与欲望，持续地影响其态度与行为。

6. 广告媒介安排

这是广告策划中直接影响广告传播效果的重要问题。媒介选择和发布时机安排得当，广告发布的投入产出效果就比较好；反之，企业投放的广告费用就不能收到预期的效果。

7. 广告效果测定

广告效果测定，这是全面验证广告策划实施情况必不可少的工作。企业委托的广告公司的工作水平、服务质量如何，整个广告策划是否成功，企业是否感到满意和更有信心，将以此来做出评价。

1.2.3 本教材内容概述

基于上述广告策划的主要内容，本书写作的基本思路也依此展开。考虑到本书的容量所限，因此未涉及"消费心理分析"的内容，这些内容已经在作者的另外两本书《消费心理与营销策略》与《广告心理学》中有详尽的描述，有兴趣的读者可以阅读参考。从第 2 章开始至第 9 章，本书所涉及的广告策划大致有以下几个方面的内容。

1. 广告调查研究（第 2 章）

广告调查是把社会科学研究中的方法、原理与技术运用于广告领域，所考察的对象是广告或广告活动过程，广告调查研究就是对影响广告活动的相关因素及其发展进行的调查、分析与研究的活动。广告调查是广告策划的依据和参考，是整个广告活动的开端；广告调查是广告策划人预测广告未来走向的基础；广告调查有助于广告主科学、准确地测定广告效果、评估广告活动。

本书第 2 章专门介绍广告调查研究的基础知识，首先介绍广告调查研究的基本内容，对广告调查研究做一个简要的描述，然后进入问卷设计、调查实施等方面的内容，最后介绍调研报告的撰写。

2. 广告定位策略（第 3 章）

在当代的信息社会中，各种传播媒介把大量的信息，包括广告的信息传播给消费者，不是一件很容易的事情。怎样才能使广大消费者在众多的信息中捕捉到重要的并能开启心智的信息呢？除了"定位"之外，别无他法。定位能使某件事情、某个产品在现实的和未来的消费者心目中留下不易改变的观念。企业的产品定位是企业广告策略及广告诉求的基点。无论是在激烈竞争的市场上还是在消费者的心目中，如果没有企业产品明确的位置，企业就不可能有好的营销传播效果与产品销售业绩。所以在广告策划中的首要任务就是确定企业的产品在市场上、在消费者心目中的位置。

3. 广告目标与预算（第4章）

广告目标是广告主根据企业发展战略及企业资源所拟定的希望通过广告实现的目标。广告目标是广告策划的出发点和归结点，广告策划的各项工作均是围绕广告目标展开的。广告预算是广告活动所需费用的计划和控制方法，它规定计划期内从事广告活动所需经费总额和使用范围，是企业广告活动得以顺利进行的保证。广告目标与广告预算有着密切的联系，广告目标说明广告策划者想做什么，而广告预算则限制广告策划者能做什么。换言之，广告预算是在一个特定的时期内，广告策划主体为了实现企业的营销战略，达到推销产品、扩大销售、占领市场的广告目标而投入广告活动费用及其使用分配的策划。

4. 广告策略规划（第5章）

广告规划，是广告策划所决定的战略、策略、方法、步骤的书面体现，是广告策划一系列思维与决策活动的蓝图。换言之，广告规划就是企业实现广告目标所采取的广告活动的全面计划。这个计划不仅要明确广告的目标、策略及预算等决策，更要对广告策略的实施，包括媒体、方式、时机、效果测定等项工作做出具体安排。任何一位广告主无不寄希望于借助广告去拓展市场，他们无不迫切地需要知道在广告活动中应该做些什么、应该如何去做、应该由谁去做、怎样才能到达预期目标的彼岸。规划工作就是广告策划者为广告主顺利到达理想彼岸所架设的一座桥梁。如何架设这座桥梁？当然需要经过一系列周密而有效的行为过程，其中最核心的活动包括预测、决策、计划等。

5. 广告创意策略（第6章）

美国广告大师大卫·奥格威（David Ogilvy）说："要吸引消费者的注意力，同时让他们来买你的产品，非要有很好的点子不可，除非你的广告有很好的点子，否则它就像一只被黑夜吞噬的小船……"奥格威在这里所说的点子，就是"创意"的意思。创意是广告人对广告创作对象，进行想象、加工、组合和创造，使商品潜在的现实美（如良好的品质、性能、外观、包装与服务等）升华为消费者都能感受到的艺术美的一种创造性的劳动。创意是广告的核心，是广告的灵魂，是广告的生命。

6. 广告文案写作（第7章）

广告文案是广告写作的结果，又叫广告文稿，它是广告作品不可缺少的组成部分。无论是平面广告还是影视广告，都需要广告文字与形象的创作，而广告形象的创作也是以文字创作为基础的。广告文案写作是设计与制作广告作品的重要程序之一，也是一项艰辛而又复杂的创造性劳动。广告文案写作不仅要以广告策略、目标对象、市场情况等作为创作的依据，更要熟悉广告文体的特殊形式并掌握其写作技巧，只有这样才能撰写出有实际效果的广告文案来。

7. 广告媒体策划（第8章）

随着商品经济大潮的迅猛涌动，市场构成的多样性变化迅速，广告媒体的类型与形式也日趋繁杂丰富。不同的广告媒体，具有不同的传达性、吸引性和适应性，加之广告主所要进行的广告诉求趋于科学复杂，诸如此类的因素也就自然地决定了广告媒体选择策划的重要性与复杂性。由于广告媒体特点的不同，广告对象的不同，广告信息个性的不同与企业实力的不同，也就合乎情理地决定了对广告媒体运用的手段明显不同。究竟应该选择何种广告媒体，应该运用哪种或哪几种广告媒体的组合，怎样才能最大限度地提高广告媒体的效果，这些令人困扰的问题都需要通过广告媒体策划与策略来解决。广告媒体策略的基本任务就是把握各种广告媒体的作用与特点，进行科学系统的抉择与优化，选择能够适时而准确地将广告信息传播给广告对象、传播交流效果最佳、广告投资较少但又能够圆满达成预期目标的广告媒体与媒体组合方式。

8. 广告效果评估（第9章）

从某种意义上说，任何事物的运动都是按照一定的因果关系、以合乎逻辑的形式发展的，广告活动也不例外。从广告目标的确立、广告策略的研究、广告预算计划的拟订、创意策略的发展，一直到广告通过媒体传播销售或服务信息……当这一切都在有序地进行着的时候，关于广告效果的测定问题就显得很有必要了。通过广告效果的测定，可以了解广告行为是否达到了预期目的，了解广告行为的不同要素与那些个别目的是否相符合，确定广告活动在哪些方面是成功还是失败的，从而使广告主能够根据反馈信息对现行的广告活动进行及时的修正与调整。

1.3 整合营销传播：广告策划新境界

1.3.1 整合营销传播及其发展

整合营销传播（integrated marketing communications，IMC）又称整合营销沟通或统合营销传播。有人称它为新广告（new advertising），是近年出现的营销广告新概念，其核心思想是将与企业进行市场营销有关的一切传播活动一元化。一方面把广告、促销、公共关系、直销、CI、包装、新媒体等一切传播活动都涵盖到广告活动的范围之内；另一方面则使企业能够将统一的传播资讯传达给消费者，所以整合传播也被称为"speak with one voice"（用一个声音说话），即营销传播一元化策略。

现代广告的发展根据广告企业在不同时期为广告主提供的服务的涵盖面可以划分为不同的阶段。从海外广告的发展历史来看，已经经过广告分离期、全面服务期、传播分离期，进入一个全新的阶段——整合营销传播期。

（1）**广告分离期**。在这一阶段，广告主负责广告制作，广告公司负责媒介购买，二者各自独立进行，在运作上是完全分离的，因此称为"广告分离期"。

（2）**全面服务期**。在这一阶段，广告公司受广告主的全面委托，负责包括广告调查、策划、制作、媒体购买的全部广告业务，提供全面的广告服务。

（3）**传播分离期**。在这一阶段，与广告主营销活动有关的所有传播活动分别由不同的机构负责，广告公司负责广告和促销作业，广告主或者公共关系公司负责公共关系业务、广告主或者专业的活动公司负责活动、CI设计公司负责CI设计、包装设计公司负责包装设计、直接邮寄广告公司负责直接邮寄广告业务，专业化分工非常鲜明。

（4）**整合营销传播期**。在这一阶段，与广告主营销活动有关的各种传播活动统一运作，在广告主内部由产品经理和整合传播部门负责，在外部则由整合传播公司或者整合传播集团负责。整合传播公司往往包括广告、公关、促销、CI等方面的专门部门和各专业的人员，整合传播集团则由广告、公关、促销、CI等方面的专业公司构成，整合传播以专业化分工基础上的整合运作来进行。近年出现的整合传播观念正是为广告主提供的信息传播服务发展到这一阶段的强有力的助推剂。

1.3.2 整合营销传播的特性

整合营销传播有两个明显特性：一是战术连续性；二是战略导向性。

"战术连续性"是指所有通过不同营销传播工具在不同媒体传播的信息都应彼此关联呼应。战术连续性强调在一个营销传播战术中所有物理和心理的要素都应保持连续一贯性，与此对应分别称其为"物理连续性"与"心理连续性"。"物理连续性"是指在所有营销传播中的创意要素要连续一贯。比如在一个营销传播战术中可以使用相同的标语、口号或解说词，以及在所有广告和其他形式的营销传播中表现相同的行业特性等。"心理连续性"也同样重要，它是指消费者对该企业及其品牌的一贯的态度。它是指消费者对企业的"声音"与"性格"的知觉。这可通过贯穿所有营销传播形式的统一主题、形象或语音语调等来达成。例如IBM公司，因为它的"物理连续性"，使我们能够感受到它是一家电脑公司而不是一家快餐店（行业特性）。同样，因为它的"心理连续性"使我们能够感受到"IBM就意味着服务"，即它是一家服务优良的电脑公司（性格知觉）。

整合营销传播的第二个特性是"战略导向性"。它是指营销传播的设计要服从企业战略目标的需要。该设计的重点不是在于搞出一则有创意的广告，单纯吸引消费者的注意，让他们发出笑声。有许多传播专家虽然能够制作出超凡脱俗的广告作品，能够深深地打动受众，甚至获得广告大奖，但是未必有助于完成企业的战略目标（如在销售量、市场份额以及利润目标等方面的目标）。真正能够整合诸项营销传播战术的，应该是企业的战略目标。因此，营销传播的信息设计必须服务于企业的战略目标，而媒体的选择也必须服从企业战略目标的需要。

1.3.3 整合营销传播的发展层次

整合营销传播在不同的发展阶段有不同的表现形式，主要有以下几个层次。

1. 认知的整合

这是最基础的形式，这里只是要求营销人员认识或明了整合营销传播的需要而已。例如，某个媒体策划人员在替某企业购买媒体和投放广告的时候，他应认知到，不同媒体类别和相同媒体的不同表达方式都应有所考虑，以反映此企业的一致形象。这是实现整合营销传播的第一个层次。

2. 形象的整合

第二个层次牵涉确保信息/媒体一致性的决策。"信息/媒体一致性"，一是指广告的文字与其他视觉要素之间要达到的一致性；二是在不同媒体上投放广告的一致性。也就是说，图像要强化和补充文字的信息，并且必须与其他媒体上投放的广告保持一致。

3. 功能的整合

第三个层次与功能整合有关。"功能整合"是把不同的营销传播方案编制出来，作为服务于营销目标（如销售额与市场份额）的直接功能。也就是说，每个营销传播要素的优势和劣势都经过详尽的分析，并与特定营销目标紧密结合起来。

4. 协调的整合

第四个层次是协调的整合，人员推销功能与其他营销传播要素（广告、公关、销售促进以及直效营销等）被直接整合在一起。这意味着，各种手段都用来确保人际营销传播与非人际形式的营销传播的高度一致。即推销人员所说的内容也必须与其他媒体上广告的内容协调一致。

5. 基于消费者的整合

整合营销传播发展的第五个层次是说，营销策略必须在了解消费者的需要和欲求的基础上锁定目标消费者。在给产品以明确的定位之后，才能开始营销与广告的策划。换句话说，营销战略的整合，使得战略定位的信息直接到达目标消费者的心中。

6. 基于风险共担者的整合

整合营销传播的第六个层次是"基于风险共担者的整合"。这里，营销人员应认识到目标消费者不是本机构应该传播的唯一群体，其他共担风险的经营者也应该包含在总体的整合营销传播战术之内，例如本机构的员工、供应商、配销商以及股东等都应该包括在内。

7. 关系管理的整合

最后，第七个层次是"关系管理的整合"，它被认为是整合营销的最高阶段。要向不同的风险共担者做出有效传播，本机构必须发展有效的战略。这些战略不只是营销战略，还有制造战略、工程战略、财务战略、人力资源战略以及会计战略等。也就是说，为了加强与组织风险共担者的关系，本机构必须在每个功能环节内（制造、工程、研发、营销、财务、会计、人力资源等）发展出管理战略以达成不同职能部门的协调。

1.3.4 整合营销传播的方法简介

基于以上整合营销传播的发展层次的分解与认识，对整合营销传播方案的实施有 5 种方法供参考。

1. 同一外观法

同一外观法的实施前提是让营销人员认识和明了整合营销传播的"同一外观"概念。例如，在营销传播的所有形式中采用同一的颜色、图案及识别符号。企业必须把用于传达信息的载体保持一种统一的"外观"，在颜色、视觉以及识别符号的处理上与广告代理企业制作的广告保持一致。

2. 主题线方法

这个方法的要点是使用非广告的传播形式提示消费者进行广告回忆，以提高消费者对广告信息的记忆质量。例如对于重要的视觉设计或响亮的广告口号，可以作为产品包装或放在销售点展示，这些提示能够帮助消费者记住广告信息。如果让消费者从收音机中也能听到与电视广告同样的文稿内容，那么他们会把电视广告的内容记忆得更好。在投放电视广告前，营销人员可以在电台广播和平面媒体上投放与电视广告相关联的广告。在这里，平面广告与广播广告事先为电视广告做好铺垫，当电视广告投放之时，就能够增加消费者看电视广告的兴趣与动机。

3. 供应面的策划方法

提供一套营销传播服务的系统。例如，某家广告代理公司可能承包了当地有线电视台、几家广播电台以及一家地方报纸的广告业务，它能提供"配套广告服务"，它允许当地的广告主在有线电视、电台以及地方报纸上同时投放广告，价格也非常诱人。这家广告代理公司给预期的企业推销这个"配套广告"所强调的优点就是整合营销传播，也就是说，这家广告代理公司会给广告主创造统一外观、统一主题，同时会把广告投放到不同媒体上去。

4. 特设会议的方法

许多营销人员尝试整合其营销传播方案的不同要素，办法就是把有关各部门召集来开一个"特设会议"。例如，让代表不同利益的不同人物出席会议，并取得共识。这种特设的会议组员包括广告公司方的客户主管、公关代表、销售促进机构的销售人员以及营销调研人员等。这个会议由营销总监组织和领导。不同供应商的代表纷纷表达他们对营销传播的理念，然后通过讨论尽量统一传播方式的脉络。

5. 基于消费者的方法

这种方法的起点是建立消费者和潜在消费者的资料库。在第一步中，资料库的内容至少应包括人口统计资料、心理统计、消费者态度的信息和以往购买的记录，这对一个扎实的整合营销传播计划是必需的。第二个重要步骤，就是要尽可能使用消费者及潜在消费者的行为方面的资料作为市场划分的依据。第三步是"接触管理"即决定在何时何地以及如何与消费者进行接触，同时接触的方式也决定了要和消费者沟通什么诉求主题。第四步是"发展传播沟通策略"，即在什么样的背景环境之下，该传达何种信息。第五步是选择有助于达成营销目标的传播手段。这里所用的传播手段可以无限宽广，除了广告、直销、公关及事件营销以外，事实上产品包装、商品展示、店面促销活动等，只要能协助达成营销及传播目标的方法，都是整合营销传播中的利器。

1.4　Web1.0、Web2.0、Web3.0 环境下的营销传播

营销传播的概念产生于 20 世纪 60 年代中期的美国，属于应用传播学的范畴，是传播学与市场营销学相结合的一门交叉学科。1965 年，埃德加·克兰最早提出这一概念，美国西北大学麦迪尔新闻学院教授唐 E. 舒尔茨曾有"营销即传播，传播即营销"的观点，表明了二者相互依赖的现代特征。立足于传播学的视角，营销传播是指任何组织为支持自己的营销战略、达到自己的营销目的而策划、展开的信息传播活动，并且这种传播已经进入"整合营销传播"的境界。㊀在营销传播五十多年的发展历程中，传播学、管理学、营销学等领域的许多学者都对这一概念的定义、原则、经典模式及实务应用有所研究，推动这一概念从理论到实践不断完善。

随着时代的进一步发展，营销传播理论的内涵和外延不断丰富，涉及营销传播的模式策略、执行效果、与信息技术的关系，新媒体环境下的特征与趋势等方面。尤其是互联网技术更新换代迅速、传播业态急剧转型的当下，营销传播、广告策划需植入更多的互联网基因，研究营销传播在 Web1.0、Web2.0、Web3.0 不同时期的变化和特质，对我们的"广告策划"来说十分重要。

㊀　张宇丹，单晓红. 营销传播：策略与经营［M］. 昆明：云南大学出版社，2006：116，关于"整合营销传播"，详见本章 1.3 整合营销传播：广告策划新境界。

1.4.1　Web1.0环境下的营销传播

所谓 Web1.0 从技术层面定义是指以万维网为基础，以网站管理者集中编辑、发布内容，用户被动阅读为主要特征的应用模式的总体概括，这是互联网的第一代模式，是一种技术创新主导的模式，信息技术的变革和使用对于网站的新生与发展起到了关键性的作用。

Web1.0 以搜索引擎为主，互联网以数字形式近乎实时存储、传递和接收信息，图片、文字、图表、照片、音频、视频都可以数字化，实时性、多媒体的特性极大地提高了信息的传播效率，也使得沟通更加便捷、高效。其次，互联网进一步开辟了全球市场，互联网技术的升级带来全球范围内的人员合作和远程信息交换。但是，Web1.0 时代只是解决了用户对信息获取搜索以及聚合的需求，这种信息聚合是一种相对粗放繁杂的呈现，是一种单向的传播，没有实现互动和参与，最典型的代表是综合类门户网站，如新浪、搜狐、网易等。Web1.0 从某种意义上说倡导的是精英文化，当时互联网技术还未普及，信息发布平台的数量有限，只有部分具备相关技术和知识并有一定经济实力的人才能够使用网络，也只有专业人士才能在互联网上发布内容。

Web1.0 背景下的营销传播主要依靠大众门户式的单向传播，这是一种内容导向的传播模式。Web1.0 沿袭了传统营销的观念，依然强调以"产品为中心"，此时的营销传播要写好"说明文"㊀，核心是介绍全面准确的商品信息，向消费者解说清楚商品或服务是什么、有什么作用、如何购买等信息。营销传播的主要策略是在早期的综合类门户网站投放广告，点击量成为传播效果的主要评估依据。与传统的营销方式相比，互联网帮助厂商用较低的成本去接触自己的目标客户，营销活动的结果也变得可跟踪、可测量，厂商可以方便地得到详细的客户对营销活动的反馈信息。

1.4.2　Web2.0环境下的营销传播

Web2.0 的概念是 2004 年 3 月在 O'Reilly 公司和 Media Live 国际公司之间的一次头脑风暴会议中由 O'Reilly 公司负责在线出版及研究的副总裁戴尔·多尔蒂（Dale Dougherty）和 Media Live 公司的克瑞格·克莱（Craig Cline）共同提出。㊁中国互联网协会的定义是：Web2.0 是互联网的一次理念和思想体系的升级换代，由原来的自上而下的少数资源控制者集中控制主导的互联网体系转变为自下而上的由广大用户集体智慧和力量主导的互联网体系；Web2.0 内在的动力来源是将互联网的主导权交还个人从而充分发掘了个人的积极性参与到体系中来，广大个人所贡献的影响和智慧以及个人联系形成的社群的影响替代了原来少数人所控制和制造的影响，从而极大地解放了个人的创作和贡献的潜能，使得互联网的创造力上升到了新的量级。㊂

Web2.0 不仅是互联网一次技术升级，也是一次价值观念的升级，Web2.0 是以 UGC（用户贡献内容）为核心的去中心化演绎。Web2.0 时代的典型应用是 QQ、MSN、博客、Tag（网摘）、SNS（社会化网络）、RSS（简易聚合）、Wi-Ki（维客）、播客等。与 Web1.0 时代不同，Web2.0 时代的文化内涵可以说是"草根文化"，平等交流是其显著特征，每个人在互联网上

㊀ 彭旭知. Web 3.0 时代营销传播新理念 [J]. 企业研究, 2012 (13)。
㊁ 吴虹. Web2.0 时代的整合营销传播策略研究 [D]. 苏州：苏州大学, 2010。
㊂ 中国互联网信息中心. 2005–2006 中国 Web2.0 现状与趋势调查报告 [R]. 2006。

都可以成为内容生产者，创造自己的价值。它同时强调社会化、开放共享和参与创造。如果说 Web1.0 是把人和计算机网络联系在一起，帮助用户接收信息。那么 Web2.0 则不仅把人和机器联系在一起，更是把人与人联系在一个社交网络中，方便用户创造内容、分享信息。集中的社群环境造就了无数兴趣导向的信息交流共享的平台，网络由信息载体型媒体向社交型媒体发展。

  Web2.0 时代的媒介新特性给营销传播带来了巨大的变革，互动体验营销、整合营销传播、社群营销、创意营销、集客营销、病毒式营销等营销传播模式发展迅速。Web2.0 时代的营销传播以"消费者为中心"，市场力量从卖方转移到了买方，企业从以往的"推销员""宣传员"转变为"组织者"与"引导者"，最本质的变化就是传播方式从大中心式的广播变成以信息分享与平等沟通为理念的互动式交流，用户不再单方面接受信息，也参与建设，变得更加自主化，此时，消费者相互之间的信任超过了对厂商的信任。Web2.0 形成了以个人用户为中心 N 对 N 的网状传播形态，⊖这时需要一种非直接、曲线的营销传播方式。Web2.0 时代的传播要写好"议论文"，先找到品牌和产品的诉求点，然后寻找充分的论据来支撑这个诉求点，此时，点击量、转发量、评论量和用户黏度成为传播效果评估指标，此外还需建立更加长期、宏观的效果评估体系。

  在此环境下，各种新媒体应用发展迅猛，人们获取信息的内容和渠道均呈多维化趋势，对信息的需求不再是简单的送达，而是在海量信息中主动寻找对自己有价值的信息。用户不单单是为了购买商品，还会更加在意整个购买过程中的用户体验。因此，企业要充分认识 Web2.0 时代的碎片化语境，借助整合营销传播手段实现多媒介的统一品牌形象传播，实现优势资源的全方位、交叉、立体传播；还要积极发挥数据整合分析等技术找准接触点，通过目标定位和差异化的策略，更加注重互动体验式、创意参与式的营销，最终实现企业利润。其次，Web2.0 时代是一个信息高度透明的时代，消费者可以在网络上发布产品评价，与人分享各种信息，厂商要密切关注与自己品牌和公司相关的信息，做好营销传播的外部环境检测。此外，Web2.0 的社群化特征使具有共同爱好的客户通过虚拟社群建立经常性联系。在这种新兴的以人际关系为核心的网络社区中，共同爱好成为市场细分的标准。⊜根据消费者主动聚合起来的社群进行分众传播可以低成本发动大众的力量，通过用户之间的互动交流、回答分享，加之挖掘群体中的意见领袖，让消费者参与到品牌建设中，深度挖掘客户价值，以此调动众多零散用户的力量，通过合理的话题设置和引导，让"大家去告诉大家"，迅速而全面地扩散品牌信息。

1.4.3 Web3.0 环境下的营销传播

  Web3.0 是一种面向客户个性化的、信息高效精确聚合的网络技术框架，以其智能化、高度的客户个性化、跨终端的普适性和信息自由高效整合特性为网络营销开辟了新思路，提供了新的营销策略实现方式。⊜除了网络带宽更宽、传输速度更高、传输容量更大的技术升级外，Web3.0 的主要特点还体现在个性化，更富语义、拥有结构化数据、网站开放互通、云计算、大数据、跨媒体海量信息融合与智能内容搜索引擎等方面。互联网服务渐趋智能化，互联网虚拟现实社会也逐渐建立。⊗

  ⊖ 张艳. 基于 web2.0 的整合营销传播策略探讨——以新浪个案为例 [J]. 广告大观（理论版），2007（1）.
  ⊜ 吴虹. Web2.0 时代的整合营销传播策略研究 [D]. 苏州：苏州大学，2010.
  ⊜ 黄文土、黄婉丽. 基于 Web3.0 的网络营销分析 [J]. 中国商界，2009（9）.
  ⊗ 张植禾等. Web3.0 对网络传播的影响 [J]. 现代传播（中国传媒大学学报），2013（6）.

Web3.0 时代的社会沟通环境非常碎片化，媒体可谓是无处不在、无时不有。网络传播更快、更准、更容易，也更加开放自主，实现了深度交互。Web3.0 的个性文化内涵十分重视用户的个性化需求，提供了更人性化的用户体验。各种终端的信息服务通用，满足了信息的模块化定制，通过数据整合和云存储技术，帮助用户随时随地获取所需的信息。Web 3.0 可以说是一种个人定制的传播方式，是极富个性的内容聚合模式，其典型应用是以微信、微博为代表的众多自媒体平台，还有许多物品的智能化，如智能手表、眼镜等。Web3.0 时代的营销传播绩效的评估指标除了评论、转发、点赞等直观评价外，还可利用计算机技术对用户文本数据进行挖掘和量化分析，获得消费者的诉求，把握营销进展，并进行方向上的预测。

Web3.0 背景下的营销传播已远远超越了广告宣传和公关活动，而是成为打造一个以传播为引擎，以客户价值创造为目标的营销服务体系。消费者在品牌信息的传播控制权上的主动性越发明显，品牌信息传播由简单的广告运动上升为一场基于品牌核心价值的品牌运动，在这一过程中所累积的品牌资产也不再简单的局限在微观经济层面，而是成为一种宏观的社会资产。㊀在 Web3.0 的新背景下，垂直、众包、嵌入等传播新思路层出不穷，在深刻把握 Web3.0 时代传播特点的基础上，新媒体理论、跨屏营销、集体营销、智能整合、文化营销、网红营销、精神营销、数据库营销等营销传播策略应运而生。Web3.0 时代以"人文主义"为中心，顾客不仅是消费的人，更是具有独立思想和精神的完整个体，消费者不仅关注产品的功能性，而且注重企业在生产过程中是否符合人类的共同价值和共同利益，企业也以一种更加全面的视角看待顾客，把他们视为具有多维性、情感性和受价值驱动的人群，甚至是企业潜在的协同创新者。因此，产品营销传播的价值体验和口碑传播不可小觑，对舆情的实时监测和迅速反馈也尤为重要。

此时企业营销传播的核心策略是"以点带面"，集中资源、创意实现点的突破，通过创立品牌故事、可视化等用户友好的交互设计以吸引消费者兴趣，进而传达企业的核心价值观。Web3.0 时代的营销传播要学会写好"散文"，用生动的故事吸引消费者的注意，实质是传达品牌高度集中的价值理念，向客户诉求我们的核心购买理由——做到形散而神不散。

此外，传播方式多样化和技术相结合也是 Web3.0 对营销传播提出的更高要求。如通过大数据等技术手段准确了解每个用户的网络行为轨迹，归纳不同的细分群体开展嵌入式营销。在传受主体高频互动的 web3.0 时代，营销传播角色融合的趋势日益显著，㊁企业必须充分了解消费者，用优质的内容实现更好的营销传播。

表 1-1 总结了 Web1.0、Web2.0、Web3.0 环境下的营销传播（广告策划）的比较分析。

表 1-1 Web1.0、Web2.0、Web3.0 环境下的营销传播（广告策划）的比较分析

	Web1.0	Web2.0	Web3.0
核心特点	内容发布，信息检索	用户贡献、兴趣社区	便携参与，实时互动
文化内涵	精英文化	草根文化	个性文化
代表应用	电子邮件、门户网站	QQ、MSN、博客、Tag（网摘）、SNS（社会化网络）、RSS（简易聚合）、Wi-Ki（维客）、播客	以微信、微博为代表的众多自媒体平台，物品的智能化（如智能手表、眼镜等）

㊀ 杜鹃鸿. Web3.0 环境下的品牌互动传播实现路径研究 [D]. 广州：华南理工大学，2014。
㊁ 孙小丽. web3.0 时代整合营销传播的典型运作模式研究 [D]. 南昌：南昌大学，2016。

（续）

对营销传播（广告策划）的影响			
	Web1.0	Web2.0	Web3.0
媒介特性	大众化信息提供 信息搜索 单向传播	去中心化 双向交互 平等共享 社区互动	兴趣社群 深度交互 人文主义 个性诉求
传播主体	公司、媒体	普通网民	普通网民
传播任务	合理覆盖	有效覆盖	友好关系
传播策略	科学投放	接触点管理	创意引擎
用户参与	被动参与	互动参与	实时参与
表现方式	"说明文"	"议论文"	"散文"
传播形态	静态	动态	更加便捷的动态
主要理念	产品中心	消费者中心	人文主义中心
核心手段	大众营销	分众营销	精准营销
效果评估	点击量	点击量、转发量、评论量和用户黏度	评论、转发、点赞 数据挖掘 量化分析

本章小结

1. 广告是由特定的广告主通常以付费的方式、运用说服的技巧通过各种传播媒介对产品、服务或观念等信息的非个人的介绍及推广。
2. 广告活动的主要构成要素有广告主、广告代理商、广告信息、广告媒介、广告受众等。
3. 广告的直接功能是它的商业功能，间接功能是它的社会文化功能。
4. 服务市场营销——广告的商业功能，具体表现在以下几点：① 沟通产销，刺激需求；② 扩大销售，加速流通；③ 鼓励竞争，活跃经济。
5. 传播企业文化——广告的文化功能。作为一种独特的文化传播形式，广告传播效果具体表现在由浅入深的三个层次：① 认知（感知和理解）层次；② 情感体验（喜爱和偏好）层次；③ 行为（尝试和购买）层次。
6. 广告策划就是通过细致周密的市场调查与系统分析，充分利用已经掌握的知识（信息、情报与资料等）和先进的手段，科学、合理、有效地部署广告活动的进程。
7. 一项较完整的广告策划主要包括以下7个方面的核心内容：① 市场调查研究；② 消费心理分析；③ 广告定位研究；④ 广告目标与预算；⑤ 广告创意表现；⑥ 广告媒介安排；⑦ 广告效果测定。
8. 本课程所涉及广告策划的内容大致有以下几个方面：① 广告调查研究（第2章）；② 广告定位策略（第3章）；③ 广告目标与预算（第4章）；④ 广告策略规划（第5章）；⑤ 广告创意策略（第6章）；⑥ 广告文案写作（第7章）；⑦ 广告媒体策划（第8章）；⑧ 广告效果评估（第9章）。
9. 整合营销传播（integrated marketing communications，IMC）又称整合营销沟通或统合营销传播。有人称它为新广告（new advertising），是近年出现的营销广告新概念，其核心思想是将与企业进行市场营销有关的一切传播活动一元化。

10. 从海外广告的发展历史来看，已经经过广告分离期、广告全面服务期、传播分离期，进入一个全新的阶段——整合营销传播期。
11. 整合营销传播有两个明显特性：一是战术连续性；二是战略导向性。
12. 整合营销传播在不同的发展阶段有不同的表现形式，主要有以下几个层次：① 认知的整合；② 形象的整合；③ 功能的整合；④ 协调的整合；⑤ 基于消费者的整合；⑥ 基于风险共担者的整合；⑦ 关系管理的整合。
13. 整合营销传播方案的实施有5种方法供参考：① 同一外观法；② 主题线方法；③ 供应面的策划方法；④ 特设会议的方法；⑤ 基于消费者的方法。
14. 基于消费者的方法有以下几个要点：① 建立资料库；② 用好资料库；③ 接触式管理；④ 发展沟通策略；⑤ 选择传播手段。
15. 营销传播的概念产生于20世纪60年代中期的美国。1965年，埃德加·克兰（Edgar Crane）最早提出这一概念，美国西北大学麦迪新闻学院教授唐·舒尔茨（Don Schultz）曾有"营销即传播，传播即营销"的观点，表明了二者相互依赖的现代特征。
16. 所谓Web1.0从技术层面定义是指以万维网为基础，以网站管理者集中编辑、发布内容，用户被动阅读为主要特征的应用模式的总体概括，这是互联网的第一代模式。Web1.0以搜索引擎为主，营销传播主要依靠大众门户式的单向传播，这是一种内容导向的传播模式。
17. 依照中国互联网协会的定义，Web2.0是互联网的一次理念和思想体系的升级换代，由原来的自上而下的少数资源控制者集中控制主导的互联网体系转变为自下而上的由广大用户集体智慧和力量主导的互联网体系。Web2.0时代的典型应用是QQ、MSN、BLOG（博客）、Tag（网摘）、SNS（社会化网络）、RSS（简易聚合）、Wi-Ki（维客）、播客等。
18. Web3.0是一种面向客户个性化的、信息高效精确聚合的网络技术框架，具有智能化、高度的客户个性化、跨终端的普适性和信息自由高效整合的特性。Web3.0拥有结构化数据、网站开放互通、云计算、大数据、跨媒体海量信息融合与智能内容搜索引擎等特征。Web3.0的典型应用是以微信、微博为代表的众多自媒体平台，还有许多物品的智能化，如智能手表、眼镜等。

测试题

一、单项选择题

（在每小题备选答案中只有一个是正确的，请将其选出并把选项前的字母填在题后括号内）

1. 英文"Advertising"（广告）来源于拉丁文的"Advertere"，其含义是"注意"或（　　）。
   A. "诱导"　　　　B. "宣传"　　　　C. "传播"　　　　D. "告知"
2. 市场调查，是进行广告策划的（　　）。
   A. 基础　　　　　B. 核心　　　　　C. 内涵　　　　　D. 外延
3. 广告创意是决定广告策划成败的（　　）。
   A. 前提　　　　　B. 关键　　　　　C. 基础　　　　　D. 内涵
4. 整合营销传播又有人称它为（　　）。
   A. 新传播　　　　B. 新广告　　　　C. 新沟通　　　　D. 新营销

5. 整合营销传播有两个明显特性：一是战术连续性；二是（　　　）。
   A. 战术导向性　　　B. 战术目的性　　　C. 战略连续性　　　D. 战略导向性

二、多项选择题
（在每小题备选答案中有2~5个正确答案，请将正确选项前的字母填在题后括号内）

1. 一项较完整的广告策划主要包括以下几个方面的核心内容：（　　　）。
   A. 市场调查与消费心理分析　　　B. 广告定位研究
   C. 广告目标与预算　　　　　　　D. 广告创意表现
   E. 广告媒介安排与广告效果测定

2. 整合营销传播又被称为（　　　）。
   A. 整合营销沟通　　　B. 统合营销传播　　　C. 新公关
   D. 新广告　　　　　　E. 新传播沟通

3. 从海外广告的发展历史来看，已经经过了以下几个时期：（　　　）。
   A. 广告分离期　　　B. 广告全面服务期　　　C. 传播分离期
   D. 形象传播期　　　E. 整合营销传播期

4. 整合营销传播的战术连续性又分为（　　　）。
   A. "物理连续性"　　　B. "社会连续性"　　　C. "生理连续性"
   D. "心理连续性"　　　E. "结构连续性"

5. 在整合营销传播方法中，基于消费者的方法有以下几个要点：（　　　）。
   A. 建立资料库　　　B. 用好资料库　　　C. 接触式管理
   D. 发展沟通策略　　E. 选择传播手段

三、名词解释题

1. 广告
2. 广告策划
3. IMC
4. 心理连续性

四、简答题

1. 一项较完整的广告策划主要包括哪几个方面的内容？
2. 广告策划中的策略大致有哪几个方面？
3. 简述整合营销传播的特性。
4. 简述整合营销传播的发展层次。

五、论述题

1. 如何正确理解广告策划的概念？
2. 试述整合营销传播方案实施的5种方法。

六、案例分析讨论题

仔细阅读本章的"开篇案例"，然后回答以下问题。

1. 在经济衰退时期，仍然强调广告的重要性，这是否合适？
2. 有人说做广告是"投资"而不是"花费"，你赞成这个观点吗？为什么？
3. 文中提到"让那些杰出公司的领导人亲自讲述广告对于本公司经营成功的作用，证明广告宣传与经营业绩之间的联系"，你认为如何？这样做真的能够产生效果吗？

第 2 章
广告调查研究

开篇案例

关于"速溶咖啡"与"一次性尿布"的广告调研

速溶咖啡与一次性尿布,应该是风马牛不相及的两个产品。然而,在这两种新产品刚刚问世的时候,广告主自以为很有把握的广告策划活动却遇到了相同的问题——消费者的心理抗拒。

速溶咖啡是20世纪40年代开始进入市场的。速溶咖啡物美价廉,配料又无须特别技术,而且特别节省时间,很适合现代人的生活节奏。然而,当厂商在广告中大力宣传该产品的上述特点时,并没有受到消费者的青睐,反而遭受冷落。于是,生产厂家请来了消费心理学家对该产品广告进行市场调查,让他们找出问题的症结所在,以确定消费者拒绝这种省时省事产品的原因何在。

心理学家首先调查了人们对雀巢公司较早的一种速溶咖啡——内斯(Neseafe)速溶咖啡的态度,使用传统的问卷调查方法对一个有代表性的消费群体(样本)进行了调查。这些接受调查的人首先被问及是否饮用速溶咖啡,有人回答"是",也有人回答"否"。然后,再问及那些回答为"否"的人,他们对这种产品有何看法。大部分人都回答说,他们不喜欢这种咖啡的味道。令人不解的是,回答"否"的人并没有喝过速溶咖啡,怎么会形成"味道不好"的印象呢?于是又请这些人实际品尝速溶咖啡与新鲜咖啡,结果大部分人却又说不出它们在味道上的真正差别。因此,厂商深信:不喜欢这种咖啡的真正原因并不是它们的味道不好!他们进而怀疑在消费者不喜欢速溶咖啡的背后有一些更为深刻的原因。因此,又进行了另一个更为深入的调查研究。

为了深入地了解消费者拒绝购买速溶咖啡的真实动机,心理学家梅森·海尔(Mason Haire)改用了一种称为角色扮演法的投射技术,进行了深层的研究。海尔这次不再直接去问人们对这种咖啡的看法,而是编了两张购物清单,然后把这两购物清单分别让两组妇女(调查对象)看并请她们描述一下写这两张购物清单的"主妇"有什么样的特点。这两张清单上的内容几乎完全相同,只有一个条目不一样,那就是购物清单A上包含了速溶咖啡,购物清单B上则包含了新鲜咖啡(见表2-1)。

表 2-1 关于速溶咖啡与新鲜咖啡的两张购物清单

购物清单 A	购物清单 B
1 听朗福德发酵粉	1 听朗福德发酵粉
2 片沃德面包	2 片沃德面包
1 捆胡萝卜	1 捆胡萝卜
1 磅内斯速溶咖啡	1 磅麦氏新鲜咖啡
1.5 磅汉堡	1.5 磅汉堡
2 听狄尔桃	2 听狄尔桃
5 磅土豆	5 磅土豆

当两张购物单分别被两组妇女看过以后,请她们简要描述一下按此清单购物的家庭主妇的形象。结果,看了购物清单 A 的那组妇女,有 48% 的人称该购物者为懒惰的、生活没有计划的女人,只有很少的人(4%)把该购物者说成俭朴的女人,显然大部分人认为该购物者是一个挥霍浪费的女人,还有 16% 的人说她不是一位好主妇。在另一组看了购物清单 B 的妇女中,很少有人把该购物者说成是懒惰的、生活没有计划的女人,更没有人把她指责为不好的主妇。具体情况见表 2-2。

表 2-2　关于速溶咖啡与新鲜咖啡的购物者形象的描述　　　　　　　　(%)

评　价	购物清单 A(含速溶咖啡)	购物清单 B(含新鲜咖啡)
懒惰	48	4
不会计划家庭购物和进行时间安排	48	12
俭朴	4	16
不是个好主妇	16	0

在所得的这个结果中,显示出两组妇女所想象的两个购物主妇的形象是完全不同的。它揭示出当时接受调查的妇女们内心存在一种心理偏见,即作为家庭主妇应当以承担家务为己任,否则,就是一个懒惰的、挥霍浪费、不会持家的主妇。而速溶咖啡突出的方便、快捷的特点,恰与这一偏见相冲突。在这种心理偏见之下,速溶咖啡成了主妇们的消极体验产品,失去了积极的心理价值。换言之,省时省事的宣传在消费者(家庭妇女)心目中产生了一个不愉快的印象。这个实验揭示了主妇们冷落速溶咖啡的深层动机:因为购买此种咖啡的主妇被认为是喜欢凑合、懒惰的、生活没有计划的女人,所以速溶咖啡广告中宣传的易煮、有效、省时的特点就完全偏离了消费者的心理需求。

广告调查研究之后,广告主改变了原来的广告主题,在广告宣传上不再突出速溶咖啡不用煮、不用洗煮具等省时省事的特点,转而强调速溶咖啡美味、芳香,以咖啡的色泽、质地来吸引消费者。避开家庭主妇们偏见的锋芒,消极印象被克服,速溶咖啡销路从此被打开了。

无独有偶,当年美国某企业向市场推出其新产品"方便尿布"时,也遇到了同样的阻力。"方便尿布"用纸制成,用过一次便丢弃,故亦称"可弃尿布"或"一次性尿布"。在产品推广的初期,广告诉求的重点放在方便使用上,结果销路不畅。后经调查了解,仔细分析消费者的心理,方知该尿布虽然被母亲们认同确实使用方便,省去洗尿布的麻烦,但广告关于省事省力的宣传却使她们产生了心理上的不安:如果仅仅是方便使用而无其他品质,那么购买、使用这种"一次性尿布",只是为了母亲省事,自己就好像成了一个懒惰、浪费的母亲,婆婆也会因此而责备自己。

在深入细致的广告调查当中有这样一个真实的故事:一位年轻的母亲正在给自己的孩子换"一次性尿布",这时门铃响了,原来是婆婆来家看望孩子。这下搞得母亲很紧张,情急之下,一脚将换下的尿布踢到床下,然后才去给婆婆开门。为什么要把尿布踢到床下?原来怕婆婆看到后有意见。在婆婆看来,给孩子洗尿布是母亲的天职,哪能嫌麻烦呢?给孩子用"一次性尿布"的母亲,必定是一个怕麻烦、懒惰的、对孩子不负责任的母亲。基于此项调查研究的成果,新的广告创意策略针对这种心理进行了调整,广告诉求的重点发生了改变。新广告着重突出该尿布比布质地更好、更柔软、吸水性更强、更保护皮肤,婴儿用了更卫生、更舒服等特点。把产品利益的重点放在孩子身上,淡化了对母亲方便省事的描述。广告语也变为:"让未来总统的屁股干干爽爽!"于是,一次性尿布就受到母亲们的普遍欢迎,因为它既满足了她们希望婴儿健康、卫生、舒适的愿望,又可心安理得地避免懒惰与浪费的指责,同时兼顾了两方面的心理满足。从此一次性尿布也同样在美国流行起来。

资料来源:Kevin Keller. 战略品牌管理. 北京:中国人民大学出版社,2003:267-268. 有改动并有内容添加。

速溶咖啡与一次性尿布的故事告诉我们,要想正确把握消费者购买的深层动机,广告调查研究有多么重要。在消费者的心目中,产品的价值有时不表现在其物理特性上,而是体现在商品所表达的行为特点或心理特点上。而这些行为特点和心理特点又常常是隐性的,存在于深层心理之中,这就要求我们运用恰当的调查研究方法将它们分析、探究与挖掘出来。

本章将介绍广告调查研究。首先讨论广告调查研究的基本内容,对广告调查研究做一个简要的描述,然后进入问卷设计、调查实施等方面的内容,最后介绍调研报告的撰写。

2.1 调查研究:广告策划的基础

广告策划很少能在广告人心中成形后立刻在市场上脱颖而出。产品、消费者以及市场上错综复杂的关系,使广告人在进行广告策划时,不能完全依赖直觉与灵感,这便是当前广告策划中大量使用市场调查研究的原因之一。所谓广告调查研究就是利用市场调查研究的科学方法,对影响广告活动相关因素的特点、状况、相互关系及其发展进行调查研究的活动。

2.1.1 为什么要做广告调查研究

在开展一个有效果的广告策划时需要调查研究,其首要理由是因为产品、消费者以及市场上日益增加的复杂性。在几十年前竞争较小、市场较小、媒体较少、配销系统较少、传播途径也较少的情况下,一个广告主及一家广告公司可能真的只是坐下来,以广告的形式写些有关产品的迷人散文,然后刊登在当地报纸上就算展开了一个广告策划活动。之所以能够如此,是因为当时的产品极为简单而需求量也很大,那可不是今天的情况。

第一,现在营销者常常不只在空间及时间上脱离市场,也在文化及社会阶层上与市场脱离。同时,还有许多产品,不仅在同一类别中竞争,还在同一市场中竞争。在我们复杂的社会以及日益复杂的市场上,调查研究是通向成功的桥梁之一。

第二,在今天的市场上,对失败的惩罚也非常惊人。从前广告主在报纸上刊登一个广告也只不过负担几百上千元钱的风险,而现今一个30秒的全国性联播电视广告,通常就需要六七位数字的金额。涉及这么大笔的金钱,广告主及代理公司为了良好经营,一定要尽量消除广告上的风险。

第三,如果是一个真正接受营销观念的人,也就是真正能够去满足消费者需求的广告策划人,单单为了知道那些消费者的需求是什么,就必须去做一番调查研究。

虽然调查研究对广告策划人开展一个成功的广告策划极为重要,但有一点需要留心。调查研究能提供一项产品或劳务在市场上的位置,以及消费者需求及需要的产品和劳务是什么的信息,调查研究甚至可指出广告定位的方向。虽然它能提供做出各种不同广告决策所依据的信息,但它不能指挥达成这些目标在执行层面上所用的方法。此方向还得依赖于广告策划人多方面的能力与才干。一旦广告策划人知道关于产品的状况、方向及可能的收益,他就能积极地进入角色,确定广告目标、开展广告计划,然后执行并努力达成这些目标。

2.1.2 营销研究与广告研究

在开展与评价广告策划上,广告策划人通常使用两种类型的研究:① 营销研究——对市场、竞争、潜在顾客、配销及定价信息的研究;② 广告研究——对直接与广告策划有关信息的研究,通常与实际广告策划的开展、事前测试、刊播配置以及效果评估有直接关联。

广告策划人应把此两种不同的调查研究活动铭记于心。关于营销研究与广告研究，虽然两者都需要实施与展开，但在收集何种信息、寻找什么样的信息来源以及所需信息的价值评估与使用上，则有一些区别。

2.1.3 广告策划调查研究的范围

大多数广告策划包括开展、测试以及评价计划，通常涉及下面5个方面的调查研究。

1. 潜在顾客、市场、产品以及竞争性调查研究

这类调查研究包括给要做广告的产品或劳务收集信息以确认目标潜在顾客、市场规模大小、市场位置、配销形态、定价、对任何产品的测试及评价、确认竞争性及竞争产品等。

不管怎样使用广告，或使用其他形式的推广，此调查研究都涉及发展供某产品或劳务上市所需信息。大体上这些都是广泛的研究，通常来自现有的信息源或资料。涉及这些类型的信息以及获得信息所使用的各种不同工具。

2. 广告策略发展调查研究

这类调查研究，涉及目标市场的销售信息与诉求类型。可能包括收集另外的目标市场信息。在基本营销调查研究完成之后，大体以此为广告策划的第一步。实施调查研究的目的是从一切可以选择并能够深入挖掘的信息里，确认一些最强有力的广告销售信息，这就是广告策略发展调查研究。

3. 广告执行调查研究

这类调查研究的目标明确与否，以判断以往广告执行得如何，或现在市场上的广告执行得如何，即广告与潜在消费者传播得如何作为基础。此外，该调研有时也试图决定消费者对广告产品的反应。此类型的调查研究常常又被称为"事后测试"。

4. 媒体、媒体用途及广告刊播配置调查研究

另一类型广告调查研究的进行是以消费者人口及媒体受众规模大小为依据去决定媒体分配、媒体可得性及媒体用途，此类型调查研究的目标，是以广告策划的信息达到目标市场的效果与效率为准，使广告预算发挥最大效用。

5. 广告策划效果的测定与研究

广告策划效果的测定包括旨在评价广告策划对目标市场效果的活动与方法。这一部分通常只是由广告策划人所开展及逐项列举的调查研究计划，并包含于广告策划本身的行动大纲中。其他方式的营销及广告调查研究，大部分只用于计划与执行活动。然而，测定研究则用以评价广告活动所完成及未完成目标，所以与其他类型广告调查研究有所不同。

2.1.4 广告调查的具体内容

事实上，本书所指的广告调查实质上是指市场调查所涵盖的与广告策划密切相关的内容。市场调查要通过对市场资料与信息的搜集、分析和研究，得出一些概括性的结论，以此为营销决策与广告策划提供依据。

从市场的构成要素看，市场调查的内容和范围是由市场活动的主体和客体的关系所决定的。市场活动的主体包括商品的生产者、经营者和消费者；而市场活动的客体当然是商品。二者的相互关系就表现为市场经济中的供求关系。结合我国的国情，市场调查的内容与范围概括起来，主要有以下几个方面。

1. 影响市场需求因素和市场政策法规调查

市场需求的影响因素是多方面的，这些因素主要有经济、气候、地理和社会文化等方面。经济因素会直接影响到市场消费者的消费方式和消费结构。气候与地理环境产生了不同的交通条件、资源分布等，产生了消费者的不同需求方式。社会文化的因素，包括观念、信仰、习惯与审美旨趣，都以不同的方式对市场的需求发生作用。因此市场调查的内容与范围首先要从宏观上着手，把握影响市场需求的各种因素的关系。

另外，市场的政策法规也是市场调查的一个重要内容。全面了解政府政策法规的制定、发布与执行，为企业的目标市场的确定、广告策划与策略提供政策法规上的根据。

2. 市场供求关系与市场容量调查

市场供求关系主要表现为社会商品购买力和商品供应量的关系。社会商品购买力调查的主要内容有三：① 消费者总量及其构成、人均收入水平、每个家庭的平均收入、平均工资水平、消费水平、消费结构及其变化；② 消费者对具体产品的需求情况与新的消费需求增长的情况，主要包括社会拥有量、购买频率、主要购买者、市场潜在需求量以及对产品的评价内容；③ 社会集团与生产方面的需求及其各种影响因素。

市场调查还应包括关于市场容量方面的调查。所谓市场的容量，实际上是指产品的可能销路，潜在市场销售的可能性及其在营销政策上应该采取的对策。

3. 市场竞争性调查

在竞争性调查中，需要查明市场竞争的结构和变化趋势，主要竞争对手的情况以及本企业产品竞争成功的可能性。市场竞争性调查的主要内容有：① 生产、经营同类产品的竞争者数目、规模、市场占有率及变化特点；② 竞争对手的售后服务方式，消费者的评价；③ 竞争者的销售组织状况、规模与力量，销售渠道选择的方式；④ 各竞争者所使用的广告类型与广告支出，等等。

4. 广告产品调查

产品的调查主要是了解此类产品的消费层次，做到产品的准确定位。产品的调查包括了消费者的爱好和要求，其具体内容大体包括：产品的色彩、风味、规格和大小、式样、性能、种类，等等。

5. 广告活动调查

广告活动的调查内容包括：① 产品的营销战略与广告手段的相互配套，也就是说广告作为销售的重要手段能否达到营销的目的；② 广告创意的概念和形象是否明确，能否激发消费者的兴趣，能否激起消费者的购买欲望；③ 各类广告媒体的费用、视听率、媒体的信誉、质量，媒体的特点，广告在不同频率下的传播效果等；④ 广告推出前后销售指数的变化，平均增加单位销量的广告费用率等。

2.2 信息来源及调查研究的类型

2.2.1 信息来源

从信息的来源上看，广告策划人可以从以下两个方面获取基本信息：① 那些已经收集好或存在的形式，即为广告策划人可以直接使用的既存信息；② 必须以某种方法收集或整理的信息。我们将既存信息称为次级信息，基于此种信息所做的调查研究称为次级调查研究。如果不能取得此类信息，而需要一个特别设计的计划才能取得，这一类的调查研究称为基本调查研究。在大多数的事例中，如为既存产品做广告策划，计划时多使用次级调查研究。因为新产品的信息通常不能取得，则需要做基本调查研究。广告调查的信息来源主要有以下几个方面。

1. 公司的记录或公司的营销情报

某一品牌信息的主要来源，通常包括销售记录、产品发货、客户报告之类，但这些往往都是最为人所忽视的部分。由公司所收集储存的信息，为广告策划人可用的信息数量极为惊人。诀窍在于寻出其位置，而取得并使用公司现存信息的关键在于清楚简明地描述需要什么，以及需要什么形式的信息。如果能把所需信息对会计或财务人员做适当的说明，通常都会取得。

此外，对既存的记录，许多机构也有一个它们称之为营销情报系统或营销信息系统的处所。此系统可能包括产品及产品销售、竞争情况、顾客、潜在顾客等类似的记录与资料。

2. 公司以前的调查研究

在许多情况中，能从公司以前因为广告之外原因所做的调查研究结果中，取得大量信息。这些信息可能包括消费者资料、产品测试、配销信息以及定价测验等。在某些事例中，此类信息保留在营销部门，而在其他事例中，可能保存在调查研究部。

3. 资料供应机构所提供的市场信息及消费者信息

当不能得到为个别品牌所特定的调查研究或信息时，通常可收购关于市场及品牌现状的信息。有专门机构收集此类型信息，并将其"转换"成信息"产品"，并标以"明码实价"出售。

这些信息提供者中，有些信息可能被忽略，只包括如整个市场的规模大小、配销形态、地理上的散布等基本市场资料。在其他的情况中，所供应的资料则可能是特定品牌，旨在提供广告策划人所需分析的整个市场信息。然而所有这些情况都是由外界来源所收集的资料，通常它们也为其他机构或竞争者收集提供信息并收取费用，包括一些主要的资料供应机构所供应的市场及消费者资料。

4. 同业及协会的研究

许多同业的期刊及协会对其读者所做调查以及收集其特别领域或产业的资料，作为其现行服务的一部分。许多同业协会为其会员提供相当高水准的资料与信息，如果广告主为此团体的会员，就可能得到这些资料。在许多特殊的或受限制的领域或活动中，同业协会可能是市场及营销或营销信息的唯一来源。

不是由政府收集的信息，必定是为某一特定目的而收集，并且由某一机构所存储。当使用此类信息作为调查研究根据时，应该谨慎分析其资料收集方法、样本大小以及信息构成的年代。大多数营销调查研究版本，对此类信息都列出良好的来源记载。另外的来源，可在大部分图书馆或经由各不同的同业组织获取。

5. 普查或登记的资料

最受忽视的一项有关市场及消费者的信息来源，就是由不同的政府机构收集的资料。几乎对任何题目来说，国家、省及地方政府都是特别好的资料来源。国家政府通过人口普查发布，如人口、住宅、零售业、批发业、服务业、制造业、农业、运输业等项目的信息。

此外，省级政府也发布一些调查资料，如人口、零售销售、收入水准、就业率等方面的信息。甚至县市政府也发布人口趋势及计划、收入、经济及计划研究、交通量计算以及人口统计等方面的信息。实际上，任何大型图书馆都能提供大多数类型的普查资料。

6. 图书馆与大专院校

公共图书馆，对一切可能的题目提供几乎近于无限的信息来源。广告策划人最有兴趣的，也许是大多数图书馆都能够也愿意对调查研究者提供信息来源，并且在许多情况下，也愿意免费提供信息。

各大专院校对广告策划人来说，也是不错的信息来源。许多广告及营销部门的深入调查研究资料都来自大专院校，它们满足了各种不同阶段的营销计划及广告策划的需求。

7. 其他信息来源

除此之外，广告策划人的资料供应来源还有很多。个别公司、市场调查研究机构以及其他单位常常收集并出版不同产业及不同消费者的资料。广告咨询、营销咨询、广告代理公司等也同样参与其中。快速查看电话簿以及打几个电话，也能发现信息的来源，或者指导我们在何处可寻得信息。

信息的一个最好来源是查看目前营销或调查研究刊物。在上面常能发现线索，如附有参考书目时更为有用。事实上，任何资料原则上都能够找到得到。这只是需要一点调查研究的兴趣与创意，然后去发现这些线索与资料而已。

2.2.2 次级调查研究

最容易、最快速的信息来源，是经由次级调查研究而得。但是对于全新的产品，通常很难取得出版的信息。就好像既存产品一样，首先查阅公司记录及市场情报信息。如果制造商或营销者曾策划过此新产品，通常会建立档案，所以会有一些以前调查研究的信息。对任何新产品，在进行收集其他信息之前，应先查阅一切公司内部来源资料。

次级调查研究信息的其他主要来源，与那些既存产品相同。在许多中心城市中的调查研究机构，也对产品类别做与图书馆同样的资料搜集但要收费。此外，这些调查研究机构对其以前所做各类别的调查研究都有资料档案，它们都可能有使用价值。

发现既存信息的另一选择，是用外插法处理其他资料。广告策划人可能从为另外目的所收集资料中，外插市场信息；或者也可能以公司曾计划进入的相似领域内取得有用信息。

对以前所收集的资料及外插的资料，有以下两方面的警告：① 只能使用此类信息作为策划的概略指导方针；② 广告策划人一定要核对资料的日期及收集资料的目的。市场变化如此迅速，如果你使用过时或尚未确定的次级资料，可能会做出错误的判断。

2.2.3 基本调查研究

基本调查研究为原始的调查研究，执行收集有关所要研究问题的特定信息。通常基本调查研究是不能在既存信息中取得的，在对既存信息感到怀疑或需要另外特定信息时才采用。基本调查研究可为既存产品或新产品执行收集信息。下列说明及建议，对两者同样适用。

在广告策划中，一般使用4种类型的基本调查研究：

（1）**质的或探索的调查研究**。它主要用于更完善地界定问题、市场或消费者。

（2）**量的或描述的调查研究**。在广告策划中应用最广的调查研究类型。

（3）**实验调查研究**。它广泛用于新产品调查研究，包括实验室测验，在实验中寻求因果关系。

（4）**为资料收集抽样**。它常用于评价广告策划的效果。

无论使用哪种类型的调查研究，通常资料收集或以观察法或以调查研究来执行，在以观察法收集资料时，在消费者或使用者购物时、评价产品或劳务时、做购买决策时或其他涉及所研究的产品或劳务事项时等均可能被我们所观察研究。以调查法收集资料，则需要询问许多顾客或潜在顾客有关产品或劳务的问题，以便获取他们购买、使用产品或其他能测量的活动日志。

1. 质的或探索的调查研究

当所需信息需要承担探知方向的任务时，即要做探索调查研究。此类调查研究通常都是对相当少的一群人来做，抽样是以配额或采用价值为基础。

通常从质的或探索的调查研究中，不能取得决定性结论。只是试图得到市场、消费者或产品的一般想法。在广告策划的探索阶段，有两种类型的调查研究对我们相当有用，一是密集资料收集；二是使用各种"投射"技术。

（1）**密集资料收集**。密集资料收集是一种不拘泥于形式的调查研究方法，包括经由与有兴趣的团体或个人（如消费者、潜在顾客及零售商等）进行讨论而收集信息与资料。这些人都是熟知有关产品或劳务的人士。一个极佳的信息来源常常是推销人员，因为他们与消费者及转售者们直接接触。

一项更具体、更系统的收集资料的方法则是做类似于"焦点小组"的讨论，或对个人"深度访问"。焦点小组的群体互动通常能深入调查研究的问题，而激发极多的见识，并能产生更详细的收集信息方法。

另一项可选择的密集资料收集法是"深度访问"。访问除以个人为基础外和在焦点小组中一样，请求受访者讨论产品、问题或情况。访问者以精心设计的问题询问，试图探索受访者内心深处的感受，并非只是了解可能立即提出的表面意见。

焦点小组与深度访问两者最好由训练有素的研究者来执行。未受训练的人士可能经由焦点小组讨论取得一般信息，但错误可能在不知不觉中发生，或者不慎导致错误的结论。因此，一定要对此种形式的资料收集有足够经验的人士去指导发问及分析所得的资料。

（2）**投射技术**。正如本章"开篇案例"中所描述的一样，投射技术可以用许多形式来做。但全部都有相似方法：请受访者把自己置身于某一情况或置身于某一经验中，以投射的感觉及经验回答由访问者所制定的有关产品、品牌的问题。这些投射技术假设被询问者置身于某种情况，会吐露对问题或情况发生于内部的感觉、思想及欲望，这些答案在直接询问时是不可能透露的。

投射调查研究方案，有许多形式。从词汇联想测验、角色扮演测试到主题统觉测验。只有技术熟练、有经验的调查研究者才有能力开发成功的投射研究工具。如要打算使用此类方法，应该向商业调查研究机构咨询。

广告策划人应在开展计划的第一阶段使用质的或探索的调查研究。因其能基于配额或可能得到的样本来选择少数的消费者，故通常定性调查研究的费用不大。此类型的研究常为决定一般趋势，或为需要更进一步探索才加以确认的范围而做。

质的分析可能足以回答广告策划人的许多问题。然而，因信息收集是用有限制的抽样方法，在信度与效度上容易发生极大变化。

2. 量的或描述的调查研究

一般说来，质的或探索的调查研究主要用以赋予广告策划人方向，而量的或描述的调查研究则用于在可选择的行动间做选择或做决策。

量的或描述的调查研究，通常都是基本调查研究。其结果可用以投射营销范围的各个不同部分，而统计上的概率也能提供支持理论，或作为拒绝结论的原因。量的或描述的调查研究，也与资料收集的方法相区别。两种类型是观察法与调查法。因观察法在广告策划中使用不广，故只给以简明概述。对于调查法，我们要多用一些笔墨。

（1）**观察法**。在量的调查研究中，或由亲身观察，或经由某种机械工具观察人们在市场上的活动或习惯。因为历史性资料的收集是依据观察特定人士过去正在做什么，或者过去做了什么。许多调查研究者相信，基于观察而预测此人将来会怎样做是很难成功的。

有几家商业调查研究机构善于运用观察法，如尼尔森公司等。这些公司访问零售店并做产品货架稽核。例如它们可能收集储存了什么货色、出售哪些品牌、出售产品的尺寸重量大小、价格以及有无存货等。广告主用此种信息，以判断其在市场上的位置。

观察法有助于广告策划人的工作，但如果想获得一个令人确信无疑的答案，我们需要从事大量的观察，无论是在时间、精力还是在经费开销上，这都是相当昂贵的。

（2）**调查法**。调查研究是为广告策划收集基本调查研究资料的共通的方法。正如其名称的含意，资料是由对产品或劳务目前或潜在消费者目的调查而取得。调查法最通用的形式有亲身访问、信函调查、消费者固定调查户以及电话访问。

1）**亲身访问**。亲身访问可以用许多方式执行，从传统式的沿门调查，到在百货商城中、出租洗衣机店或食品店及药品杂货店门外逢人就问，范围极广。亲身访问成功的关键是寻找受访者有时间回答问题的环境。通常收集资料的形式是有一系列的问题、量表、评价或其他方法使得被访者能表达其构想、关心的事或意见。在家中访问可长达一小时以上，而访问者拦住正在逛街者，如在百货商城中拦住行人的情况，则要缩短到 5~10 分钟。对此类调查所能收集的资料，实际上是毫无限制的。在每一事例上，其结果都依所想要信息的种类及访问当时所发生的情况而定。

亲身访问的主要优点是有机会详细调查、询问追踪的问题以及使用例证或产品样本或广告资料。主要缺点则是人事费用高以及合作机会较小，在进行逐户访问时尤其如此。

2）**信函调查**。由信函调查，能收集到很多有用的信息。由于该访问基本上是匿名的，受访者倾向于给出更多、更完整的答案。受访者也能简述那些以亲身或电话访谈不可能立刻取得的答案。因为无人在当场予以指导，问卷形式必须做得尽量易懂，并主要采用封闭式问题。

问卷长度不拘，几乎可包括任何题目。以信函问卷方法收集资料相对比较便宜，其成本主要是人名地址表、问卷格式纸及邮资。有时也在信函内附上少许酬谢品作为回函鼓励。

信函问卷通常回收率极低。以美国为例，30%~40% 的回收即属正常。得到 60%~70% 的回收则属例外。在中国，其情况可能会更加不尽如人意。

3）**消费者固定调查户**。事先形成的消费者固定调查户早已为调查研究所采用，现今许多商业固定调查户可以向调查方索取劳务酬金。从消费者固定调查户收集资料以所需时间而论和信函调查有同样的缺点。然而回收则常达百分之百，因固定调查户是已确立的群体，同时参加者也获有酬劳。但固定调查户的代表性会有问题，因为酬劳的激励，某一固定调查户在一年中要回答许多机构发放的调查问卷。

固定调查户资料收集的主要优点是所取得信息比较完整与比较详细。固定调查户通常会认真阅读问卷提供的信息，相当易于合作。因其填写质量与回收率高，就总体调查开支而言，其成本反倒比其他类型访问要低得多。

4）电话访问。一项日益重要的资料收集方法为电话访问。广域电话服务简称 WATs 的多线电话的问世，使由单一中心地点完全控制的访问可遍及全国。利用广域电话总线路访问成本较其他收集资料方式为低，如把时间因素也考虑在内，它可能是一切调查研究方法中费用最低的。

当样本改善之后，电话收集资料的用途也随之增加。最初电话样本只限于姓名登记于电话簿的人士。更新的随机拨码制度，使现在一切相关联的电话都成为样本框架的一部分。从原理上来看，每一个有电话的家庭都可能是潜在受访者。

从数量极大的人口中想取得比较少量的信息，电话访问可能是一种最好的方法了，因为声音接触只限于一定类型的问题。电话访问可持续 10~15 分钟，可以问许多具有备选答案的圈选题。

电话访问的主要优点是有完整样本框架、有能力打给任何地区，以及非常迅速地收集资料与报告。此外，在所有的调查方法中，电话是唯一能够用于同步（或同时）调查的方法，有时在广告发布或播出的同时，立即对调查对象展开资料搜集工作。

电话访问的缺点也很明显。因其答案必须简短，所以就不能像其他方法能得到更加深入的资料。因为对方不在现场，也没有使用可以帮助解释问题的小道具或其他资料，或展示一整套设计、广告或其他一定要看过才能回答的实物项目。时间受限，如果时间过长，很可能因受访对象不愿意配合而使访问中断。

3. 实验调查研究

实验调查研究是在实验室或以其他不同的方法做有控制的调查研究，用来寻找因果关系。使用精确的方法以确认导致结果的各种变数。因为控制营销的全部变数是一件非常困难的事情，因此实验法只做选择性使用。

实验调查研究是在广告中最适用的方式，可用于为新产品或在新广告策划中测试市场。此法将两个或两个以上的个别市场，依人口、销售类别、收入等营销变数尽量密切配合。使用这些广告策略只在其中一个市场（或一组市场）而不在其他的市场实施，然后观察其结果。

另外一个可选择的方法，是在指定的一组或几组市场中实施不同广告策划，然后观察各种不同的结果。

第三种方法是用媒体权数测试。此法在那些相配的测试市场中，使用各种不同程度的媒体推广。此外，在其他变数尽量维持不变的状态下，媒体影响就能够以受众态度改变程度及知名度提升水平等效果来评价。

由于实验法不可能立竿见影，它可能是在广告策划中获取信息的最昂贵方法。虽然如此，在新产品的推广上，此法仍然被广泛使用。

4. 为资料收集抽样

任何调查研究设计的成功，都依靠为收集资料所选的样本。抽样的主要目的在于确信要访问的受访者能代表全体目标人口。因此，决定选谁做样本，对选择样本所要用的程度以及样本数目大小都相当重要。

（1）**样本是什么人**。被访问的人们一定要是目标人口的代表。如果广告策划人想得知有关狗粮的资料，就应访问养狗的人。在广告与营销调查研究中，经由过滤问题如"你或者你的家人拥有一只狗吗？"来达成。那些没有养狗的人不会包括在研究中，他们会自动地被剔除在样本之外。

一个广告策划研究的调查研究抽样的框架可以很容易地被界定。样本可能涉及家中有10岁以下孩子的全体35～49岁的母亲，或者是"在广州市内拥有爱犬的人"。抽样框架依要收集的特定资料类型，及对所寻求信息的一般概念而定。用以作为样本框架的一个通用定义是："某一产品类别或品牌的现在使用者"。

（2）**选择样本**。抽样技术有两种类型。概率样本是那些在族群中每一已知的单位都有同等概率被选做调查研究之用的样本空间。

概率样本用于要测定的单位数目相当少，在群体中存有各项目的完整名单（如在广州市的全部药房），每份访问的成本则依项目的位置而定，以便精确地测定样本误差风险。因为这些条件，除非群体能被很精确地界定之外，在广告与营销研究调查中使用概率抽样受到相当限制。

非概率样本并不提供群体内每一单位同等机会或已知机会，作为包括于样本框架内的一分子。非概率样本在广告与营销调查研究中正广为应用，因在许多类别中得不到群体完整的名单。当真正的概率样本太过昂贵时，就使用非概率的样本。其原因是：① 地理上太过分散；② 只需要大体上估计的资料；③ 取得更大的样本有可能减小误差；④ 偏差大小的性质能被正确地估计。

大多数广告及营销调查研究都是非概率型的，例如广告策划人并不知道某产品或竞争产品使用者的真实群体。产品使用者通常极其分散，那些以全国销售为基础的产品尤其如此。误差可基于样本大小来估计，同时偏差总量也可以决定。在广告及营销调查研究中使用非概率样本的主要理由，只是取得资料的成本较低。

（3）**样本的大小**。一项在规划及评价基本调查研究上最困难的工作，是决定达成指定可信度所需样本的大小。统计学中有测量概率样本可信度的技术。而采用非概率的研究，通常是因为并不知道真正的群体，问题就变得复杂起来。

对决定样本大小有许多经验法则，可能对广告策划人有所帮助。虽然这些法则缺乏精确性，但对各种不同类型非概率研究的样本大小，大体上确能给以接近正确的估量。

例如，在像深度访问或焦点小组这类资料收集中，大部分有关产品或劳务的构想与答案，都能在访问过最初30人左右后就能获得。所以发生这种结果，是因为大多数消费者对有关各种不同的产品与劳务基本上都有相同的一般构想。当约有30人回答时，重复主要构想的人快速增加。相似地，在一个限定的地理区域内，给一份标准问卷，访问某产品或劳务的100～200位使用者，会易于发现群体的一般态度。在访问过100人以后，当越来越多的受访者对被问的问题给以相同答案时，信度倾向于增加。一项包括几个城市或几个省级的地域性研究，选300～400位合格受访者作为样本，通常都认为是足够了。以概率样本所选出的1 000～1 200位合格消费者作为样本，一般都能反映出全国人口对大多数主题的意见与感觉。

虽然这些样本大小只是估计，但已经证明只有在非常的情况下才会发生重大误差。

（4）可能遇到的问题。对受访者样本来讲，通常会遭遇 4 个主要问题：不在家、拒绝受访、受访者的偏差以及访问者的偏差。

不在家与拒绝受访在概率样本上造成比非概率样本更多的问题。为构成一个真正概率样本群体，预先所实际选定的人们一定要访问到。从执行的层面上来看，这常常是不能达成的。因此，一定要采取步骤去选择一个足够大的原始样本，以便可以用代替的非受访者接受访问，从而不破坏组成原始样本的代表性。

受访者与访问者两方面的偏差最难控制。受访者的偏差通常出现于被访者真诚地急于想帮助访问者时，这时被访者所答常不能反映其真正的感受。在有些事例中，受访者企图表现其知识渊博，以不知为知地给出答案。

访问者偏差通常来自当其发问时，或者由于问题本身，或者他问问题时的语气与态度，暗示出某一类答案最可能被接受，或者大体上认为是对的就会发生。广告策划人应注意此一类偏差问题，特别是在样本很小的时候，以及访问者并未接受过专业训练或访问者与受访者如果对正在研究的特定主题有强烈的个人体验与感受时，更要注意。

2.3 问卷设计

2.3.1 调查问卷的功能

调查问卷的功能主要有 6 个：① 把研究目标转化为特定的问题；② 使问题和回答范围标准化，让每一个人面临同样的问题环境；③ 通过措辞、问题流程和卷面形象来获取应答者的合作，并在整个谈话中激励被访问者；④ 可作为调研的永久记录；⑤ 它们能加快数据分析的进程；⑥ 它们包括测定可行性假设的信息，并可以据此验证调研参与者的有效性。

正因为调查问卷有以上功能，所以它是调研过程中的一个非常重要的因素。研究表明，调查问卷的设计直接影响所收集到的数据质量。即使是有经验的调研者也不能弥补问卷上的缺陷。在如何设计一张良好的调查问卷上多花点时间和精力是很值得的。设计一张调查问卷是一个系统的过程，调研者将构思各种问题的形式，考虑能描述所调研事项的一系列特性，对各种问题的措辞进行仔细推敲。

2.3.2 调查问卷的设计过程

我们现在来讨论调研者必须履行的步骤和如何使调查问卷适应这一过程。一个典型的市场调研流程，包含下面的 11 个步骤：① 确定调查目的；② 确定资料收集的方法；③ 确定问题；④ 问题评估；⑤ 获得客户的认同；⑥ 预测试；⑦ 修订；⑧ 定稿和印刷；⑨ 收集资料；⑩ 制表；⑪ 撰写最终报告。

调查问卷在形成正式格式前一般需经历一系列的草拟。事实上，在形成第一个问题之前，调研者将要寻找种种可替代的问题形式，决定哪一个更适合本次调研的被访问者与环境。当调查问卷形成时，调研人员仍需评价每一问题及选项的有效性。当问卷初步设计完成后，调研者要继续评价每一问题和它的选项的有效性，然后再做修改。同时，会再一次审核问题的措辞以确保所提出的问题是研究者真正需要的。另外，研究者努力减少由于问题的措辞和形式给应答者带来的影响，使问题倾向性降到最低。

我们应该意识到在通常设计的调研中，调查问卷上的问题，包括它的指导、介绍和整体编排都需经过系统地评价以防止潜在的错误。一般来说，这些工作都是由调研人员完成的，客户只有在对调查问卷进行较大完善和评价时才会参与。

客户将在问卷认可阶段对问卷做出评论。在那时，调研人员向客户提交调查问卷，并请他审核问卷是否针对了恰当的问题。这一步骤是必不可少的，有一些调研公司要求客户在调查问卷上签名以示认可。要求客户认可提交的调查问卷有几个很好的理由。首先，作为调研者仍需要客户对调研目标做检查。客户也许并不关注问卷设计中的所有技术细节，但他对调研的目的很关心。其次，客户认可这一程序确保了客户了解调研的进程。再次，在未来得出调研结果时，若客户管理层抱怨问题设计不全面或不正确时，调研者将明确责任。

在得到客户认可后，问卷通常会经历预测试阶段，这种实地测试是用一个有限的样本群发现在问卷措辞、指示管理等方面潜在的问题。在经过基于预测试的修改后，调查问卷的设计就完成了。

2.3.3 设计问题

设计一个问题，做到措辞精确并非易事。设计调查问卷上的问题是一种艺术。正如艺术有优劣之分，问题也有良莠之别。设计问题的最终目的是寻求应答者的真实答案，并不带任何过度不当的影响。事实上，调研者只有一次机会来完成这一目标，所以，对每一个问题的用词都是很关键的。

不幸的是，产生不可信或不准确问答的潜在可能性远比我们能容忍的要大得多。当问题中的语句影响客户的回答，使得回答不可信或不完全准确时就产生了问题的倾向性。理想状态下，每一个问题都应该经过一定数量对问题倾向性相关因素的检测。为了方便，我们把考虑的这些因素称为"应该"和"不应该"的注意事项。我们可以将其简单地概括为问题设计中的 5 个"应该"与 11 个"不应该"。

1. 问题设计中的 5 个"应该"

在问题设计中有 5 个"应该"：① 问题应该针对单一论题；② 问题应该简短；③ 问题应该以同样的方式解释给所有应答者；④ 问题应该使用应答者的核心词汇；⑤ 若可能，问题应该使用简单句。下面是对 5 个"应该"的具体阐述。

（1）**问题应该针对单一论题**。调研者必须立足于特定的论题。例如，"你旅行时常住哪种宾馆？"的论题是模糊的。因为它没有说清旅行的类型或何时使用宾馆。比如说，这究竟是商务旅行还是度假旅行？是指途中的宾馆还是目的地的宾馆？确切的问题应该是："当你和全家一起度假时，在旅行目的地你通常住哪种宾馆？"又如，"你通常几点上班？"是一个不明确的问题。这到底是指你何时离家还是在办公地点何时正式开始工作？问题应改为"通常情况下，你几点离家去上班？"

（2）**问题应该简短**。无论采取何种数据收集模式，不必要的和多余的词语应该被剔除。这一要求在设计口头提问的问题时尤其重要（如通过电话进行调研）。简短的问题能帮助应答者了解问题的中心并减少语句误解。以下是一个复杂的问题，"假设你注意到你冰箱中的自动制冰功能并不像你刚把冰箱买回来时的制冰效果那样好，于是打算去修理一下，遇到这些情况，你脑子中会有一些什么顾虑？"简短的问题应该是："若你的制冰机运转不正常，你会怎样解决？"

（3）**问题应该以同样的方式解释给所有应答者**。所有的应答者应对问题理解一致。例如，对问题"你有几个孩子？"可以有各种各样的解释方式。有的应答者认为仅仅是指居住在家里的孩子，然而，另一个可能会把上一次结婚所生的孩子也包括在内。这个问题应改为："你有几个 18 岁以下并住在家中的孩子？"

（4）**问题应该使用应答者的核心词汇**。核心词汇就是应答者每天与其他人进行交流的日常语言词汇，但其中并不包括方言土话和行业术语。显然，如果一个句子中包括一些并不是所有被访问者都熟悉的词，这些词就将导致那些对它不是很熟悉的人的理解错误。有时，在问题中会出现技术细节和市场营销活动细节，从而打破使用核心词汇这一原则。比如，"你认为商店提供的额外奖金是吸引你去的原因吗？"这一问题的前提应是应答者知道什么是额外奖金并能把它和商店的吸引力联系起来。所以，问题可以改为："赠送一个免费礼品是你上次去乡村服装店的原因吗？"

（5）**若可能，问题应该使用简单句**。简单句之所以受到欢迎是因为它只有单一的主语和谓语。然而复合句和复杂句却可能有多个主语、谓语、宾语和状语等。句子越复杂，应答者出错的潜在可能性就越大。句子中会有许多情况需要记忆，同时有更多的信息需要思考，所以应答者会觉得注意力不够用或仅注意了问题的一个部分。若要避免这些问题，研究者应尽量只使用简单句结构，即使问题的本质需要用两个分开的句子来表达。例如，"如果你正在寻找一辆让管家使用的、主要用来接送孩子们去学校、祷告和去朋友家的车，你和你的妻子会如何评价你们试用的一辆车的安全特性？"简单句是："你是否和你妻子在讨论一辆家庭用车的安全性？"若回答"是"，接着问"你们对安全性的要求是'很低''一般''很高'还是'非常高'？"

2. 问题设计中的 11 个"不应该"

在设计问题时，应避免的即"不应该"的问题比应该做得更多。我们对应该避免的 11 个问题分别讨论如下。

（1）**问题不应该假设不明显存在的标准**。问题通常需要应答者运用判断，且这种判断假设使用了某些特定的标准。但有时用以做出判断的标准不是十分明显，故应答者在使用这些标准时存在困难。经常忽视的一个标准是应答者自身的倾向性。问题"你认为对一家便利店来说，拥有明亮的停车场是否重要？"它可能让应答者从其他人的角度，而不是他本身的角度来考虑这一需要。很可能一个应答者天黑以后从不去便利店，但他考虑到那些去的人的确需要良好的照明。该问题较好的方式是："对你来说，一家便利店有照明良好的停车场是否很重要？"

（2）**问题不应该超越应答者的能力和经历**。问题不应该超越应答者的经历。例如，问一个 10 岁的孩子当他结婚时会买哪种汽车是无意义的，就像问他的父母他们 10 岁的孩子是否会在聚会上喝啤酒一样。10 岁的孩子不能准确地预测这种购买行为，是因为他还没有结婚也不可能去买一辆新车，对于家庭购车他们知之甚少；同样，大部分父母不知道孩子的聚会上发生了什么，所以他们的回答至多是一种猜测。

（3）**问题不应该用特例来代表普遍状况**。用特例来描述更广泛的情形会导致应答者将注意力仅放在那个例子上。"你能回忆起上星期的广告吗？比如你在报纸中缝上看到的。"这将使一些应答者的注意力仅放在报纸中缝上，但问题的实质是问所有有关的广告。较好的问题是："你是否记得上星期报纸、电视、广播和邮件上的广告？"

（4）**当应答者只可能记得事情的大致情况时，你不应该询问过小的细节**。有时问题的设计者忘记了人们并不一定都有出色的记忆力，在问题中提及的细节超出了应答者的记忆能力。例如，"你最近一次在加油站购买的汽油是每升多少钱？"这需要某些应答者回忆起几个月前的事，他们不太可能确切地记得每升多少钱。解决这一问题的方法是仅提问应答者记得的大致情况："你还记得你上次在加油站买汽油每升的单价是高于、低于或等于××元吗？"

（5）**问题不应该要求应答者通过推断来猜测**。当问题中包括一些常识时，应答者往往会回答他们认为是如何或他们认为应该如何。这就助长了猜测，尽管猜测有时也可能是正确的，但大多数情况下是不正确的，考虑以下两个实例："当你在超市购买新鲜鱼时，你是否会考虑它的新鲜程度"；"如果你在一家商店购买了一架35毫米自动对焦的照相机，你是否会向售货员询问它的质量保证"。按常规，你的回答一定是"是的"。因为通常来说购买海鲜的新鲜程度是一个重要的衡量标准，而对一名购买较昂贵照相机的普通购买者来说，质量保证是十分必要的。有一种避免常识因素对应答者影响的方法，就是向应答者询问一些更为详细的资料。例如，在询问新鲜度时可以问："在你最近5次去超市购买新鲜鱼时，有几次你是考虑了它的新鲜程度？"而在询问照相机这一事例时，你最好运用量表选择法来询问他对担保的考虑。如将回答设为"不是""有时是""是""完全是"等几个等级。

（6）**不应该过多询问无关的问题**。市场调研者有时会询问一些无法记起的信息。他们忘了除了消费以外顾客还有许多其他事情要考虑，如果某面包厂商要想了解它们的顾客是否将其产品的价格同其他品牌相比较，往往会问"在你考虑购买我们的面包前，你曾将多少家面包店与其相比较，它们分别是哪几家面包房？"极少的应答者可以准确地回答这个问题。商家能获得的唯一正确的信息也许就是顾客是否曾比较过价格。所以，应该这样提问："你是否能记起你在购买我们的面包时将其价格同其他产品的价格相比较？"

（7）**问题中不应该使用夸张的词语**。避免使用夸大的词语。最好用一种中立的口气来提问，这比用正面或反面的口气提问要好。这里有一个为光明太阳镜做调研的例子。一种夸大的句子可能会说："你认为你会花多少钱去购买一副能防止使眼睛失明的防太阳光紫外线的太阳镜？"你可以看到，这一夸大的提问主要关注于防止紫外线的效力上。这一论述，会导致应答者考虑他们愿意花多少钱去购买一件物品以保护眼睛免受紫外线的伤害，而非考虑他会愿意花多少钱去购买一副太阳眼镜。一种较恰当的提问方式应该是："你愿意花多少钱购买太阳眼镜，以保护眼睛不受太阳光线直射？"

（8）**问题中不应该使用词义有分歧的词语**。有一些有歧义的词语会导致应答者将问题假设为他们自己的情况或经历。这类问题有以下两种形式。一是问题的设计者使用了有多种内涵的词语。例如，一个防止残害动物协会的调研可能会问："当你的小狗造成意外事件时，你是否会教训它？"此处的意外事件可能是指它在地板上撒尿、打翻了盛水的盆子或其他意外事件。关于"教训"一词的意义也是含糊不清的。就你能想到的犬类的天性是多种多样的。我们可用一系列的问题来特别限定意外事件的种类。二是问题的设计者不注意地选择了一些词语，这些词语对于不同的应答者有不同的含义。这一问题往往发生在不同地域对于同一词语的用法不同。

（9）**不应该将两个问题并为一个**。合二为一问题是指将两个不同的问题合并为一个，这样会使应答者不能准确地回答其中的任何一个问题。这里有一则玩具反斗城的调研实例。"你是否了解玩具反斗城所销售的是教育性的玩具，你是否发现它是日本市场上唯一的美国玩具零售商？"其中第一个问题关注的是厂家销售的产品是教育性的，而第二个问题关注的是厂家在国际市场上的份额，解决这类问题的方法要么是将它拆成两个独立的问题，要么是将其中一个问题指定为另一个问题的条件。例如，"你是否知道玩具反斗城是日本市场上唯一的一家美国玩具零售商？"和"你是否知道这些玩具主要是用于教学的？"这样分成两个问题会较好。

（10）**不应该引导受访者回答某一特定答案**。引导性问题是指这一问题对应答者的回答已给予了提示而影响了回答。例如，有人提问："难道你没发现隐藏在新政策中的危险吗？"

很明显，这一提问方式使人感到提问者希望应答者认为在新政策中是隐藏了一些危险。因此，应答者往往会回答是的，如果我们改变一下措辞方式将使问题变得更为客观："你是否发现新政策中隐藏有一些危险？"这样应答者可以自由地根据实情回答"是"或"否"。

（11）**问题不应该具有"暗示性"短语**。有引导性的问题往往会使应答者的回答带有偏见，相对而言，暗示性问题就显得更为微妙。要识别句中的该类问题需要更强的判断力。因为它往往运用一些词语来暗示常规的行为和普遍的信仰。它甚至可能触及人的情感及内心世界。例如，一家销售铁锤的公司可能会如此问："是否允许人们持有用以自卫的工具？"显然，大多数的应答者都会同意是需要的和允许的。因为人们认为自卫是一种正当合法的防卫。如去除句中的带有情感色彩的暗示，问题将变为："你认为那些担心会受到攻击的人是否应携带铁锤？"

我们应十分仔细地检查每一个在表达上的细节问题，以避免各种错误。调研者对于我们所描述的表面性问题特别敏感。但是，研究者在调研过程中仍会发生一些小错误。这一危险的存在解释了为什么许多调研者使用"专家"来验证问卷的草案。例如，通常都是由一位调研人员设计问卷，然后由另一位调研人员对问卷做彻底的审查以保证其正确性。

3. 问题设计中的具体方法

（1）**二项选择法**。二项选择法又称是否法或真伪法。这种调查把问题分为两种情况，二者只能择其一。比如"你是否喜欢喝可乐类饮料"，其优点是判断明确，结论易于解说，不足在于不能表现出意见程度的差别。

（2）**多项选择法**。问卷设计的回答题目可分为几个，调查对象可任选某一项或数项。例如，"你喜欢的自行车是赛车、山地车还是一般式样的自行车？"这类问题有其程度上的推进过程。其优点是避免是否问题强制选择的不足，但不易归类评价。

（3）**自由回答法**。此类问题的问卷并无已拟定的答案，自由式提出问题，被调查者可以自由地发表意见。例如"请您谈谈对××牌啤酒质量和包装的印象与看法"等。此类问题可缩短问答者的距离，灵活地发表看法，不利之处在于资料难以整理，不易形成一般性结论。

（4）**漏斗法**。这种技术方法亦称"过滤法"，是指最初提出的问题性质广泛，应答者怎样回答都行，然后逐渐缩小范围，到最后所问的则是特殊的专门的问题。这类问题在于逐渐概括，问题的内容逐步收缩，归到调查的主题上，而略去了枝节性、表面性的问题。此类问卷问题较自然，也便于全面了解问题。

（5）**比较法**。比较法主要是采取相互比较的方式对不同的调查项目进行分析的一种方法。例如，将若干个牌号的彩电排列起来，相互加以比较，请调查对象给予评价，就能得出大致性的结论。比较法不仅能看出比较双方的性质差别，也能看出二者的程度差异。

（6）**顺位法**。这种方法就是列出若干项目，以决定其中较重要的，按程序不同的标准加以排列。这类方法有多种询问方式。例如，"在下列几种物品中你最急需的是哪一种？""你认为'A'与'B'哪个更重要？"这种顺位排列使应答者能够自然地回答所问的问题。如评定某种商品的销路名次或知名度情况，就可以采用这种方法。

2.4 调查实施

2.4.1 市场调查方法

实施市场调查的主要方法有以下几种：① 市场普查法；② 抽样调查法；③ 典型调查法；④ 随意调查法；⑤ 访谈法；⑥ 观察实验调查法。

1. 市场普查法

市场普查法是以市场总体为调查对象的一种调查方法，是为了了解市场上某种现象在一定时空上的情况而进行的一次性全面调查。

2. 抽样调查法

抽样调查法是一种非全面调查，它是根据概率统计的随机原则，从被研究的总体中抽出一部分单位作为样本进行调查，以此推断整个群体的特征。在这种调查中，调查的范围应是总体，选取的部分对象叫样本。

抽样调查法是市场调查的一种主要方法。这种调查法实施的主要环节就是要注重抽样的客观性，避免主观人为倾向；把握样本的代表性，使其特征能较为充分地表现事物的总体特征。

抽样调查法常用的方式有 3 种：① 等距抽样，将准备调查的对象排列起来，设定等距离来抽取。② 任意抽样，采取抽签方法，将调查对象写在纸上，混合后再随意抽取。③ 随机抽样，将调查的对象编成号码，运用乱数表抽取，这是最常用的一种方法。

3. 典型调查法

典型调查法是对市场中的典型消费者进行深入调查的一种方法。这种方法主要是通过典型的特殊定位来了解一般消费者的情况。典型调查法是广告活动市场调查的一种普遍形式。其特点是较为节省人力、财力，取得资料也较快。

4. 随意调查法

随意调查法也是调查人员和广告策划人员经常采取的一种方法。它是调查者根据目的和内容。随意选择调查对象进行调查的一种方法。随意调查简便易行，调查费用较低。

5. 访谈法

访谈法就是当面或通过电话、书面等方式向被调查者询问，以获得所需要资料的一种调查方法。其中包括人员走访、电话访谈、召开座谈会、询问产品用户等方式。这种方法的优点在于能够形成面对面的人际交往，通常能获得有价值的第一手资料，并且使调查的内容具有深度。

6. 观察实验调查法

观察实验调查法通常是注意现场情形的调查方法。就观察而言，主要是指调查者对被调查者的行为与特点进行现象式的描述。观察法，完全是借助于现场观察，其准确性较高，但需要注意确定调查的内容，调查的数量等问题。就实验法而言，主要是要通过小规模的试验来了解产品及其发展前途，借以把握消费者的评价意见。

2.4.2 广告策略调查研究

在对市场、消费者、做广告的产品或劳务、竞争或竞争者以及其他基本营销信息都收集妥当之后，下一步骤是实际进行广告策划。首先要做的是，广告主对所要广告的产品或劳务计划要说"什么"；其次是对媒体或把广告刊播在什么地方的所需信息；最后则是评价广告的效果等。

完成市场调查研究之后，进入第二个阶段，那就是广告应该对谁去说？要说些什么？这便是"广告主题或文案规范的调查研究"，广告人称之为广告策略调查研究。此时需要搞清下面3件事。

（1）**广告目的**。它是指对一个或多个广告信息做清楚的说明与能测量最后的结果。通常广告目的均以知名度、偏好度与信任度或其他传播影响作为测量标准。

（2）**广告策略**。它是指规划一个对目标市场传播产品或劳务利益与解决问题特色的广告信息，一般都是在大众媒体上使用。

（3）**广告执行**。它是指以美工、插画、文案、音乐等物质形式，对目标市场实行广告策略，以达成广告目的。

2.4.3 以广告调查研究发展广告策略

一旦知道产品、劳务或品牌一般的市场以后，下一步骤即为决定用什么广告信息，即什么广告策略最可能影响目标市场去考虑购买某产品或劳务？也就是为某品牌"说些什么"。这对广告策划人来说，是他所能做的最重要的广告决策。除非信息正确，传达信息所使用的媒体，甚至做广告所投资的总金额，都不能确保它会成功。发展广告策略，通常是广告策划人发展整个有效广告策划成败的关键。以广告调查研究发展广告策略，有以下5种基本方法：① 焦点小组；② 知觉或品牌认知图；③ 用途研究；④ 动机调查研究；⑤ 利益区划。下面对这5种方法做一个简单的说明。

1. 焦点小组

焦点小组是由被问有关特定品牌问题的个人所组成的。其目的是决定什么对他们重要、什么对他们不重要，以及在此产品类别中他们怎样购买。焦点小组常把某一品牌使用者与竞争品牌的使用者组合在一起。这样做是意图获取某产品购买者与使用竞争产品者发生差异的原因，以及决定他们考虑想从某品牌得到的主要利益是什么。焦点小组大体上只提供广泛、一般的构想，或提供大概的方向。

2. 知觉或品牌认知图

为了了解消费者怎样在其心智中对不同品牌定位，以及获知更多有关消费者对某类别中各品牌的感觉，调查研究者使用一种需要参加者评价既存各品牌的方法。此种方法称为知觉绘图或品牌绘图法。因其需要消费者以某些利益或态度来确认他们对各不同产品的知觉或感觉怎样。

该方法由五点评分量表或七点评分量表构成，使用可适用于产品或产品类别的两极形容词。在一些情况中，首先使用量表，以决定哪种利益或属性在对品牌决策上最为重要，然后再做比较。

3. 用途研究

常以对某产品或劳务现存使用者做调查研究确定他们购买某产品的动机。在这些大大小小不同规模的研究中，其意图在确定消费者对某品牌所寻求或得到的利益，然后以此作为策略去获取更多的某品牌使用者。其基本的方法是经由某种讨论或问卷的方式去询问现在使用者，他们为什么购买某品牌，或从某品牌得到什么利益。

4. 动机调查研究

动机调查研究使用深度访问技术以确定为什么人们做出某种行动。这可能包括为什么他们使用某一产品或品牌，或为什么他们避免使用某一品牌，他们对有关竞争的品牌感觉怎样，他们寻找一个品牌是去购买什么之类的问题。动机调查研究的目的，在于发掘一些表面访问不可能发现的重要状况，常常用动机调查研究来确定有关类别或品牌的基本信念。有了这些信念，然后才能在更正式的与量的调查研究中加以肯定。通常动机调查研究只能由有技术的调查研究者去做。这些人有能力去做关于需要与动机的探究访问，然后解释其结果。

5. 利益区划

区划研究意图把消费者大致分类，使特定广告信息能对他们更有针对性。已经发展得相当复杂的电脑程序，能够在一个共同基础上把消费者分类或划分，再以其结果做各不同类型的调查研究。一般区划研究会根据各不同的方向来进行，如人口统计、地理区域、心理图示或生活形态等。

也许广告策划人对利益区划研究更有兴趣。利益区划意图确定消费者从产品、劳务或品牌中所得到各种不同的利益。然后基于这些利益来确定消费者的数量。例如，一项对牙膏的研究确定，消费者从他们所买的牙膏中寻找4种基本利益，它们分别是：① 防止蛀牙；② 美白牙齿；③ 口气清新；④ 经济实惠。基于此，在基本的地理区域及人口统计之外，广告策划人可依他们从牙膏品牌所寻求的利益来划分或区隔人口，从这4种基本利益入手，就能以此发展出牙膏各个品牌的广告策略。

2.4.4 调查研究的评价

在许多情况中，广告策划人并不实际去做调查研究。而是调查研究资料可能已经存在，或者可能由代理公司或广告主提供，在此情形下，判断、评价及从调查研究中选取信息的能力就显得极为重要。如果广告策划人对调查研究并不了解，不知其怎样做、怎样抽样，则他将处于一种极度被动的境地，因为他不得不完全依赖分析此调研的任何人提出的解释与结论。

1. 评价调查研究的判断标准

在任何类型的调查研究中，关键的问题是其结果能否提供广告决策所依据的坚实证据，这对可能提出新方法或独具的方法的广告策划人尤其正确。重要的问题是：① 调查研究的正确性；② 效度与信度问题；③ 此项从资料分析结果所推荐的信息是否恰当。

美国广告调查研究基金会（The Advertising Research Foundation）于1953年为评价广告调查研究准备了一个指导方针，该基金会推荐审查的要点如下：

- 此研究是在什么条件下做成的？
- 问卷设计是否良好？

- 访问做得足够及可信吗？是否做过现场抽查以确保正确？
- 遵循了最好的抽样计划吗？
- 抽样计划是否已充分执行？
- 样本够大吗？
- 是否有系统的控制校订、编码与制表？
- 解释明白与合乎逻辑吗？

2. 调查研究的局限

在实际调查研究做得可靠与正确与否的问题之外，一个更基本的问题是："调查研究能提供什么答案？"柯恩于1972年在其《广告》一书中指出，广告及营销调查研究具有以下6种局限。

（1）调查研究无论处理得怎样完善，或在什么环境之下，都不能对营销问题提供完全正确的答案。

（2）一切调查研究都基于过去经验，并在某些条件之下处理。如果那些条件改变，市场是一直不停地改变的，调查研究即可能随这些条件而改变。因此，一切调查研究都是特定时间与特定情况下的产物。

（3）调查研究是一个商业工具而不是对一切商业问题的答案。调查研究可能增加成功的机会。另一方面，可能帮助降低损失。为找出为什么某品牌销售下降问题的答案而做的调查研究，可能得不到如何制止下降的答案。但调查研究可能给一个如何可使下降减缓的说明。

（4）调查研究是付出费用的。调查研究费用通常都不可能回收。大多数调查研究是对品牌或营业的一项投资。广告策划人必须明白调查研究费用不可能回收，并视此项费用是对品牌的一项投资。

（5）调查研究非常费时。必须给广告规划过程足够的时间以使其能对调查研究做必要的发展、处理及评价。

（6）通常调查研究工作只能得到有限的人手。有能力去处理技术性调查研究的人员实际上供应短缺。因此，不管取得信息的欲望多么强大，能处理调查研究的人员总数总是有限的。

总而言之，必须以调查研究为基础去进行广告策划。没有充分调查研究的信息便无法了解市场及消费者，广告策划人也极易迷失或被误导。而调查研究必须提供确定广告策划设计达成什么结果的基础。

2.5 调研报告的撰写

2.5.1 准备工作

调研成果主要通过调研报告来反映。在动笔之前，可考虑做好如下准备工作。
(1) 整理与本次调研有关的资料。
(2) 整理分析统计数据。
(3) 对理论假设做出接受或拒绝的结论。
(4) 对于难以解释的数据，要结合各方面的知识进行研究，必要时可针对有关问题找专家咨询或进一步召开小范围的调查座谈会。

（5）确定报告类型及阅读对象。调查报告有多种类型，综合报告和专题报告、研究报告和说明性报告等。阅读的对象可能是领导、专家学者，也可能是一般用户。

2.5.2 综合报告

这种类型的调查报告的目的在于反映整个调研活动的全貌，详细地给出调查的基本结果和主要发现。因此，除了需要将统计处理数据的基本结果整理成表格、图形外，综合报告的主要内容有以下几个方面：① 调研概况；② 样本结构；③ 基本结果；④ 对不同层次调查对象的分析；⑤ 主要发现。

1. 调研概况

调研概况的内容主要包括：① 调研目的和调研方针；② 调研内容和问卷设计；③ 抽样方案和调查实施；④ 数据的统计处理。

2. 调查对象及样本结构

调查对象及样本结构主要包括：① 调查点的分布；② 调查对象的基本情况；③ 样本结构。

3. 基本结果

这一部分主要针对问卷中的内容给出调查的结果，一般配合给出大量的统计图表以及简要说明。

4. 对不同层次调查对象的分析

这一部分是调查报告的重点，要针对不同性别、不同年龄、不同文化程度、不同职业等各种层次的消费者，或是针对不同规模、不同行业、不同区域、不同性质的企业，给出统计分析的主要结果。

5. 主要发现

这一部分实际上是调研的小结，要说明通过调查及数据分析所得到的主要发现和几点结论性的意见，以供有关决策部门参考。

2.5.3 专题报告、研究性报告和说明性报告

1. 专题报告

与综合报告不同，专题报告是针对某个问题或侧面而撰写的。例如，针对农村消费者问题、老年消费者问题等，都可以分别写出专题调查报告。

2. 研究性报告

研究性报告实际上也可以看成是某种类型的专题报告，只是需要进行更深入的分析研究，并要求从中提炼出观点、结论或理论性的东西。

3. 说明性报告

说明性报告也叫作技术报告，即对调查中的许多技术性问题进行说明，如抽样方法、调查方法、抽样误差的计算、样本的加权处理以及数据的处理方法等。它主要通过说明调研方法的科学性来肯定调研结果的客观性与可靠性。

2.5.4 市场调查报告写作的文体结构

市场调查报告的写作，要求使用清楚明白、富有说服力的文字，避免使用任何晦涩难懂

的术语，同时，必须十分注意选用的材料，应该取材于市场调查的各个工作阶段所搜集的全部有关材料，并要求采用简明、严密而又富于逻辑性的文体结构去集中反映文献调查和实地调查的全部成果。市场调查报告的具体内容取决于市场调查的范围和有关调查的核心问题。不同的调查范围和调查重点问题的调查报告的内容是不同的。

市场调查报告的文体结构一般分为4个部分：序言、摘要、正文和附件。

1. 序言

序言一般只简单地介绍有关市场调查项目的基本情况，通常包括扉页、目录和简介三项内容。扉页单独占一页纸，要求以简洁工整的文字载明市场调查专题的名称、使用市场调查报告的企业名称、市场调查工作人员的姓名和部门，以及呈交报告的具体日期等项内容。目录则要求完整地列出构成报告的主要章节题目和索引。简介则应说明组织这次市场调查的原因和时间背景，对这次调查的基本目的做扼要说明，简述原先确定调查的主要问题，并说明变化及调整情况。

2. 摘要

摘要的目的在于使企业有关人员很快了解有关市场调查的基本结果，以便从中引出结论和决定采取相应的措施。因此，要求摘要用简明扼要的语言对调查结果做概括介绍，说明有关市场容量、潜在的增长速度以及市场所在地的消费者对有关产品的正反两方面的态度和意见，并提出某些带有行动意义的结论和建议。

3. 正文

调查报告的正文部分必须准确地载明全部有关论据，从提出问题到得出结论以及论证过程均应全部地概述无遗，同时，还应说明对问题进行分析的方法。此外，正文还必须载明可供企业决策阶层不受支配地进行独立思考问题的全部调查结果，或重新提出的具有个人创见的其他必要信息，而对一切无关的或不很确切的资料毫不犹豫地删除。

市场调查报告的正文应该包含关于市场调查方法的说明、市场背景介绍、商品市场的具体说明和结论与建议4个部分。

在关于市场调查方法的说明中，应简要地说明所使用的调查方法以及选择这些方法的原因。其基本内容应包括如何确定抽样结构和选择样本、资料的搜集方法、调查的深入程度和市场调查资料的分析处理方法等。

在商品市场情况的介绍中，应该全面说明对本企业组织产品销售的方式、规模和对发展前景可能构成重要影响的当地市场的特点。而且，各项说明必须反映出调查产品的类别以及进行这次市场调查的目的。一般来说，这部分应包括产品的市场容量、潜在变化趋势、市场结构细分、销售渠道与分销方式、竞争企业的市场占有份额与竞争产品同本企业产品的比较、本企业产品的市场反应与客户对产品的需求、购买行为、习惯和态度等内容，并相应地提出定价原则和建议采用的广告和促销办法。

在结论和建议部分，具体说明市场调查结果对本企业产品及其销售业务提出的要求，应该采取的改进措施。在此，还可以提出多种方案，供有关人员选择，并说明可能需要支付的费用和预期达到的目标。同时，对未来市场的变化和本企业产品的销售做出合理的预测。

4. 附件

其目的在于尽可能将有关资料集中起来，而这些资料正是论证、说明或深入分析报告正文内容所必要的参考资料。每一份附件都应该按一定的逻辑顺序标上编码。一般附件有各类统计图表、资料来源名单、调查问卷副本、调查样本详细情况、工作时间表、谈话记录等内容。

本章小结

1. 所谓广告调查研究就是利用市场研究的科学方法，对影响广告活动的相关因素的状况、特点及其相互关系进行调查、分析与研究的过程与活动。
2. 在开展与评价广告策划上，广告策划人通常使用两种类型的研究：① 营销研究；② 广告研究。
3. 大多数广告策划包括开展、测试以及评价计划，通常涉及下面 5 个方面的调查研究：① 潜在顾客、市场、产品以及竞争性调查研究；② 广告策略发展调查研究；③ 广告执行调查研究；④ 媒体、媒体用途及广告刊播配置调查研究；⑤ 广告策划效果的测定与研究。
4. 广告调查的具体内容有：① 影响市场需求因素和市场政策法规调查；② 市场供求关系与市场容量调查；③ 市场竞争性调查；④ 广告产品调查；⑤ 广告活动调查。
5. 从信息的来源上看，广告策划人可以从以下两个方面获取基本信息：① 那些已经收集好或存在的信息，即为广告策划人可以直接使用的既存的信息；② 必须以某种方法收集或整理的信息。
6. 我们将既存的信息称为次级信息，基于此种信息所做的调查研究称为次级调查研究。如果不能取得此类信息，而需要一个特别设计的计划才能取得，这一类的调查研究称为基本调查研究。
7. 广告调查的信息来源主要有以下几个方面：① 公司的记录或公司的营销情报；② 公司以前的调查研究；③ 资料供应机构所提供的市场信息及消费者信息；④ 同业及协会的研究；⑤ 普查或登记的资料；⑥ 图书馆与大专院校；⑦ 其他信息来源。
8. 在广告策划中，一般使用以下 4 种类型的基本调查研究：① 质的或探索的调查研究；② 量的或描述的调查研究；③ 实验调查研究；④ 追踪的或执行评价的调查研究。
9. 在广告策划的探索阶段，有两种类型的调查研究对我们相当有用：一是密集资料收集；二是使用各种"投射"技术。
10. 调查法最通用的形式有亲身访问、信函调查、消费者固定调查户以及电话访问。
11. 抽样的主要目的在于确信要访问的受访者能代表全体目标人口。因此，决定选谁做样本，对选择样本所要用的程度以及样本数目大小都相当重要。
12. 调查问卷的功能主要有 6 个：① 把研究目标转化为特定的问题；② 使问题和回答范围标准化；③ 通过措辞、问题流程和卷面形象来获取应答者的合作；④ 可作为调研的永久记录；⑤ 能加快数据分析的进程；⑥ 可以据此验证调研参与者的有效性。
13. 一个典型的市场调研的流程包含下面的 11 个步骤：① 确定调查目的；② 确定资料收集的方法；③ 确定问题；④ 问题评估；⑤ 获得客户的认同；⑥ 预测试；⑦ 修订；⑧ 定稿和印刷；⑨ 收集资料；⑩ 制表；⑪ 撰写最终报告。
14. 广告调查问卷问题设计中的 5 个"应该"分别是：① 问题应该针对单一论题；② 问题应该简短；③ 问题应该以同样的方式解释给所有应答者；④ 问题应该使用应答者的核心词汇；⑤ 若可能，问题应该使用简单句。

15. 广告调查问卷问题设计中的 11 个 "不应该" 分别是：① 不应该假设不明显存在的标准；② 不应该超越应答者的能力和经历；③ 不应该用特例来代表普遍状况；④ 当应答者只可能记得事情的大致情况时，不应该询问过小的细节；⑤ 不应该要求应答者通过推断来猜测；⑥ 不应该过多询问无关的问题；⑦ 不应该使用夸张的词语；⑧ 不应该使用词义有分歧的词语；⑨ 不应该将两个问题并为一个；⑩ 不应该引导受访者回答某一特定答案；⑪ 问题不应该具有 "暗示性" 短语。
16. 在广告调查问卷的问题设计中，具体方法有：① 二项选择法；② 多项选择法；③ 自由回答法；④ 漏斗法；⑤ 比较法；⑥ 顺位法。
17. 实施市场调查的主要方法有以下几种：① 市场普查法；② 抽样调查法；③ 典型调查法；④ 随意调查法；⑤ 访谈法；⑥ 观察实验调查法。
18. 抽样调查法常用的方式有 3 种：① 等距抽样；② 任意抽样；③ 随机抽样。
19. 广告策略调查研究需要搞清楚三件事：① 广告目的；② 广告策略；③ 广告执行。
20. 以广告调查研究发展广告策略，有以下 5 种基本方法：① 焦点小组；② 知觉或品牌认知图；③ 用途研究；④ 动机调查研究；⑤ 利益区划。
21. 在调研报告动笔之前，可考虑做好如下准备工作：① 整理与本次调研有关的资料；② 整理分析统计数据；③ 对理论假设做出接受或拒绝的结论；④ 对难于解释的数据，要结合各方面的知识进行研究；⑤ 确定报告类型及阅读对象。
22. 综合报告的主要内容有以下几个方面：① 调研概况；② 样本结构；③ 基本结果；④ 对不同层次调查对象的分析；⑤ 主要发现。
23. 调研概况的内容主要包括：① 调研目的和调研方针；② 调研内容和问卷设计；③ 抽样方案和调查实施；④ 数据的统计处理。
24. 市场调查报告的文体结构一般分为 4 个部分：① 序言；② 摘要；③ 正文；④ 附件。

测试题

一、单项选择题

（在每小题备选答案中只有一个是正确的，请将其选出并把选项前的字母填在题后括号内）

1. 在开展一个有效果的广告策划时需要调查研究，其首要理由是（　　）。
   A. 因为产品、消费者以及市场上日益增加的复杂性
   B. 因为产品、消费者以及市场上日益增加的多样性
   C. 因为广告主、媒介与消费者之间关系的复杂性
   D. 因为广告主、媒介与消费者之间关系的多样性

2. 在开展与评价广告策划上，广告策划人通常使用两种类型的研究：（　　）。
   A. 一是经济研究；二是市场研究
   B. 一是营销研究；二是广告研究
   C. 一是营销研究；二是公关研究
   D. 一是公关研究；二是广告研究

3. 在广告策划的探索阶段，有两种类型的调查研究对我们相当有用，一是密集资料收集；二是使用各种（　　）。
   A. "放射" 技术　　　　　　　　　　B. "发散" 技术

C. "投射"技术　　　　　　　　D. "集中"技术
4. 抽样调查法常用的方式有以下3种：（　　）。
   A. 等距抽样、任意抽样与随机抽样
   B. 等差抽样、任意抽样与随机抽样
   C. 等距抽样、任意抽样与任何抽样
   D. 等距抽样、等差抽样与随机抽样
5. 市场调查报告的文体结构一般分为（　　）。
   A. 三个部分　　　　　　　　　B. 四个部分
   C. 五个部分　　　　　　　　　D. 六个部分

二、多项选择题

（在每小题备选答案中有2~5个正确答案，请将正确选项前的字母填在题后括号内）

1. 大多数广告策划包括开展、测试以及评价计划，通常涉及下面几个方面的调查研究：（　　）。
   A. 潜在顾客、市场、产品以及竞争性调查研究
   B. 广告策略发展调查研究
   C. 广告执行调查研究
   D. 媒体、媒体用途及广告刊播配置调查研究
   E. 广告策划效果的测定与研究
2. 广告调查的具体内容有：（　　）。
   A. 影响市场需求因素和市场政策法规调查
   B. 市场供求关系与市场容量调查
   C. 市场竞争性调查
   D. 广告产品调查
   E. 广告活动调查
3. 在广告调查问卷的问题设计中，具体方法有：（　　）。
   A. 二项与多项选择法　　　　　B. 自由回答法
   C. 漏斗法　　　　　　　　　　D. 比较法
   E. 顺位法
4. 以广告调查研究发展广告策略，有以下几种基本方法：（　　）。
   A. 焦点小组　　　　　　　　　B. 知觉或品牌认知图
   C. 用途研究　　　　　　　　　D. 动机调查研究
   E. 利益区划
5. 市场调查报告的文体结构一般分为以下几个部分：（　　）。
   A. 序言　　　　　　　　　　　B. 摘要
   C. 正文　　　　　　　　　　　D. 附件
   E. 注释

三、名词解释题

1. 广告调查研究
2. 漏斗法
3. 顺位法

四、简答题

1. 简述调查问卷的主要功能。
2. 简述市场调研流程的11个步骤。
3. 在调研报告动笔之前,应该做好哪些准备工作?

五、论述题

1. 联系实际,谈谈广告调查问卷问题设计中的5个"应该"。
2. 联系实际,谈谈广告调查问卷问题设计中的11个"不应该"。

六、案例分析讨论题

仔细阅读本章的"开篇案例",然后回答以下问题:

1. 速溶咖啡与一次性尿布的故事给我们的启发是什么?
2. 我们为什么要做广告调查研究?
3. 调查问卷的功能主要有哪些?

第 3 章
广告定位策略

开篇案例

耐克锁定女性市场[⊖]

世界上恐怕没有一个公司能像耐克公司那样成功地利用过去几十年的健身热潮赚取利润,耐克因此成为高性能运动鞋市场上的领导者并跻身于世界著名品牌之列。耐克超越了其他竞争者,成为世界上最大的运动鞋类和运动服饰的销售者,2002 年其销售额将近 100 亿美元。其口号"想做就做"(Just do it!)紧紧地抓住了耐克品牌专业、活跃的特性,已成为体育界醒目的广告用语,并且在有世界上著名的运动员亮相的广告中被人格化。

在美国市值 156 亿美元的运动鞋类及运动服饰市场上,耐克是不折不扣的领导者。但近年来,由于此行业的发展几近停滞,耐克和竞争者一直在寻找企业新的增长机会以及可以吸引新买主和提高公司市场份额的市场区域。女性市场正是被耐克锁定的市场区域之一。这个销售额正迅猛增长的市场一直以来都是耐克公司的致命弱点。从整个行业来看,女式运动鞋的销售额占据总销售额的 1/3,女式运动服的销量更是超过了全行业的 50%;而在耐克公司,其年收益中仅有 20% 是由女性产品贡献的。虽然公司多年来一直在出售女式运动鞋和运动服饰,但是耐克更倾向于被看作一个迎合男性运动者需求的品牌,这一形象更是通过一些超级明星如迈克·乔丹、皮特·桑普拉斯、兰斯·阿姆斯特朗、泰格·伍兹而建立起来。这些努力造就了耐克公司在男性市场上的绝对统治地位——它占据了男性市场 50% 的市场份额。

在公司 30 年历史中的大部分时间里,耐克公司一直以男性顾客为中心。它既没有像对待男性顾客一样去对待女性顾客,也没有给予她们太多的关注。

但是耐克有时候也发现与女性顾客建立联系是正确的。1995 年公司举行了一个名为"如果你让我运动"的活动,引起了许多女性的共鸣。这个活动的特色在于它的一系列广告展示了一些女运动员谈论运动怎样改变了女性生活,内容包括运动使青少年怀孕减少以及运动增加了女性进入大学接受教育的机会,等等。此次活动以及接下来的一系列以顶尖女运动员,如赛跑选手玛丽恩·琼斯为主角的广告帮助耐克成为市场领导者,但这一次主要是在女性市场的高性能运动鞋细分市场上。

2001 年,耐克发起一个名为"耐克女神"的战略性倡议——一项以改变公司与女性之间交流状况为目的的全公司范围内的活动。这个新战略能够吸引更广阔的女性细分市场并且充分利用女性顾

[⊖] Belch. G. E. 等. 广告与促销:整合营销传播视角 [M]. 6 版. 北京:中国人民大学出版社,2006.7. P281-283. 内容有修改。图 3-1 的标题与说明是作者加的。

客与男性顾客在对运动的感知、购买衣服和鞋子的方式以及对各个著名运动员的看法等方面的差异。耐克希望能够更多地满足女性对于充满活力的生活方式的渴望，而不是任何关于她们自己成为专业运动员的幻想。

在开始它的新女性运动时，耐克花费了大量的时间去倾听女性消费者的看法并了解了她们如何在生活中找到平衡点，她们喜欢的穿着、购物的地点和方式，以及能打动她们的事物等。耐克的设计师和研究员为了寻找新的健身风潮，仔细考察了各个流行趋势的发源地，如伦敦的 Third Space 健身俱乐部。研究结果的一个重要结论是：对于绝大多数的女性来说，高性能并不体现在运动本身，而在于它能使健身活动和她们充满活力的生活方式相调和。耐克逐步加快其产品的开发并引入更绚丽的运动鞋设计方案，比如在脚后跟处有系带和带有花边拉链的 Air Max Craze 慢跑鞋。另外一种新的产品种类——AirVisi Havoc，就是以那些不常在运动场上看到的面料比如人造蛇皮、浅蓝色缎面和红色网眼为特色。

"耐克女神"还包括了各种亲近女性消费者并与她们更好地沟通的新途径。一项新的广告运动背离了耐克依赖大名鼎鼎的代言人并且生产出一系列以他们的名字命名产品的传统战略，而是采取了一个不同以往的视角来看待女性、运动和流行方向的转变。正如耐克公司的美国女性市场品牌总监杰基·托马斯（Jackie Thomas）所说："女性钟爱的是耐克具有进取心和竞争性的品牌特征。她们与男性的区别在于女性不会将运动员视为英雄。没有一个女人会认为仅仅因为她穿了由琼斯代言的运动鞋，就有可能跑得跟玛丽恩·琼斯一样快。"这项新的广告运动包括平面印刷品广告和电视广告，其内容都不是对超级明星的详述，而是反映一些参与运动的普通女性——从游泳者到年轻的击剑手再到瑜伽女修行者（一个瑜伽教练双手撑地倒立在硬木地板上并弓起她的背，使她的脚和头贴在一起，类似于图 3-1 所示的姿势）。

图 3-1　练习瑜伽的女修行者

　　一位练习瑜伽的女修行者双手撑在脚腕倒立在沙滩上，随后她可能会像文中所描述的那样，双手撑地倒立，拱起她的背，使她的脚和头紧紧地贴在一起。

同时，耐克还建立了一个专为女性开设的新网站：nikegoddess.com（现在已经更改为：http：//www.nike.com/nikeos/p/nikewomen/language_ tunnel/，它在中国的网址是：http：//www.nike.com/nikeos/p/nikewomen/zh_CN/）。网站提供一些著名运动员和平凡女性的简况，她们正在努力应对挑战，平衡紧张的生活。网站的内容还包括：产品信息、健康小贴士、城市简介等，以帮助出游的女性保持健康、体验有趣的人和事；与其他网站的链接，以及耐克产品的在线购物服务。耐克还创办了公司的第一本杂志目录（*magalog*）——《耐克女神》（一种介于杂志和商品目录之间的出版物），以提高品牌的知名度并加强与活跃在当今世界舞台上的女性的交流。

一名分析家指出：多年以来，在耐克公司内部一直有一个"耐克是以男性为主并为男性设计的品牌"的共识。但是，如果耐克想要继续发展，这个建立在活跃的广告以及男性对运动的幻想基础上的公司也将不得不开始与女性消费者建立联系。"耐克女神"的目的就是要在5年之内使耐克在女性市场上的销售额翻一番。这就要求耐克改变它的销售、设计以及与女性进行沟通的方式。不过看起来，耐克似乎正从这个挑战中获得发展。恐怕没有人忘记这一点，耐克其实就是古希腊胜利女神的名字。

对于中国人来讲，"耐克"（Nike）这个品牌可谓"家喻户晓"！我们一直认为它是一个男人味十足的运动品牌。然而在中国，真的有很少人知道"Nike"是古希腊胜利女神的名字，请注意是"女神"！为了寻找新的增长机会、吸引新买主以及进一步提高公司在女性消费市场中的份额，耐克公司从1995年"如果你让我运动"的活动引起许多女性的共鸣，到2001年发起"耐克女神"的战略性倡议，到耐克专为女性开设的新网站，再到专为女性创办名为《耐克女神》的杂志目录……显然，女性市场已经成为耐克企业、品牌与广告定位的目标市场之一。

本章将介绍广告定位。首先介绍市场细分与广告定位，说明市场细分是广告定位的基础；然后进入广告定位及其分类，介绍广告定位的10种方式；最后介绍广告定位的三个基本战略，它们分别是迎合消费心理、突出竞争优势、塑造品牌形象。

3.1 市场细分与广告定位

3.1.1 市场细分

1. 什么是市场细分

不同社会阶层的消费者具有不同的经济地位和生活范围。显然，消费者在参加各种日常活动或处理日常事务时，常是与自己的兴趣及平日对人、对事的价值观密切相关的。这种价值观构成了一个体系，并已成为一种生活形态。这种生活形态决定了消费者愿意从事某一类活动，而不太愿意从事另一类活动，从事某一类活动多于另一类活动，或使用某一类东西多于另一类东西。

从呱呱坠地的婴儿到年过古稀的老人，都是社会消费大军的一员。由于人们所处地域的不同，所接受教育程度的不同，年龄、性别、经验、经济收入、购买习惯、动机水平不同，对产品的要求存在着极大的差异。因此，了解不同生活形态的消费者是由什么人构成的，我们就会大致了解消费市场的目标分布，知道这些不同类型的消费者平常大概需要些什么东西，对什么东西最感兴趣，以及可能购买什么东西。

所谓市场细分，指的是市场的划分或称为市场分割，它是企业为了增加市场营销精确性的一种努力。一个企业在市场经营中，要根据一定的标准把市场划分为更细小的市场，使这一市场拥有特定的消费群体。市场细分是根据消费者对市场商品需求的差异性来进行的，它强调的重点是，我们不能笼统地对待所有的消费者。

市场细分是企业制定其营销战略与广告策略的前提，一个有效的市场细分有助于我们认清以下几个方面的问题：

- 谁是本商品的用户和买者？
- 他们有多少人？
- 他们在什么地方？
- 他们能消费多少产品？
- 他们目前如何满足这方面的需求？
- 他们对这类商品有什么好感或意见？

这六个问题，包含了从人口、地理、消费能力和消费心理等角度进行市场细分的系统想法。市场细分的原理告诉我们，做广告一定要有清晰的目标对象，它应该是最可能购买商品的消费者，我们应该针对这一目标市场进行广告宣传。

2. 市场细分的原则

市场细分的主要任务是对消费者的构成进行分析，即了解谁是商品的使用者，谁是商品的购买者。在市场分析过程中，对每一个消费群体都必须详细分析，不能遗漏。市场细分应遵循如下原则：

（1）**实用性原则**。即市场的细分必须适用基本的营销活动。不可过大，也不可过小。所划分的基本单位能够适合市场营销的最小单位，所划分的消费者群体应是具有相对独立的消费特色，适于作为广告宣传的一个相对独立的作用对象。

（2）**可行性原则**。企业的市场细分，必须量力而行，要符合企业内部的条件，有些企业不具备应付市场细分的条件，其内部的人力、物力及营销组合，都不能满足目标市场的要求，在这种情况下，企业不可盲目追求市场细分；相反，企业应当集中自己的有限力量，专门满足某一类消费群体。

（3）**显著性原则**。细分后的市场要有自己鲜明的特色，各细分市场要有明显的区别，各群体的消费需求应有一个较为明显的分界。区分开的消费群体需具有自己独特的购买行为。

3. 市场细分的程序

步骤1：调查阶段。研究人员进行探索性面谈和召开小组座谈，获得消费者的动机、态度和行为的信息。然后，研究人员准备正式的调查表，搜集产品属性及其重要性排列，品牌知名度和品牌等级，产品使用方式，对产品类别的态度，被调查对象的人文变量、心理变量和宣传媒体变量等资料。

步骤2：分析阶段。研究人员用专门的分析方法分析资料，通过数据分析找到相关性很大的变量，然后用集群分析法划分出一些差别最大的细分市场。

步骤3：描绘阶段。根据消费者不同的态度、行为、人文变量、心理变量和媒体形式划分出每个群体。然后根据主要的不同特征再给每个细分市场取名。

4. 市场细分的依据

细分消费者市场常用的变量分为两大部分。有些研究人员根据消费者特征细分市场，他们常常使用大量不同的地理、人文和心理特征作为划分市场的根据。而另一些研究人员则是通过消费者对产品的反应来细分市场，以消费者所追求的利益、使用时机和品牌忠诚程度作为划分市场的根据。根据上述两个方面的线索，我们可以以地理、人文、心理和行为因素等主要变量作为市场细分的依据。

（1）**地理细分**。地理细分要求把市场划分为不同的地理区域单位，如国家、州、地区、县、城镇或街道。我们可以决定在一个或一些地理区域开展业务，或者面向全部地区，但是要注意地区之间的需要和偏好是不同的。

（2）**人文细分**。在人文细分中，市场按人文变量细分，如年龄、性别、家庭人数、家庭生命周期、收入、职业、教育、宗教、种族、代沟、国籍为基础，依此划分出不同的群体。

（3）**心理细分**。在心理细分中，根据购买者的社会阶层、生活方式或个性特点，将购买者划分成不同的群体。

（4）**行为细分**。在行为细分中，根据购买者对一件产品的了解程度、态度、使用情况或反应，将他们划分成不同的群体。

3.1.2 选择目标市场

并非所有的细分都是有效的，要使市场细分有效，它必须具备下面的5个特点：

（1）**可衡量性**。即用来划分细分市场大小和购买力的特性程度，应该是能够加以测定的。

（2）**足量性**。即细分市场的规模大到足够获利的程度。一个有效的细分市场应该是值得为其设计一套营销规划与广告策划方案的尽可能大的同质群体。

（3）**可接近性**。即能有效地到达细分市场并为之服务的程度。

（4）**差别性**。细分市场在观念上能被区别，并且对不同的营销组合因素和方案有不同的反应。

（5）**可行性**。即为吸引和服务细分市场而系统地提出有效计划的可行程度。

一旦确定了市场细分机会，就可以依次评价各种细分市场和决定为多少个细分市场服务，依此来找自己的目标市场，这样才能将广告策划的目标锁定。

3.1.3 根据市场细分进行广告定位

所谓定位，就是在潜在消费者的心目中为你的产品设置一个特定的位置，这个位置只为你的产品所独占而其他同类产品则不可能拥有。事实上，广告定位就是确立某一产品在市场竞争中的位置，瞄准广告所针对的特定对象（即消费者），使他们在众多的产品中发现你的产品的特质，使其具有良好的市场竞争力。

市场细分的结果是，让我们在一个市场上找到有可识别的相同的欲望、购买能力、地理位置、购买态度和购买习惯的大量人群，这个人群是我们产品的潜在消费者，他们正是我们广告传播的对象。市场细分使得广告对象变得十分具体而明确，因此，根据市场细分进行广告定位是一个科学有效的方法。

根据市场细分，再综合考虑市场的其他因素，作为我们广告定位的客观依据。进行广告定位的客观依据有以下几点：

（1）**关于产品的调查研究**。我们必须充分了解企业产品的属性、特点、长处和短处，从而可以明确广告对广告定位的针对性。

（2）**对于消费者的调查研究**。我们必须通过对于消费者的调查去发现消费者和潜在的消费者群。要弄清楚消费者为什么要购买这种产品及服务。在调查中要弄清具有不同需求的消费者的性别、年龄、收入、教育、职业、婚姻等情况以及这些不同的消费者对于产品品质、耐用性、样式、价格、使用方法等方面需求的差异性。

（3）**市场情况的调查研究**。我们还应了解一个企业的产品适合哪些市场，这个市场的成长前景如何，稳定性如何以及企业产品在市场上的现实占有率和所能达到的占有率又是多少。对这些都必须做到心中有数。

（4）**关于竞争对手的调查研究**。了解和弄清楚竞争对手的现状与背景，同时认真分析双方竞争的条件和各自的利弊，寻找自己的产品应在哪一个位置上和竞争对手竞争。最重要的是在如何避免与竞争者发生正面冲突的同时，求得一个确定的位置，并在这一位置上去创造一个与竞争者不同的产品形象。

（5）**关于传播媒体的调查研究**。我们在利用广告宣传手段来为广告定位时，也必须了解，哪个阶层的消费者在什么场合、什么时间、接触哪些传播媒介，从而确定选择什么样的传播媒介来进行广告传播工作，才能达到广告定位的具体目的。

（6）**关于流通领域情况的调查研究**。我们每一个企业的产品都要进入市场，并在流通领域加以流通。那么我们就必须调查了解各个流通领域是如何划分的，在这个流通领域内有多少机构以及各个机构中有多少潜在的消费者。这个调查其实是为了在进行广告宣传时，保证广告起到推动社会需求的作用。

关于定位具体的战略与战术，我们将在稍后的章节中详细介绍。

3.1.4 定位可能出现的4种错误

当公司为其产品推出较多的优越性时，可能会变得难以令人相信，并失去一个明确的定位。一般而言，一家公司应当尽力避免以下4种可能出现的定位错误。

（1）**定位过低**。有些公司发现购买者对产品只有一个模糊的印象。购买者并没有真正地感觉到它有什么特别之处，该品牌在拥挤的市场上就像另一个牌子。当百事在1993年引入它清爽的"科里斯托"百事饮料时，顾客没有特别印象。因为他们并没有弄清楚"科里斯托"在软饮料中到底提供了什么重要的利益？宝洁的一款洗发水"润妍"在中国市场也遭遇到同样的命运。

（2）**定位过高**。买主可能对该产品了解得十分有限。因此，一个消费者可能认为蒂凡尼公司只生产5 000美元以上价格的钻石戒指，而事实上，它也生产人们可承受的几百美元的钻石戒指。一个消费者可能认为，一辆宝马轿车至少要花费100万~200万元人民币才能够买得到手的话，他绝对不敢去构想自己的购买计划。事实上，"华晨宝马"3系只需要30万元人民币即可。

（3）**定位混乱**。顾客可能对产品的印象模糊不清。这种混乱可能是由于主题太多所致，也可能是由于产品定位变换太频繁所致。一个例子是史蒂夫·乔布斯的光滑和强功率的Next桌面电脑，它首先定位于学生，然后是工程师，再后来是商人，结果都没有成功，以至于我们听说这个名字时，都不知道它是干什么用的。在中国，"太阳神"的情况大家一定不会陌生，从口服液到防脱发洗发水、减肥牙膏、房地产，再到休闲、体育以及娱乐业……不让你头晕才怪呢!

（4）**定位怀疑**。顾客可能发现很难相信该品牌在产品特色、价格或制造商方面的一些有关宣传。当一家酒厂说自己生产的酒存放了400年乃至600多年时，恐怕没有人会相信。然而当"五粮液"推出自己的"十五年陈酿""十年陈酿"及"五年陈酿"时，人们就会认为这是真的，不会产生心理上的排斥。

3.2 广告定位战略

定位是一个比较广泛的概念，也就是说，不论怎样策划广告，不论采取什么手段，要想使广告取得预想的结果，必须把广告的产品放在一个恰当的位置上，而且归根结底是要放在消费者的心中，使广告宣传能通过这个位置有效地引导消费者对产品的购买。以战略眼光来审视定位，我们应该从以下介绍内容着眼。

3.2.1 迎合消费心理

在传播媒介和传播手段如此庞杂的现代信息社会，如何让消费者及时捕捉到广告主想让他们了解和掌握的广告信息呢？如何才能使广大消费者去记住你的广告或产品信息呢？解决这个问题最有效的战略之一就是"定位"，因为这一个方法能够疏通消费者心中的阻塞，让他们能够在繁茂芜杂的商业信息中，分辨出我们的广告信息来，定位理论与实践的真正价值也正在于此。既然定位的价值如此之高，而其实施又如此重要，我们就必须树立好定位的战略思想。定位的战略之一是"迎合消费心理"。

要把一个广告信息或一种商品的品牌变成为消费者铭记于心的记忆，必须具备一定的心理条件。我们必须研究消费者的心理，正确把握这个不可或缺的必要条件。关于消费者心理的研究是一个十分广阔的领域。在这里，我们只强调关于"注意"与"记忆"的问题，它不仅是广告定位战略的重点，也是它的一个难点。在我们设立广告定位战略之初，首先要研究消费者的"注意力"问题，因为消费者的注意力愈强，其记忆就愈扎实；其次是排斥干扰的问题，就是如何让消费者的记忆不受相关记忆、类似记忆及其他因素的干扰。经常发生的一个情况是，人们先是记住了一件事，过了一段时间又记不清了，这与其他相关记忆和相似记忆的干扰是分不开的。人们要铭记什么事，那么，相对于这件事，人们的内心深处必须是相对单纯并且是留有空间的，换言之，消费者的这颗心还没有被其他产品的品牌（企业名称、产品商标、视听觉形象等）所占据的。这正像一位少女，如果她的内心已经有了"心上人"，你要想去追她的话，困难与阻力一定很大，除非你比她的"心上人"有更多的优点。对于消费者而言，如果其他产品已经成了他或她的"心上人"，那么你的产品当然就很难进入了，除非你有更多的利益、更多的好处、更有特色的承诺，当然也有更多的努力与艰辛。而定位就是试图制造出这样的一种氛围，提供一个心理条件，它通过比较与选择，使广告的信息与其他信息区分得更加单纯、更有个性、更加明显，使之更加突出。让我们的产品在消费者的心中有一个明确位置，不会因岁月的流逝而被记忆的敌人——遗忘所抹去，而做到这一点是非常之难的。

在市场竞争中，一个流传很久又被人们普遍接受的说法是"顾客永远是对的"。所以，当我们想要通过广告的宣传活动来使消费者欣然接受广告将要传达的信息，就必得到消费者的认同。心理学告诉我们，人们只愿意接受与他们心中的既定想法相一致的东西！广告定位就是做影响人心的工作，就是要说出与消费者心中的既定想法相一致的话，做出与符合消费者心理倾向相一致的工作，只有你的陈述与承诺与他们的想法相一致的时候，才能产生"共鸣"，才能在他们的心目中留下印象，在他的"六寸空间"里才能找到你的位置——这个位置正是我们在广告定位中要占领的一个"制高点"。

3.2.2 突出竞争优势

"定位"就是产品形象或企业形象在人们的心目中占有不可替代的位置，无关紧要或可以替代就意味着失败。定位的战略之二是"突出竞争优势"。

在我们现实生活中，任何领域当中不可替代的人物或事物总是容易被人们牢记的，当人家问及："世界上第一高峰是哪一座？"我们会不假思索地回答："珠穆朗玛峰！"，这是为什么？因为它的不可替代性！同样道理，不可替代的事和人还有：

不可替代的第一位发现新大陆的人——哥伦布；
不可替代的美国第一位总统——乔治·华盛顿；
不可替代的第一位登上月球的人——阿姆斯特朗；
不可替代的发明电灯的第一人——爱迪生；
……

可是当问及"世界上第二高峰是哪一座？""美国的第二位总统是谁？""第二位登上月球的人是哪一位？""发明荧光灯的是谁？"时，也就是那些可被替代的对象时，人们往往是没有印象而回答不出来。这就反过来证明，作为不可替代的对象，是最容易深入人心的。

也有人说，在体能竞争场上，取得胜利的往往是最快的马、最强的队伍、最好的选手……在产品的心理竞争中，情况与体能竞争有所不同：胜利者往往是第一个闯进消费者心中不可替代的品牌。这就是我们平时所说"先入为主"的道理。定位，就是在市场上，在同类产品中寻求并确定产品的不可替代性，使之以唯一的身份进入消费者心中，在此之前没有其他产品占有消费者的记忆。所以，定位的战略首先是考虑以先入为主的思维方式达到迅速占据消费者的"六寸空间"之目的。

在广告定位战略之上，如果你的产品是在本身门类中最好的，那当然不错。然而，在激烈竞争的市场中，往往是"没有最好，只有更好！"。如果你的产品是市场上第一个出现的，那就更好！然而，在市场竞争与广告大战日益激烈的今天，某种产品以其别具一格的特性率先出现一人独占市场的机会越来越小；更常见的是这一产品从生产到投入市场之时，已经有同类别的产品存在着，并且已经有同类产品的广告活跃于市场。这样，如果没有独特的定位，你的产品将与"先入为主"无缘。

如果我们把消费者的心田看成是一池活水的话，定位是向这池水中放入了一条鱼。如果这池水中先前没有鱼当然更好。然而这池水中事先已放了很多鱼，那怎么办呢？这就得看你这条后放的鱼的本事有多大了！这条后放入的鱼越是独特，越与众不同，它也就越加突出，越能给人留下深刻印象。从这个角度说，如果你的定位不能"先入为主"，你就得更多地考虑怎么样才能"后来居上"了。

一家企业如果想在传播媒介过多的社会中成功，就必须在消费者心中创造出一个位置。对这个位置所要考虑的，不只是自己公司的强点与弱点，还要考虑其竞争者的强弱点。今天的广告运作已经进入一个以策略为主的时代,这个策略就是"定位至上"。在定位至上的时代,重要的不仅是发明或发现了不起的事物,而且要千方百计地敲开消费者心灵的大门,把自己的形象与产品固定在一个优越的位置之上。

众所周知,在美国,电脑的发明权是属于兰德公司,可是并没有发明电脑的 IBM 是第一个在消费者的心目中建立电脑位置的公司。今天的 IBM 已经成了电脑的代名词!IBM 的定位战略取得了巨大的成功,让人们一提起电脑就必然和 IBM 联系在一起,这个个例值得我们深思。这样的例子还有很多,激光数码唱盘(Disc)本来是荷兰飞利浦公司发明的,但它们并没有运用定位战略来强化这一点,结果被日本索尼公司抢先了,率先在市场上推出,并通过广告宣传把其产品"Discman"定位在消费者心目中,使今天人们一想起激光唱机,首先想到的是索尼公司而不是飞利浦公司!

3.2.3 塑造品牌形象

1. 品牌的含义

实施定位战略的最佳方式也许是看我们是否拥有对品牌的创造、维持、保护和扩展的能力。美国市场营销协会(AMA)对品牌的定义如下:

品牌(brand)是一种名称、术语、标记、符号或设计,或是它们的组合运用,其目的是借以辨认某个销售者或某群销售者的产品或服务,并使之同竞争对手的产品和服务区别开来。

从本质上说,从一个品牌上能辨别出销售者或制造者。根据商标法,销售者对品牌名获得长期的专用权。品牌概念的要点是销售者向购买者长期提供的一组特定的特点、利益和服务。最好的品牌传达了质量的保证。然而,品牌还是一个更为复杂的符号标识系统。

每一种商品都有两个名称,一个是物品的名称,也叫品名,如电视机、汽车、自行车、饮料等。另一个是牌子,侧重于商品商标的名称。例如,电视机有"松下""日立""三星""康佳";汽车有"奔驰""宝马""奥迪""凯迪拉克";自行车有"永久""凤凰""五羊";饮料有"可口可乐""百事可乐""巴黎水""依云矿泉水";啤酒有"喜力""百威""青岛""嘉士伯",等等。绝大多数工业产品都有品牌。有些农副产品也有品牌,如象牌泰国香米、新奇士牌美国甜橙等。随着市场经济的发展,竞争之激烈,现在连一些生产资料也都有了品牌,如鞍山牌钢材、五羊牌水泥等。事实上,品牌是商品名称和商标名称及设计的集合体,单独地提及一个还不能称其为品牌。更重要的是品牌不能离开产品的商标,商标是区别同类商品的重要手段。品牌在广告定位中的作用非常重要、不可小视,它是广告传播最后的落脚点。

一个品牌能表达出以下 6 层意思:

(1)**属性**。一个品牌首先给人带来特定的属性。例如,梅赛德斯-奔驰表现出昂贵、优良制造、工艺精良、耐用、高声誉。

(2)**利益**。属性需要转换成功能和情感利益。属性"耐用"可以转化为功能利益:"我可以几年不买车了"。属性"昂贵"可以转换成情感利益:"这车帮助我体现了重要性和令人羡慕"。

(3)**价值**。品牌还体现了该制造商的某些价值感。梅赛德斯-奔驰体现了高性能、安全和威信。

(4)**文化**。品牌可能象征了一定的文化。梅赛德斯-奔驰意味着德国文化:有组织、有效率、高品质。

（5）**个性**。品牌代表了一定的个性。梅赛德斯-奔驰可以使人想起一位不会无聊的老板（人），一头有权势的狮子（动物），或一座质朴的宫殿（标的物）。

（6）**使用者**。品牌还体现了购买或使用这种产品的是哪一种消费者。我们期望看到的是一位55岁的高级经理坐在车的后座上，而非一位20岁的女秘书。

一个品牌最持久的含义应是它的价值、文化和个性，它们确定了品牌的基础。梅赛德斯-奔驰暗含了高技术、绩效、成功的寓意。这就是梅赛德斯-奔驰必须采用的品牌战略。如果梅赛德斯-奔驰的名字在市场廉价销售，这就是错误。因为这冲淡了梅赛德斯-奔驰多年来所建立的价值观和个性。

2. 品牌形象定位

品牌形象这一概念，也是由广告定位理论的创始人大卫·奥格威于20世纪60年代中期提出的。他认为产品和人一样，也有它自己的个性。而品牌形象就是指品牌个性，它是由许多因素混合在一起而构成的，其中包括品牌名称、包装、价格、产品本身以及广告风格等。

一个塑造鲜明的品牌形象，能建立起商品与消费者之间情感需求的关系，如满足欲望、被爱、被接受、被尊重、被肯定、自我实现、无拘无束等，让消费者觉得品牌形象与他自己的自我认知相吻合，适合自己的风格与期望，进而产生认同与偏好。不过必须认识到，建立和塑造一个鲜明的品牌形象并不是一件容易的事，也绝非一蹴而就，而是需要各种广告媒介长期的努力宣传，还要持之以恒，才能累积出鲜明、一致的品牌形象。在此，大卫·奥格威有一句名言："所谓广告，就是对品牌形象的长期投资。"

产品的品牌既然和人一样，它就必须具有独特的、明确的个性，这样才能令人印象深刻，才能在一片激烈竞争的海洋中脱颖而出。正是借由产品个性形象，产品才得以与消费者建立某种关系，顺利地进入消费者的生活，并在其心目中树立某种印象和地位，使得品牌本身变成一个有意义的个体。

品牌形象的塑造是不能凭空想象的，它必须是在研究了商品的特性、消费者的利益、企业形象、市场竞争和消费者角度等多方面因素之后通过广告手段加以实现的。品牌的形象是消费者对品牌的看法，而非企业对品牌的看法。品牌形象是消费者选择商品、辨别商品的重要因素之一。所以，我们的广告就必须保持一贯的形象，以影响和强化消费者的印象。从品牌形象的塑造角度考虑，每一个企业在做广告时，都应该认真想一想以下几个问题：

- 我们究竟想塑造一个什么样的品牌形象？
- 我们是否正在朝着既定的方向努力地耕耘？
- 我们是否了解消费者对我们品牌形象的观感与印象？
- 今年的广告与去年、前年的广告之间有没有持续性？我们的品牌形象是否持续一贯？
- 如果从品牌形象的观点去检讨，我们的企业形象与品牌的形象是否一致？有没有可能发生冲突？

在把以上几个问题搞清楚之后，就可以把广告作为树立品牌形象的手段发挥出真正的效用。品牌形象的价值主要表现在以下几个方面：

（1）品牌形象一经确立，就成为某种商品的标志，有时会成为整个同类商品的代名词。例如，一提起"施乐"（Xerox）就是复印机的代名词；一提起"可口可乐"，就是饮料的代名词；一提起"IBM"，就是计算机的代名词，等等。

（2）品牌形象一经定位之后，就成为一种商品品质的保证。例如，一提起"丰田"（TOYOTA）汽车，消费者就知道这个品牌代表着一种可以信赖的高质量汽车；一提起"劳力士"手表，消费者就知道这个品牌代表着一种可以信赖的为高山、冰川、海底各位探险家使用并检验过的高质量手表。

（3）品牌形象一经确定后，也会成为一种产品个性的体现。例如，一提起"奔驰"汽车，那就是只供给少数成功富有的人使用的汽车。

（4）品牌形象一经长时间的广告宣传定位，也就成了一整类商品的代表形象。例如，一提起"飞利浦"就想起了它代表整个"小家电"的形象；一提起"松下"，就觉得它代表了整个视听产品。

（5）品牌形象一经定位后，它也可以成为一种文化与风格。例如，一提起"麦当劳"，它就代表了美国或可以说整个西方国家快餐业产品的风格；而一提起"北京烤鸭"，则代表了中国饮食文化。

3. 品牌战略从取名开始

品牌战略从取名开始，给企业的品牌取个好名字则是打造品牌形象的第一步。

"水能载舟，亦能覆舟。"中外品牌设计史上有很多一"名"惊人的故事，也不乏因取名不当而受挫的案例。日本索尼公司，原名是"东京通讯工业公司"。原本想取公司名称首写字母 TTK 作为品牌名字，但这类名字诸如 ABC、NEC、RCA、AT&T 等已多如牛毛。公司创办人盛田昭夫查阅了多部字典，经反复考虑采用了 Sound（声音）与 Sonny（可爱的小伙子）二字的组合：SONY（索尼）为品牌的名称。结果使 SONY 成了家喻户晓、令消费者爱不释手的名牌商标。而美国福特（Ford）汽车公司曾以该公司创始人亨利·福特之子埃德赛尔（Edsel）给一种试验车型命名。后因该种车型的名称不符合消费者的心理预期而滞销，3.5 亿美元的广告投资付之东流。现今，"埃德赛尔"成了品牌命名失败的代名词。

品牌取名可因不同企业、不同产品而有所差异，现今真还没有一个公认的法则。例如，美国 IBM（国际商用机器公司）的品牌是以该公司英文全称每个单词的首写字母组合而成；Apple（苹果电脑）的名字则出自该电脑的设计师对苹果的偏爱；"红豆"（衬衫）取自我国唐朝诗人王维的爱情诗篇；"娃哈哈"则源出一首儿童歌曲；而 Klim 奶粉的命名更是别出心裁，它只是将英文 milk（牛奶）倒过来拼写而成。

一般来说，企业对品牌的命名还是极为慎重的。在欧美及海外，品牌取名的程序大致如下：

（1）**成立命名小组**。该小组由产品设计及生产人员、市场营销及广告策划人员、有关专家和一些消费者代表组成。企业应为该小组提供所要命名的品牌及其产品尽可能详细的材料。

（2）**命名小组讨论会**。讨论会上，让每个成员自由发表意见，并同时设想出多个名字，如实记录下这些富有创意甚至有些荒唐的名称，暂不做取舍。

（3）**名称的筛选**。命名小组淘汰掉明显不适用的名字，并选出 10~20 个备用。随后在消费者中进行调查，看看他们对名字如何反应。根据收集到的反馈信息，再对这些名字做认真取舍，留下 3~5 个等待最后定案。

（4）**法律上的咨询与认可**。对以上几个名称，进行法律上的调查，排除那些在市场上已经采用过或与之相近的名称以保证最后所定的名称为企业所独有。所有这些工作直到品牌名字依法注册，才算告一段落。

以"野狼"125 摩托车的命名为例。经过多次讨论，命名小组一共想出了近 700 个名称，而后淘汰到 15 个时再进行投票表决。投票时还邀请了多位消费者参加。结果，"野狼"获得最高票数而中选。经法律咨询、认可之后正式使用。而驰名品牌"艾克森"（Exxon）在命名时，专门聘请了经济学家、语言学家、市场营销专家、美术设计等方面人士组成命名小组，耗资 140 万美元，花费 6 年时间，参照了 55 种语言，皆无负面影响才得以定案。由此可见，要获得一个独特而又完美的品牌命名并不是一件轻而易举的事情，它需要企业投入大量的人力、物力、财力和智力，经过大量的调查研究，反复切磋讨论方可取得结果。成功的品牌取名需要考虑以下几个因素：

（1）**独特性**。品牌名称作为企业形象、产品质量与信誉的标志，必须具有独特的个性，不得与其他企业品牌或产品名称重复或相似。否则不利于品牌形象在市场上的传播，不利于消费者识别。例如，20 世纪 80 年代末 90 年代初，浙江省余杭县[一]红星五金厂，曾用"红星"品牌做过不少产品广告，但是收效甚微。后来找到了原因：消费者看到、听到的"红星"太多了，大大地削弱了该品牌的识别性。于是，该厂大胆地为其生产的抽油烟机注册了"老板"品牌。奇迹终于出现了。近年来，该厂的经济效益以每年翻几番的速度提高。"老板"品牌贵在新奇、独特，它既迎合时尚，又有较强的识别性，消费者当然容易记住了。其他产品连续做广告还不如"老板"隔三岔五地做。"老板"广告做到哪里红到哪里。当时，在泰国、新加坡、中国香港等地刮起了"老板"系列产品的旋风。

（2）**联想性**。品牌取名要易于让消费者接受。除了名字本身新奇、独特便于识别以外，还应该积极启发消费者的正面联想，消除负面影响。丰富、恰当、具有美感的联想是成功品牌命名的又一大特征。"柯达"（Kodak）读起来让人联想到照相时按动快门时的声响；"红豆"源于唐朝诗人王维的诗句，则让人联想到纯洁的爱情；"老板"极为迎合时尚，似乎代表着某种身份；"雀巢"咖啡的品牌图案则让人联想到雀巢中母鸟喂养雏鸟时所寄的无限母爱。

好的品牌名称不应该有负面影响，一经发现就应及时消除。"金利来"这个品牌原名叫"金狮"。有一天，该公司的总经理曾宪梓先生送两条领带给他的一个亲戚。看到"金狮"这个牌子之后，这个亲戚却满脸不高兴地对他说："我才不要你的领带呢，'金狮''金狮'——'金输''尽输'，全都输光了……"原来，在广东话里"狮"字与"输"字读音非常相近。这一天，曾宪梓先生一夜都没有合眼，绞尽脑汁终于找到了解决问题的办法：将金狮的英文"Gold Lion"以意译与音译相结合，Gold 意译为"金"，Lion 音译为"利来"，两者合成便成了"金利来"。这个名字完全消除了负面影响，并增添了富贵、吉祥的含义。"金利来"一叫即响，很快为消费者所接受，给企业也带来了好运。

（3）**通用性**。随着国际经济一体化的发展，我国企业的经济运作也将被纳入国际大市场。考虑到不同国家在语言及文化上的差异，品牌取名应当易于为世界上尽可能多的人发音、拼写、认知和记忆，最起码也得照顾到英文的发音及含义。这样才有利于品牌在国际市场上的传播。例如，美国"可口可乐"品牌的中文翻译无论是读音还是含义都堪称典范之作。

[一] 现已更名为"余杭区"。

我国的一些知名企业在这方面做过不少努力，也有许多成功的例子。例如"四通"是 Stone（宝石）、"雅戈尔"是 Yuongor（发音为 Younger：更年轻）。这些品牌的命名，中英文含义及读音照顾的都很周全。

然而，我国大部分企业对品牌名称的国际通用性还没有足够的认识，从而影响了中国企业进入国际市场。例如，有一种化妆品名叫"芳芳"，特别醒目地在包装上注上了 Fang Fang，意欲销往国外，可就是打不开销路。究其原因，原来 Fang Fang 的英文含义是"狼或蛇的尖牙、毒牙"。除了语音误读之外，还必须注意到文化上的误解。如"山羊"羊毛衫的 Goat 有"色鬼、不正经的男人"的含义；"白象"电池中的"White Elephant"有"无用的赘物、费而不惠的礼物"的意思；而"莲花"味精中的莲花，在某些国家却是不洁的象征。以上这些，有的则需要利用翻译的技巧来处理，有的则应考虑更换或放弃。

4. 品牌定位的几个问题

在为品牌定位的过程中，有以下 4 点十分重要。

（1）**定位明确**。定位明确包括定位的鲜明性和定位的集中性两个方面。鲜明性即一目了然，特点突出；集中性即重点突出，不面面俱到。如"静悄悄的福特车"，"豪华气派的凯迪拉克"，等等。这种鲜明集中的品牌、定位，就像锥子一样以其特有的锐利，一下就切入消费者记忆的纵深，具有极强的穿透力，留下难以磨灭的印记。

（2）**形象一致**。广告形象的创新又绝不能忽视品牌形象的一致。这就是变中有不变、创新中有继承。因为如果失去了形象的一致性，在消费者心中，形象积累的连续性就会被破坏，消费者可能会因此而感到新奇，但不会因此而留下深刻的印记。上述注意更新广告形象的优秀品牌，在更新广告宣传中，都不约而同地保持着品牌形象的一致。

把广告作为一个重要手段加以很好地运用，并持之以恒，它就完全可以在消费者的脑海里塑造出一个鲜明的品牌形象。可是如果朝令夕改，经常变动，则不但无法形成累积效果，反而会因为信息不一致，而造成消费者的混淆，令他们感到莫衷一是，从而丧失了品牌形象这个重要的销售武器，甚至导致企业破产。

（3）**眼光长远**。对品牌的宣传一定要有长远的眼光，绝不可以短视。世界上所有名牌的形象都是数十年以至于上百年所努力的结果。比如瑞士的著名手表"劳力士"。在为品牌定位的整个过程中，必须坚持树立自己品牌的独特风格，这样才会给消费者留下深刻的印象。比如著名的意大利品牌"古驰"（GUCCI），其所采用的色彩均以绿、红、绿和蓝、红、蓝三色搭配，所有的图案均用字母"G"组成，从而形成了专给世界成功男士或女士使用的品牌；著名的法国旅行箱包品牌"路易·威登"（Lousvuitton），其所有产品的商标与品牌均用其品牌两个字开头的每一个字母组合"LV"配以深褐色，150 年不变，因而成为旅行的艺术品。

（4）**刻意求新**。对新产品要尽量采用新的品牌，不要用旧品牌。因为一个大家所熟悉的品牌之所以为大家熟悉，是因为它代表了某种商品。这种商品已在消费者的心中占据了一个位置。而新产品如果要成功的话，就需要有新的位置。但人们往往认为已经知名的东西容易为大家接受，误以为把现有的品牌名放到新产品上是捷径，结果事与愿违。比如美国著名的生产复印机的厂家"施乐"在十几年前花费了 10 亿美元，购买了一家有利可图的电脑公司。这家公司有一个极好的品牌名称叫作"科学资料系统"。可是"施乐"接管后，把这家公司的品牌改成"施乐资料系统"，结果一败涂地。其原因就是一个名称不能代表两个迥然不同的产品,当一种上来时,另一种则要下去。"施乐"对于消费者代表的是复印机,而不是电脑。当它把广告词"这架施乐机器不能印出一份复本"介绍出来的时候,则更成为灾难,消费者转而不买"施乐"复印机了。

3.3 广告定位战术

在实际操作中,根据产品的特性与特点,以及在市场上的占有率、竞争的激烈程度等的不同,定位的情况也有所不同,并由于现今市场上产品的品种繁多,门类庞杂,所以在实施具体的广告定位时,我们可以从以下各个不同的方向入手。从战术上来看,我们可以从以下内容上找到合适的切入点。

3.3.1 产品定位

产品定位是广告定位的基础,我们可以把产品定位称为"实体定位"。要提高产品在消费者心中的地位,首先就必须有针对性地进行产品的研究、开发、生产与制造工作,使自己的产品在实体上就有一个清晰的定位,并通过广告来刻意强化这一定位,使之引起消费者的注意、理解与记忆,进而引导消费者进行有明确目标的购买。

我们知道在商品社会中,消费者根据自己对企业产品的了解,在自己的心目中把产品排成一个顺序,把不同的产品置于优劣、主次的位置上,以显示其差别。位置越高的产品或占有特定位置的产品,最容易受到消费者的注意,使之产生好感并促成销售。如果我们设定了一个产品的位置,就应该从实际的市场中去考查并确定这个位置是否能够存在于广大消费者的心目中?一旦找到并确定了产品的位置,我们就要以充分的财力来达到这个目标并全力保持住这个位置并运用有效的广告策略来强化产品的这一定位。

产品定位主要强调其实体上的差异性,如高科技含量、先进的设备、精湛的工艺等,突出产品的品质、价值、功效、服务等方面的特点,刻意强调其独一无二、不可为其他同类产品所替代的特性。借此增加产品对于消费者的影响力,促使其产生刻骨铭心的印象与感受。

3.3.2 市场定位

市场定位是市场细分方法在广告策划中的具体运用,将产品定位在最有利的市场之上,或者更准确地称为目标市场定位。任何企业,无论其规模如何,它都不能同时满足所有消费者的所有需要;而只能为自己的产品销售选定一个或几个特定的目标市场,为自己的产品选择某个范围内的特定消费者,这就是市场定位。从广告策划的角度来看,目标市场就是广告传播活动的目标对象。

商品市场可以按消费者的需求和满足程度划分为同质产品市场和异质产品市场,经济学家将其称作"完全竞争市场"与"垄断竞争市场"。同质产品市场是指消费者对商品的需求有较多共性,产品的同质化严重即消费者感觉不到这些产品之间的差异,因此他们受广告宣传影响不大。一般的生活必需品,如柴米油盐之类就属于同质产品市场。而异质产品市场则与同质产品市场恰恰相反,它是指消费者对同类产品的品质、特性具有不同的要求,强调商品的个性,因此他们受广告宣传影响也较大。绝大多数商品应该说都属于异质产品市场,因为任何产品之间,都有不同程度的差异存在,如服装、手表、各种化妆品、烟类、酒类等。在异质产品市场上,消费者需求的满足程度,不仅仅要考虑到实际生活中的生理需要,还需要考虑心理上的需要。可是生理上的需要有一定的限度，心理上的需要则是变幻莫测和无法度量的。

事实上，在当今变幻莫测的市场之中，不少企业已经学会了将"同质产品异质化"的广告策略，以往我们认为同质化程度极高的产品（如柴米油盐等），消费者也开始关注它们的差异性，它们现在也都有了自己的品牌。又如牛奶、纯净水之类的商品，现在也都成了异质产品，消费者对它们的品牌极为重视。

在进行市场定位时我们还得考虑到产品的生命周期、市场的生命周期，根据产品的生命周期各个阶段在市场中的不同特性，运用不同的广告策略，做不同的广告宣传，这样才能更好地满足不同消费者的需求。

3.3.3 企业定位

从消费心理的角度来看，产品知名度的确立，是形成购买动机的重要条件之一，而知名度的形成又是企业形象综合作用的结果。例如在电视广告中宣传"海飞丝"洗发水和"玉兰油"护肤霜时，恰到好处地为"海飞丝"和"玉兰油"在产品上定了位：一个是去头屑的专家，另一个是专为青春肌肤配制的护肤品。在这两个产品通过各种动人的画面展示之后立即推出宝洁公司的名称及画外音。这其实就是为企业定了位：只有宝洁公司才能生产如此高质量的产品。当消费者看完这个广告之后，不仅记住了商品的特点、品质和功效，而且也记住了生产这个产品的企业。

当代广告活动的一个突出特点在于，当一个企业在对产品进行定位的同时，也使消费者认识到生产和销售该产品的主体是一个什么样的企业？它在哪一个位置、处于哪一个层次上？让消费者在选择产品的同时，也选择了企业，这就是企业定位。良好的企业定位给消费者留下一个强烈的印象：只有好的企业才能生产出好的产品。

在广告策划中为企业定位的常见手法是"双重定位"，对于产品名称与企业名称相同的企业来讲更是如此，如可口可乐、百事可乐、娃哈哈等。这些企业在为产品定位的同时，也同时为自己的企业定了位。它们的广告一方面宣传了产品，另一方面又宣传了企业，可谓一举两得。

有一些广告先突出企业再宣传产品，也就是先为企业定位，再给产品定位，效果也不错。比如美国波音飞机面对中国市场的广告，就是先介绍美国波音飞机公司具有雄厚的技术力量和各种先进的设备，按着广告的主题转向波音飞机的安全、可靠和速度，世界各大航空公司大都采用波音飞机，通过波音飞机使全世界人民互相了解，使千万个家庭幸福团聚……这个广告就是先给企业定了位——"世界上技术和设备第一流的企业"。接着又给其产品（飞机）定了位——"安全""迅速""节能"。使人们了解了波音飞机的全部优点。事实上，企业定位与产品定位两者是相辅相成、不可分离的。"双重定位"是一种值得我们借鉴的定位方式。

3.3.4 质量定位

质量定位，也叫品质定位。这种定位方式是通过强调产品的良好品质而对产品进行定位。也就是通过消费者对商品品质的认识来启动他们的需求与购买欲望，并在其心目中确定商品的位置。

产品质量的定位，在广告定位中占有十分重要的地位。因为消费者在选购商品时，质量问题总是一个首要的问题。质量不好的产品给消费者带来的不仅仅是金钱的损失，更多的是精神上的烦恼。在激烈竞争的市场中推销商品，产品质量的好坏最能够影响消费者的购买态度与行为。事实上，产品质量的好坏决定了企业在市场竞争中的成败。

商品品质和质量的定位，在定位理论中占有很重要的地位。特别是在我国，在消费者的购买力并不是很高的情况下更是如此。因为质量好，所以可以安全、耐用，不必经常为质量问题伤脑筋，使消费者有安全感。

力士香皂的广告，就是以品质定位而成功的广告。力士香皂的广告着力表现力士丰富的泡沫、爽身的功效，还有清新的香味……让你的感觉好极了。我们皮肤有油性、中性、干性三种，而力士香皂也有与之适应的三种不同品性的香皂，总有一种适合你！力士香皂是国际著名影星使用的香皂，不用多说，这一定是一种高品质的香皂了！你想拥有光洁白嫩的肌肤吗？你想保持青春永驻吗？只有用品质高尚的力士香皂，你才能做到。这就挑动了你的购买欲望。

3.3.5 价格定位

一个产品要作为商品进入市场进行交换和参与竞争，如果它在商品的品质、性能、功效和服务等方面与其他同类的产品很相似，出现了高度的"同质化"。如果我们的产品没有什么特殊的地方可以吸引消费者以激起他们的购买欲望时，价格定位的方法就值得考虑。价格定位的主要策略是陈述产品价格的合理性、适应性以及和同类产品的可比性，并以此来激起消费者的购买欲望。作为理性的消费者，无论其富裕程度有多高，他们对于商品的价格都是比较敏感的。因此，运用价格定位来获取竞争优势，并通过广告手段来强化这个优势，以此给竞争对手以致命一击，也是企业广告战略中的重要策略之一。

如果一个产品要作为商品进入市场进行交换和参与竞争，那么如果它在商品的品质、性能、功效和服务等其他一切方面与同类的产品都很相似，并没有什么特殊的地方可以吸引消费者，以激起购买欲时，我们称为产品严重的"同质化"。此时，企业就不得不考虑运用价格定位的方法吸引消费者以战胜竞争者。那就是如何表明其产品价格的合理性、适应性以及和同类产品的可比性，并以此来激起消费者的购买欲望。

日本汽车打进美国市场，为什么可以与美国的汽车相抗衡？除了"功能定位"和"外形定位"之外，"价格定位"是它们成功的法宝之一。在20世纪六七十年代世界性的石油能源危机给日本汽车的发展带来了重大的机会。因为与美国制造的汽车相比，日本汽车有许多优点，日本汽车最大的优势是省油，体积小不占过大的停车空间……同时价格也不贵，综合性价比高。省油也好，体积小也好，都是价格定位的一部分，因为所有这些定位都是在为消费者省钱！

当今世界，不论是在发达的西方国家还是在不发达的发展中国家，相对地说，富裕的人还是少数，大部分人的生活都是在紧张的奔波劳碌之中。因此，作为消费者对于任何商品的价格都是十分敏感的。在通货膨胀和失业率高的地方更是如此。所以，这些国家和地方的商品推销商都十分重视广告活动中和实际推销活动中的价格定位问题。"世界500强"排名第一的沃尔玛连锁店在其广告宣传中，价格定位是其广告定位的重要内容之一，因为在质量保证的前提之下，最能够吸引消费者的诱因就是价格了。事实上，全世界的酒店、旅游业的宣传广告活动大都是以价格定位来吸引广大旅游者的。价格定位的竞争在我国也十分激烈，无论是在广播、电视，还是在报纸、杂志上，我们随时都能感受到价格竞争与价格定位的存在。

3.3.6 观念定位

观念定位是赋予产品以新的意义，以此改变消费者的心理习惯，树立新的商品及消费观念，可谓："不破不立"。观念定位在使用时可分为"逆向定位"与"是非定位"两种。观念定位是一种独特的定位策略，在市场竞争激烈、与其他产品类型接近或相同时，采取改变消费者观念的定位方法，往往能起到意想不到的效果。

1. 逆向定位

一般的企业在进行广告产品的定位时都是采取正向定位的策略，即在广告中突出本企业的产品在同类产品中突出的优点，以争取消费者的购买。而逆向定位则是采取相反的定位方向提出一种新观念，唤起消费者对产品或劳务的重新关注和全新认识，以"填补空白"的方式占据市场中的有利位置。逆向定位通常是借助于有名气的竞争对手的声誉来引起广大消费者对自己的关注、同情和支持，在广告中突出市场上名气响亮的产品或企业的优越性，并表示自己的产品或企业不如它好，甘居其下，但准备迎头赶上；或可以通过自己产品的不足之处，来突出产品的优越之处，这主要是利用社会上人们同情弱者和信任诚实的人的心理，故意承认自己的不足之处，以换取信任与同情的手法，以便在市场的竞争中占有一席之地。美国第二大出租汽车公司 AVIS 当年就是这样做的。它在广告中说：比起美国汽车的第一品牌来，我们尚属第二位，我们一定要加倍努力啊！这一广告得到了广大消费者的同情，所以很多人开始购买或租用 AVIS 的车，使其营业额迅速提高，几乎赶上第一品牌的公司了。

2. 是非定位

在广告中注入一种新的消费观念，并通过新旧观念的对比，让消费者明白是非，接受新的消费观念，这便是是非定位。例如某企业在其柔软剂的广告活动中，向消费者提问："您真的会洗衣服吗？"刻意冲击旧观念，借此输入新观念。当一个市场挑战者在为其竞争对手重新定位的时候常常会采用这种方法。

是非定位通常是采取从观念上人为地将商品市场加以区分的定位方法。众所周知，在美国或在世界饮料市场上，可以说是可口可乐公司和百事可乐的天下，其他汽水几乎无立足之地。但在 20 世纪 70 年代，美国七喜汽水采用的是"非可乐"的定位方法，在更新消费者观念上大做文章，创造了一种新的消费观念。它奇妙地采用了把饮料市场分为可乐型饮料和非可乐型饮料，进而说明七喜汽水是非可乐型饮料的代表，促使人们在两种不同类型的饮料中进行选择。这种"非可乐型"的构想，在产品定位的时代是了不起的广告宣传活动，致使销量不断上升，数年后一跃而成为美国市场的第三大饮料。

3.3.7 形象定位

形象定位是在广告策划中，表现产品独特形象的一种方法。形象定位不仅要求产品形象具有不同于其他产品的识别性，还要求产品具有独特的情感与文化的品格。

形象定位不仅要求产品形象具有不同于其他产品的独特性，还要求产品具有独特性的情感品格，经由消费者的感官产生独特的愉快感。一种商品的形象代表着一种美的体验，而这种美是通过设计形态表现出来的，当一种产品表现出均衡、对称、和谐、高贵、典雅的时候，它就能够体现出形象的感染力了，正是这种形象的感染力激发了消费者的购买欲望。

形象美可以反映出产品的以下几个特点：① 形象美表现产品的风格美；② 形象美表现产品的美感；③ 形象美表现产品令人愉悦的外形；④ 形象美表现出产品时代感和潮流感；⑤ 形象美表现企业的档次与水准。

广告形象具体来说包括两个形象：① 实体形象，也就是在广告活动中表现出来的商品、劳务、企业等具体事物。这种形象是可视的形象，故给人以真实的、清晰的本体原貌，从而使广告的信息具体化、鲜明化，有助于增强消费者的购买信心和决心。② 联想形象，在广告信息的刺激之下，促进了消费者的思维活动，使之凭着过去的经验而引发或派生有关的形象，这就叫联想形象。比如在广告中你听到了汽车声音，你就会联想到汽车；当你看到某些人在一起畅饮啤酒时，你可能马上会想起某一种自己喜欢的牌子的啤酒。如果能把实体形象和联想形象在广告中加以巧妙地结合，就一定会把形象的定位工作做得十分成功。如果不能进行很好地结合，势必达不到完美效果。

成功的广告策划都在商品的形象定位上下足了功夫，形象美可以反映出商品的许多特点，如产品的风格、造型的美感如和谐的尺寸与比例、时代感和潮流感、企业的高水准、产品的高档次，等等。在广告形象定位的具体策略中，商标定位、造型定位与色彩定位占有极其重要的地位。

1. 商标定位

商标是商品用来标识自己、区别他人的一种图案。这一图案不仅告诉消费者它本身是一种商品，还同时告诉消费者该商品的牌号及其商品自身的特征。所以，在广告宣传中重点突出企业商标的位置是形象定位的重要一环。商标的重要职能是用于区别其他同类商品。在实际的购买过程中，消费者往往很重视运用商标识别来选购商品，因此，商标不仅代表了商品的品质和声誉，更是企业形象的象征。

我们在商标定位的过程中，为了定位准确，在广告中引起好的效果，除了注重商标的视觉设计以外，还应该好好研究商标的历史，该商标产品在市场上所占的份额，商标的实际知名度，等等，这样才会使商标定位更扎实、更有效果。

商标是商品品牌的文字名称和图案记号。它本身既是商品的标志，又是品牌的组成部分。一个成功的商标设计应符合以下几条原则：① 简明易认，使人一看就一目了然，容易识别，便于记忆；② 个性突出，图形的含义和色彩的象征，均能传达企业的个性特征；③ 独具一格，设计新颖，与众不同，既有形式美，又有时代感；④ 有永久性，应该能具有时间上的永久性和使用上的广泛性。

2. 造型定位

造型定位就是在广告活动中，集中力量来告诉消费者，该项产品在外观造型上与其他产品有什么不同之处，以美观、新颖、奇特、时髦的造型来诱发消费者的喜爱，进而激发他们对商品的购买欲望。造型可以称为"视觉的语言""抽象概念的形象化表达"。因此，商品的造型具有生动、直观的特性，它与企业的形象定位紧密相关。

通过产品的造型定位可以增加和丰富广告的情趣，提高其视觉效果，使消费者看过之后会留下明确、深刻的印象。使产品的造型在发挥视觉效果的同时，又能发挥其"阅读产品的效果"和"诱导消费者购买的效果"。

造型定位的方法有以下几种：

（1）**展示产品的外貌**。通过这一展示，为消费者提供了产品外观的质地，以引起消费者的注意。例如服装、家具等都是通过造型在消费者心中进行定位的。

（2）**展示产品设计的特点**。产品设计的特点往往表现出产品的差别，特别容易引起消费者的比较，通过比较促使消费者注意这些特点与不同。

（3）**展示出产品的和谐尺寸与比例**。例如家用电器，一个外形好，又能节省空间的产品，会对消费者起重要的参考作用。三洋的"迷你型收录音机"、索尼的"Walkman"随身听、海尔的"小神童"洗衣机都是以外形"小"与"巧"为广告定位主题的。

3. 色彩定位

色彩定位是在广告宣传中运用色彩表现产品之美感，使消费者从产品及其外观的色彩上辨认出产品的特点。色彩能给人以美的感受、色彩能令人产生美好的感情、色彩可以寄托人们美好的理想与期望。

从市场竞争的角度来看，色彩能传达意念，表达一定的含义，使消费者能够准确区分出企业产品与其他同类产品的不同，从而达到识别的效果。例如"柯达"的黄，"富士"的绿以及"乐凯"的红；大到店面的设计，小到产品的包装，色彩的力量无不在影响着消费者的购买行为。

我们应该注意到色彩在市场的"潮流"及"时尚"中的重要作用。以服装为例，布料无非是人造纤维和自然纤维两种，加上其混合也不过是3种。但是如果以潮流与时尚的眼光来看，那就主要是布料的色彩了。看看巴黎和意大利的时装节吧，每一年都有以色彩的主调来主宰市场的，行家们称为"流行色"，只有迎合"流行色"的时装才能够引起消费者强烈的购买欲望，因此就有了"流行色就是财富"的说法。专业调查结果显示，全世界每年价值数千亿美元的时装消费大多是为色彩的潮流所驱动的，这就是色彩定位的巨大力量。

时尚性的潮流产品周期不长，变化很快，所以在广告宣传中色彩定位必须能把握时尚的脉搏。可口可乐公司的柠檬型饮料"雪碧"就是以透明的绿色为基本色调来展开自己的色彩定位的。它在广告中还巧妙地运用冰雪的晶莹作为辅助色彩，然后又运用歌曲"晶晶亮，透心凉！"来促使消费者即使在炎热的夏天也能够体验出清凉的感觉来。

3.3.8 功能定位

功能定位就是在广告活动中突出产品独特的功能，使其在同类产品中有明显的区别，以增加其竞争力。功能定位以同类产品的定位为基础，选择有别于同类产品的优异性作为广告宣传的重点。事实上，功能定位是产品定位的一个重要内容。

消费者通常都十分重视产品的功能性与实用性。对于消费者而言，没有功效的产品，人们是不会对它形成购买动机的。功能定位在突出产品性能的同时，主要以产品之间的差别作为定位的切入点。

在进行功能定位的时候，我们必须注意研究产品的性能，更重要的是产品的独特功能。突出产品的高效功能、突出产品的准确无误、突出产品效率的快速安全、突出产品的节能特点、突出产品的新技术等。例如电冰箱的广告，就是以功效为主的广告典型。你宣传单门的，我宣传双门的，他又宣传可以开后门的。你宣传有霜的，我宣传无霜的，他又宣传自动除霜的。除了带冷饮的、噪声小的、节能省电的以外，随之而来的又是你推出放在厨房的实用型冰箱，我推出放在客厅的艺术型冰箱……大家都在尝试以功能定位来引起消费者的注意力和刺激其购买欲。

突出产品能给消费者带来同类产品所不能给予的利益和好处，是功能定位的一种常见形式，也可以称为"利益定位"。利益定位就是根据产品所能满足的需求或所提供的利益、解决问题的程度来定位。例如，在宝洁公司出品的洗发水中，飘柔的利益承诺是"柔顺"；海飞丝的利益是"去头屑"；潘婷的利益是"健康亮泽"；沙宣的利益是"垂直保湿"；而伊卡露则是"气味芬芳"等。

3.3.9 服务定位

服务定位就字面的理解，就是针对服务的定位，具体来讲，有以下两种情况。

服务定位对于有形的、实体产品而言，就是从产品的性能与品质延伸到服务的领域，强调企业产品的售前、售中、售后服务措施的完善、贴心与周到，以此来消除消费者的顾虑，降低其购买风险，增强其购买信心的一种定位。这是对服务定位的第一种理解。

对于服务行业来讲，它们并无实体形态的产品。事实上，服务就是它们的"产品"，可以说服务本身是一种无形的产品，依此理解，"服务定位"就是服务行业的"产品定位"。这是对服务定位的另一种理解。

3.3.10 心理定位

以产品能给消费者的心理上的价值定位，突出产品无形的精神功能和给人心理享受和满足，以刺激消费者的购买欲求。如在广告中说"一切尽在掌握""一路上遥遥领先""成功自有非凡处""享受驾驶的快乐"等，突出产品的高级豪华，让消费者觉得体面气派，烘托其高贵的地位与身份，使获得一种炫耀、辉煌的心理满足。

本章小结

1. 所谓市场细分，指的是市场的划分或称为市场分割，它是企业为了增加市场营销精确性的一种努力。
2. 市场细分原则：① 实用性原则；② 可行性原则；③ 显著性原则。
3. 市场细分有以下三个阶段：调查阶段、分析阶段和描绘阶段。
4. 我们可以以地理、人文、心理和行为因素等主要变量作为市场细分的依据。
5. 要使市场细分有效，它必须具备下面的 5 个特点：① 可衡量性；② 足量性；③ 可接近性；④ 差别性；⑤ 可行性。
6. 所谓定位，就是在潜在消费者的心目中为你的产品设置一个特定的位置，这个位置只为你的产品所独占而其他同类产品则不可能拥有。
7. 定位的 4 种错误分别是：① 定位过低；② 定位过高；③ 定位混乱；④ 定位怀疑。
8. 广告定位的三大战略分别是：① 迎合消费心理；② 突出竞争优势；③ 塑造品牌形象。
9. 美国市场营销协会对品牌的定义是：品牌（brand）是一种名称、术语、标记、符号或设计，或是它们的组合运用，其目的是借以辨认某个销售者或某群销售者的产品或服务，并使之同竞争对手的产品和服务区别开来。
10. 一个品牌能表达出以下 6 层意思：① 属性；② 利益；③ 价值；④ 文化；⑤ 个性；⑥ 使用者。
11. 按照大卫·奥格威的观点，品牌形象就是指品牌个性，它是由许多因素混合在一起而构成的，其中包括品牌名称、包装、价格、产品本身以及广告风格等。
12. 从品牌形象的塑造角度考虑，每一个企业在做广告时，都应该认真想一想以下几个问题：① 我们究竟想塑造一个什么样的品牌形象？② 我们是否正在朝着既定的方向努力地耕耘？③ 我们是否了解消费者对我们品牌形象的观感与印象？④ 今年的广告与去年、前年的广告之间有没有持续性？我们的品牌形象是否持续一贯？⑤ 我们的企业形象与品牌的形象是否一致？有没有可能发生冲突？

13. 品牌形象的价值主要表现在以下几个方面：① 品牌形象一经确立，就成为某种商品的标志，有时会成为整个同类商品的代名词；② 品牌形象一经定位之后，就成为一种商品品质的保证；③ 品牌形象一经确定后，也会成为一种产品个性的体现；④ 品牌形象一经长时间的广告宣传定位，也就成了一整类商品的代表形象；⑤ 品牌形象一经定位后，它也可以成为一种文化与风格。

14. 在欧美及海外，品牌取名的程序大致如下：① 成立命名小组；② 命名小组讨论会；③ 名称的筛选；④ 法律上的咨询与认可。

15. 成功的品牌取名需要考虑以下几个因素：① 独特性；② 联想性；③ 通用性。

16. 在为品牌定位的过程中，有以下四点十分重要：① 定位明确；② 形象一致；③ 眼光长远；④ 刻意求新。

17. 广告定位的十大战术分别是：① 产品定位；② 市场定位；③ 企业定位；④ 质量定位；⑤ 价格定位；⑥ 观念定位；⑦ 形象定位；⑧ 功能定位；⑨ 服务定位；⑩ 心理定位。

18. 观念定位是赋予产品以新的意义，以此改变消费者的心理习惯，树立新的产品观念，可谓："不破不立"。观念定位在使用时可分为"逆向定位"与"是非定位"两种。

19. 在广告形象定位的具体策略中，商标定位、造型定位与色彩定位占有极其重要的地位。

20. 一个成功的商标设计应符合以下几条原则：① 简明易认；② 个性突出；③ 独具一格；④ 有永久性。

测试题

一、单项选择题

（在每小题备选答案中只有一个是正确的，请将其选出并把选项前的字母填在题后括号内）

1. 所谓市场细分，指的是市场的划分或市场分割，它是企业为了增加市场营销精确性的（   ）。
   A. 一种努力   B. 一种策略   C. 一种战略   D. 一种战术

2. 细分消费者市场常用的变量分为两大部分，有些研究人员根据消费者特征细分市场，而另一些研究人员则是通过（   ）。
   A. 广告策划人对消费者的印象来细分市场
   B. 营销者对产品的反应来细分市场
   C. 消费者对产品的反应来细分市场
   D. 政府部门对营销者的印象来细分市场

3. 产品定位是广告定位的基础，我们可以把产品定位称为（   ）。
   A. "虚拟定位"   B. "实体定位"   C. "实效定位"   D. "实质定位"

4. 按照大卫·奥格威的观点，品牌形象就是指（   ）。
   A. 品牌个性   B. 企业形象   C. 商标形象   D. 产品个性

5. 如果我们的产品没有什么特殊的地方可以吸引消费者以激起他们的购买欲望时，（   ）。
   A. 形象定位的方法就值得考虑   B. 观念定位的方法就值得考虑

C. 功能定位的方法就值得考虑　　　　D. 价格定位的方法就值得考虑

二、多项选择题
（在每小题备选答案中有2～5个正确答案，请将正确选项前的字母填在题后括号内）

1. 依照市场细分的程序，有以下几个关键阶段：（　　　　）。
   A. 准备阶段　　　B. 调查阶段　　　C. 探索阶段
   D. 分析阶段　　　E. 描绘阶段

2. 要使市场细分有效，它必须具备下面的几个特点：（　　　　）。
   A. 可衡量性　　　B. 足量性　　　C. 可接近性
   D. 差别性　　　　E. 可行性

3. 在为品牌定位的过程中，有以下几点十分重要：（　　　　）。
   A. 定位明确　　　B. 形象一致　　　C. 眼光长远
   D. 刻意求新　　　E. 震撼雷人

4. 观念定位在使用时可分为：（　　　　）。
   A."功能定位"　　B."逆向定位"　　C."冲突定位"
   D."是非定位"　　E."反常定位"

5. 在广告形象定位的具体策略中，下列哪些定位占有极其重要的地位？（　　　　）
   A. 商标定位　　　B. 名人定位　　　C. 造型定位
   D. 色彩定位　　　E. 地域定位

三、名词解释题

1. 定位
2. 质量定位
3. 色彩定位
4. 心理定位

四、简答题

1. 什么是市场细分，它有助于我们认清哪几个方面的问题？
2. 市场细分的依据是什么？

五、论述题

1. 试述广告定位的三大战略。
2. 联系实际，谈谈形象定位。
3. 联系实际，谈谈品牌定位的几个问题。

六、案例分析讨论题

仔细阅读本章的"开篇案例"，然后回答以下问题：

1. 2001年，耐克发起一个名为"耐克女神"的战略性倡议——一项以改变公司与女性之间交流状况为目的的全公司范围内的活动。这个战略实施到现在已有16个年头，根据你的观察（当然要做一些调查研究的功课了！），这个定位成功了吗？试用本章所学的定位理论与知识论证你的观点？

2. 对于中国人来讲，真的有很少人知道耐克（Nike）是古希腊胜利女神的名字，我们也一直认为它是一个男人味十足的运动品牌。假设你是耐克品牌的广告策划人，你应该如何扭转这个局面？

第4章
广告目标与预算

开篇案例

我们在广告上的投入真的重要吗

正如你所能想到的，营销商可能会常常担心它们在广告上的花费是否能够产生效果。这种情况在如今更是不足为奇。由于美国的经济衰退，实际上每一个行业都在缩减广告预算。简而言之，营销商想知道为它们的品牌做广告是否值得，它们应该为此付出多少代价。

一些人认为在媒体广告上的花费几乎或者完全没有作用——至少对于消费者对品牌质量的感知而言。由《品牌周末》杂志所委托的一项研究中，普林斯顿大学的一家研究公司总结说："消费者关于质量的评价与公司花费在 *Friends* 杂志、调频广播或者 foxsports.com 上的广告时间和金额不存在相关关系。"Total Research 公司的调查结果显示，在美国 10 个广告宣传力度最大的品牌中，没有一个位于质量最好的前 100 位品牌之列，尽管它们花费了 35 亿美元的广告开支。另一方面，被认为质量最好的 10 个品牌在广告上的花费仅仅约合 1.5 亿美元。排名前三位的广告媒体客户——麦当劳、汉堡王和 Circuit City 也没有在这 100 位质量最好的品牌之列（列前三位的是 Waterford Crystal、Craftsman Tools 和探索频道）。

当问到引起这种状况的原因时，一些咨询顾问认为广告或许并不如最初想象的那么有效，或者总的来说缺乏可信性。另一些人认为广告的作用太微小，不足以塑造一个品牌。口碑或消费者的经历，对于塑造一个品牌的质量认知而言，往往具有更大的价值。

但不是每个人都因为广告的无效而准备取消广告，甚至那些断定广告对塑造品质形象毫无作用的人也没有建议公司停止使用广告。他们赞同广告虽然目标性不强，但却是有效的（如果设计并投放得好的话），特别是在吸引关注和强化产品信息方面。进一步来讲，Brand Keys 咨询公司主席罗伯特·帕斯科夫（Robert Passikoff）提出，广告目标随产品种类而定。他举例说"质量对于汉堡包来讲就没有它对于水晶玻璃那么重要，"如果是为了追求趣味，"Waterford（一种高级水晶玻璃）肯定是最差的。"

一些赞同帕斯科夫观点的人认为强调品质只是广告的众多目标之一，并且主张公司不要用投资收益法来衡量广告支出，或者说，如果它们使用这种方法来衡量往往是错误的。这样导致的结果就是一些公司可以轻易地缩减甚至完全取消广告开支。正如通用磨坊公司的财务副总监基思·伍德沃德（Keith Woodward）所言，大部分经理都希望看到在销量或收入方面的直接回报，但"这种直接的回报不是广告所能带来的"。他建议引入新的评价标准。

伍德沃德认为名牌价值很重要，但是在广告投资问题上还应该考虑其他的目标。诸如发展机会、历史表现、相对竞争增长率、过去的广告收效规律等因素都应该被纳入考虑范围。伍德沃德认为尽管没有绝对的标准方法来测量广告的投资收益，但通用磨坊有一些不错的见解，而且广告是的确有效的。

杜邦［旗下有 Lycra（莱卡）、Cordura 和其他品牌］的卡罗尔·乔（Carol Geo）也同意这种观点。作为一名国际品牌经理，吉认为从终端消费者处找到广告功效的线索确实很困难。"但是如果我们仅向直接客户做广告的话，那我们一夜之间就能成就我们的商品"。一方面很多咨询顾问和专家赞同创造品牌的关注度和强化品牌形象的必要性和可测量性，另一方面许多人却不赞成在计算投资收益率时引入其他因素。而实际上，品牌收入、销售额甚至股价增值都曾被纳入考虑范围——尽管它们各自都具有一些局限性。

在这个问题上，广告代理商也提出了它们的观点。除了消费者关注度以外，诸如评价、品牌区分能力和其他的消费者反应等因素也被提及。它们认为，通过广告促使消费者拨打某个免费电话、访问某个网站或者去了解关于某一品牌的更多信息等也都是相当有价值的广告目标。

专家和咨询顾问可能就广告的真实价值甚至其真实目标没有达成一致的看法，但是他们一定赞同以下这几点：其一，广告的直接效用很难被评估；其二，在评估广告效用时需要一个多样化的目标体系；其三，我们事实上并不能够通过对广告功效的评定来表明投资回报率是正的。

资料来源：Belch. G. E. 等. 广告与促销：整合营销传播视角 [M] . 6 版. 北京：中国人民大学出版社，2006：231-233. 内容略有修改。

本章"开篇案例"讨论了一个几乎一直在困扰广告人的问题——广告的价值是什么？事实上，对于广告的目标及广告是否有效果，专家们还没有完全一致的意见。

广告目标是广告主根据企业发展战略及企业资源所拟定的希望通过广告来实现的目标。广告目标是广告策划的出发点和落脚点，广告策划的各项工作均是围绕广告目标展开的。广告预算是广告活动所需费用的计划和控制方法，它规定计划期内从事广告活动所需经费总额和使用范围，是企业广告活动得以顺利进行的保证。广告目标与广告预算有着密切的联系，广告目标说明广告策划者想做什么，而广告预算则限制广告策划者能做什么。广告预算是在一个特定的时期内，广告策划主体为了实现企业的营销战略，达到推销产品、扩大销售、占领市场的广告目标而投入广告活动费用及其使用分配的策划。

本章将研究怎样使广告目标顺应公司的整体营销战略目标，以及怎样依据促销预算来确定这些目标。我们首先介绍什么是广告目标，然后介绍在广告目标的确定与广告预算中十分重要的一个方法——DAGMAR 法，最后进入制定广告预算与分配部分的学习与研究。

4.1 广告目标

4.1.1 目标的意义

很多公司没有为它们的广告策划活动制定具体目标，这可能是因为它们没有意识到目标的重要意义，也可能是因为它们对具体目标存在不同的意见。确立整体目标对广告和促销活动中的沟通、计划与决策、测量与评估等方面都具有重要的意义，让我们分述如下。

1. 沟通

具体目标的确定有利于各团体之间的合作。许多人作为客户或者促销代理，都会参与到广告策略的计划和执行之中。广告和促销计划需要在公司内部、广告代理商以及两者之间协调。而促销活动涉及的其他团体，如公共关系部门、调研专家、媒体代理商等也必须明确公司希望通过营销沟通所达到的目的。如果所有团体都具有书面的、有效的目标来指导其行为，并作为讨论营销活动的普遍基础，那么我们就能够避免营销活动中的许多问题。

2. 计划与决策

具体目标的确定也有助于制定广告策略。所有工作流程都以目标为基础，包括预算、创新和媒体策略，以及直接营销、公共关系、媒体战略和转售支持等辅助性活动。

有意义的目标还能够为决策的制定提供指导作用。在创意选择、媒体甄选以及在众多促销活动项目中分配预算等方面，营销活动的计划者往往会遇到一系列战略和策略性的选择，而这些选择取决于特定的战略与公司整体促销目标的契合程度。

3. 测量与结果评估

确定具体目标的一个重要原因是它们为促销活动的成败提供了一项测量标准。没有具体的目标，公司很难做出全面、准确和科学的评价。一个好的目标标准具有可测量性，它可以通过一种特殊的方法或一套标准来评价促销活动的成效。许多公司都相当关注促销活动的成效，将实际表现与所确立的具体目标相比较是评价本次促销活动是否实现投资收益平衡的最好办法。

4.1.2 确定广告策划的目标

广告策划的目标应该建立在对公司和品牌所面临的营销和促销问题的透彻分析的基础之上。对于这些情况的分析是制定营销策略和执行营销计划的基础。促销计划源于公司的整体营销计划，根植于公司的营销目标。尽管许多公司将它们等同对待，但广告促销目标与营销目标并不相同。

1. 营销目标还是传播目标

营销目标是公司在一个特定时期内所要完成的任务和努力的方向，它一般体现在营销计划中，以销售额、市场份额、利润和投资收益率等具体可计量的指标来定义。好的营销目标是可量化的，它描绘出目标市场并界定实现目标的期限（一般是一年）。例如，一个复印机公司的市场营销目标可能是一年中在小企业这一细分市场内，销售额实现10%的增长。同时，有效的营销目标还应该符合实际并能够实现。

占有较高市场份额的公司通常通过增加产品的种类吸引新的消费者或者增加原有顾客的消费量，从而提高其销售额。一些公司以拓展分销渠道和增加细分市场的销售额为目标。一些公司还确定了辅助性的目标来解决特殊问题进而实现最终目标。

一旦营销传播经理审查完市场营销计划，他必须明确公司将在哪些方面、采取何种方式来实施计划，以及广告和促销活动在计划中扮演的角色。通常以销售额、利润或市场份额的增长速度等来衡量的营销目标并不适合成为促销活动的目标，因为它们是整个营销活动的目标，这些目标的实现依赖于计划、生产、定价策略和分销策略等一系列整体营销管理活动的合作、协调和实施，而不能仅仅依靠广告促销。

广告策划目标是关于广告策略的各个方面所要实现目标的陈述，它们应该建立在特定传播任务的基础之上，即将适当的信息传递给目标消费者。营销经理的职责是将整个营销活动的目标落实为具体的传播目标和促销目标。他们基于"情景分析"可以从营销计划中获取一些指导以完成具体的任务，因为情景分析可以提供如下重要信息：① 公司的细分市场和目标受众（人口统计、消费者心理描述、购买动机）。② 了解产品的主要特征、优缺点及使用方法等。③ 调查公司及竞争对手的营销状况，包括在不同细分市场上的销售额和市场份额、定位、主要战略、促销支出、拓展性销售策略以及媒体战略和策略。④ 进行品牌定位，并采取应变策略，即当竞争对手改变策略，或公司突然变更品牌，或原先产品的作用和功能更加丰富时，采取相应的迅速有效的应变策略。

当公司没有正式成文的营销计划，又缺少现有的市场信息时，常常需要促销计划制定者自己动手去收集公司内外的信息。

在仔细了解了所有信息之后，促销计划的制订者应该将广告传播计划与公司整体营销目标和计划相比较，分析相互之间的联系和分歧，然后以具体的传播目标或者任务的形式确定促销目标。

许多促销计划者从沟通的角度来看待促销活动，并且认为广告和其他促销活动的目的是传播信息或者是有关一件产品或者一项服务的促销消息。其他一些营销经理则认为销售额或者相关的可测量指标，如市场份额，才是广告促销活动唯一有意义的目标，而且是确立目标的基础。这两种观点引发了大量的争论，有待探讨和进一步的验证。

2. 销售导向目标

对于促销活动来说，具有实际意义的目标应该是销售额，理由是公司投资广告和促销活动的目的就是销售产品和服务，促销费用是公司资源分配的一部分。对支出采取投资收益率（reture on investment，ROI）等财务分析的方法是顺理成章的。一般来说很难用 ROI 等财务分析的方法来评估广告和促销活动的成效，但是很多管理者仍然坚持认为量化的投入必然要产生量化的产出，比如增加某个比例或数额的销售量，或者增加品牌的市场占有率等。他们认为目标（以及商业行动的成败）要建立在销售额的成绩之上。

一些管理者倾向于制定销售导向的目标，以使参与到广告和促销活动中的人员根据促销计划对销售额的影响来考虑问题。

在现实的市场中，销售业绩不好是各方因素共同作用的结果，它包括产品设计、质量、包装、分销和定价等。广告使得消费者形成认知并对品牌产生兴趣，但是他们不一定会立即购买，原因可能是缺货或者价格太昂贵。正如图 4-1 所示，销售额是一个多变量函数，它不仅仅是受广告和促销活动的影响。营销中有这样一句箴言："没有什么能比优秀的广告更快地毁掉一个低劣产品了。"考虑到图 4-1 中的其他因素，这条箴言表明了要完成一项成功的营销计划，需要调动营销中的各个因素。

以销售额为目标的另一个问题是广告的效果常常需要一段很长的时间才能体现出来。专家指出，广告促销活动的影响存在一种拖延或滞后效应（详见本书第 9 章），即时投入并不能马上有所收效。广告可以提高产品知名度，使消费者产生对该种产品的兴趣甚至是偏好，但是只有当消费者走进超市购买这种商品，这种感觉才算导致了实际购买行为，然而这种实际购买的发生可能存在滞后。一项关于广告累积效用持续时间的计量研究指出，对于市场成熟、经常性购买的低价值商品而言，广告引起销售需要 9 个月。该计量模型还有助于确定广告的滞后效应和长期效应。显然，滞后效应的存在增加了以销售额作为广告和促销活动目标和衡量尺度的难度。

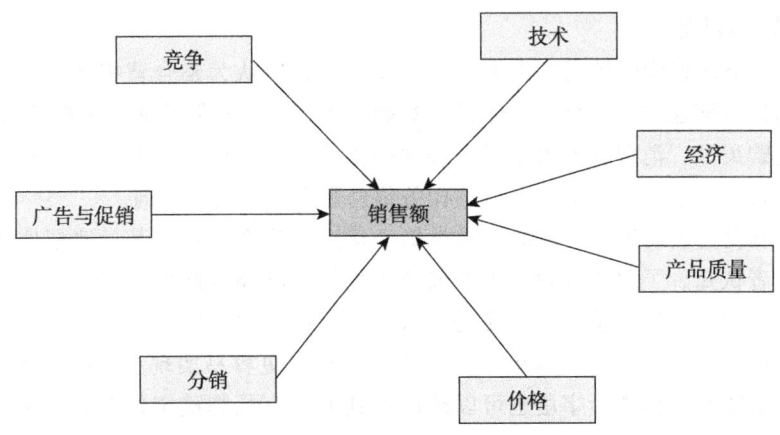

图 4-1 影响销售额的各个因素

销售额是一个多变量函数，它不单受广告与促销活动的影响。除此之外，影响销售额的因素还有：经济、技术、竞争、分销、价格与产品质量等。正因为如此，在现实的市场中，销售业绩不好是各方因素共同作用的结果，而不仅仅是广告的过错。

再者，以销售额为目标，对规划和改善促销活动都缺乏指导作用。媒体和创意工作室更需要一些来自客户的直观描述和具体要求，如公司希望传达哪种性质的广告信息、目标受众是谁、想获得怎样的反响等。不久你将会发现，我们之所以更倾向于以传播目标作为促销活动的目标，是因为它们能为广告与促销活动的计划、开展和执行提供具有可操作性的指导。

虽然以销售额作为促销活动的目标存在诸多问题，但销售额目标仍在某些情况下适用。有一些促销活动具有直接行动的性质，它们试图从预期的消费者中获得即时的行为反应。很多促销计划的主要目标就是产生短期内的销售额增长。

直接反应广告是可以用销售额来评价其有效性的。有些直接邮递广告、报刊广告、网络广告和电视广告就属于这一类型。消费者通过邮购或拨打免费电话来购买商品，所以以销售额作为广告主的目标和评价尺度是合理的。

零售业被认为是一个占所有广告支出很大份额的行业，是另一个广告主寻求直接反应的领域，尤其是当它们为销售或特别事件进行促销宣传的时候。

当广告是公司主要的促销手段且其他因素相对固定不变时，销售额可以作为目标。例如，许多在成熟的包装产品市场竞争的制造商都具有相同的分销渠道、相对稳定的价格和促销预算以及相同质量的产品。它们视广告和促销活动为品牌营销和市场占有率的关键策略。在这种情况下就有可能把促销组合中各个变量各自的效果区分开来。很多公司已经拥有了足够多的关于广告、促销和直接营销的市场知识，它们对于促销活动所能提高的销售水平拥有相当的洞察力。

销售额可以作为评价广告和促销活动的标准，尤其是在预期目标没有实现的情况下。营销经理、品牌经理常常需要承受销售额下降的压力，虽然是短期性的，但这也迫使经理采取迅速的决策。这样，他们往往会忽视广告、销售和促销活动之间的直接关联，以及公司与广告代理商之间的协调、联系。许多公司宁愿其广告代理商接受与销售额绩效相挂钩的绩效合同。因此，虽然在许多广告与促销活动中并不适合以销售额作为目标，但是管理者们仍然倾向于密切关注销售额和市场份额的数据情况，并在销售不景气时对促销计划做出调整。

3. 传播导向目标

一些公司充分认识到以销售额作为目标的弊端,它们认为整合营销计划的重要目的是传播,所以计划也应该建立在传播的具体目标基础之上。广告和促销活动旨在获取品牌认知度、美誉度和唤起购买欲。消费者不可能对广告立即做出反应。而广告制作者还认识到,在消费者的购买行为发生之前,广告应为其提供相关信息和有效的购买导向。

通过广告和促销活动进行传播的方式类似于建造一座金字塔,其最底层实现低层次的目标,如使消费者认知、了解或理解。接下来的任务是将已经对产品或者服务产生认知或者了解的消费者继续向上一层次移动,这便是所谓的"反应层次模型"(见图4-2)。最初的阶段,即金字塔的基座,与高层如尝试购买、重复购买相比,更容易实现。因此,层次越高,潜在消费者的比例就越小。传播金字塔也可以被运用到为已有品牌确定促销目标中。促销计划的制订者应该在考虑金字塔中逐级上升的阻力的前提下明确目标受众在哪里。如果消费者对产品功能和属性的了解和认知水平还很低,那么传播的目标应该加强这些水平;如果这些障碍已经被克服,但消费者喜欢和偏爱的水平还很低,则有必要适当改变目标市场中的品牌形象,并推动更多的消费者产生购买行动。

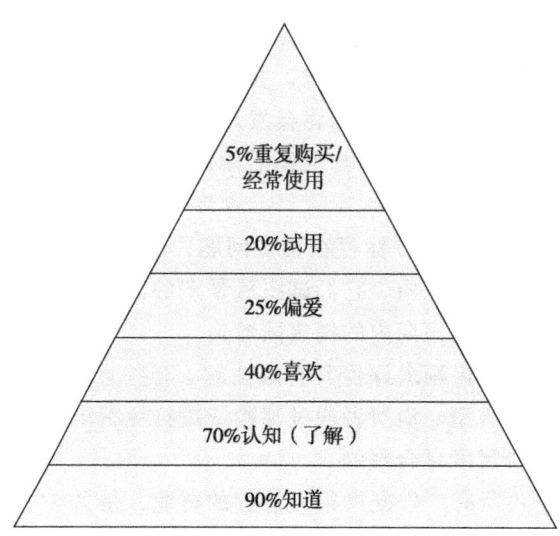

图4-2 金字塔式的传播模型

在这个"反应层次模型"中,通过广告和促销活动进行传播的方式好像是建造金字塔,其最底层实现低层次的目标,如使消费者认知、了解或理解。接下来的任务是将已产生认知或者了解的消费者继续向尝试购买、重复购买方向推动。然而层次越高,潜在消费者的比例就越小。

下面以一个公司向18~34岁女性市场推销Backstage洗发香波为例,说明广告策划如何运用传播的反应层次模型来确定品牌的具体促销目标。

 案 例

Backstage洗发香波利用反应层次模型设定具体目标

时限: 6个月

目标1: 使目标受众中90%的人知道。在报刊、电视、广播等媒体上做广告,反复宣传一些简单的信息。

目标2: 使目标受众中70%的人感兴趣。在广告中宣传产品的特点和优点——不含肥皂成分，改善发质。用更多的广告来传递这一信息。

目标3：使40%的目标受众喜欢，25%的受众偏好这个品牌。通过样品试用、促销活动等方式使受众深入了解产品并产生认同感。引导消费者通过网站了解诸如美容小知识等更多的信息。

目标4：使目标受众中20%的人试用。采用样品试用、优惠券等促销手段。通过网络发放优惠券。

目标5：拓展并保有5%的目标受众成为Backstage香波的忠实消费者。采用具有震撼力的重复性广告，辅之以优惠券等促销方式。增进与专业人士的沟通努力。

并非所有的营销经理和广告经理都接受传播目标。一些人认为很难将销售目标描述成一个具体的传播目标。但是从某种角度来看，却又必须将销售目标贯彻到传播目标上。例如，市场整合营销的目标是销售额增长10%，促销计划的制订者要想方设法在其具体目标中加以体现。营销的具体目标可能有：① 提高目标市场中对产品、品牌有特殊爱好或能从中获益的消费者数量；② 提高偏爱本品牌的目标消费者的数量；③ 鼓励本产品的现有消费者更频繁地消费该种产品；④ 吸引那些从未使用过本产品的消费者尝试使用。

在一定条件下，通过对行业的分析，营销计划的制订者可以更加全面深入地明确以传播为具体目标和以销售额为具体目标之间的联系和区别。

在将销售额目标转化为特定的传播目标的尝试中，促销计划制订者常常无法确定消费者的了解、认知、喜欢、偏爱或信赖应该达到什么水平。对此似乎没有常规的模式，而是完全依靠促销计划制订者以及产品和品牌经理的自身经验。同时也可以参照本品牌或类似品牌的历史数据。另外，该产品和类似产品的各种传播效果测量方法的平均结果也应该纳入考虑范围之内。这些信息涉及用来达到某一水平的时间和支出以及导致的销售数据和市场份额数据。

许多营销和促销经理都认识到制定具体的传播目标的重要性，以及它对策划、促销计划的制订、执行和评估的指导作用。传播目标是DAGMAR法中确定广告目标的依据，而DAGMAR法已经成为广告策划过程中最具影响力的方法之一。在本章的下一节，我们将专门介绍DAGMAR法。

4.2 DAGMAR法

1961年，拉塞尔·科利（Russell Colley）向美国广告主协会提交了一份题为"为衡量广告效果确定广告目标"（Defining Advertising Goals for Measured Advertising Results，DAGMAR）的研究报告。在这份报告中，科利提出了制定广告目标和评估广告促销活动成果的模型。DAGMAR法的主要理论是认为传播效果是衡量广告成败的逻辑基础。科利的以传播为基础的目标体系的基本理论如下：

广告的成功在于准确无误、简洁明了地向目标受众传播信息以刺激其购买欲望。广告的成败取决于其是否在适当的时机向适当的人以适当的成本传播了适当的信息。在DAGMAR法中，传播任务是具体和可测量的。与营销目标不同，传播目标可通过广告来执行和实现，而不需要通过若干营销因素的整合。科利认为广告的传播任务应建立在等级模型基础之上，一般按照以下4个步骤进行：

- 认知。使消费者知晓公司或品牌的存在。
- 理解。使消费者进一步了解产品的性能。
- 深信。使消费者对产品产生心理上的亲切感和购买欲。
- 行动。使消费者诉诸购买行动。

前面介绍了一些用做分析传播过程和广告效果的层次模型。一些广告理论家更倾向于拉维奇和斯坦纳的层次模型,因为它们更加具体和有效。

DARMAR 法应用了层次模型作为基本分析手段,还研究了一些其他特殊的为实现销售目标而要完成的任务。拉塞尔·科利列出了一个包含有 52 项任务的清单,全面反映了广告的功能,同时也是确定目标的参考因素。

DARMAR 法对广告计划过程的另一个主要贡献就是其定义了一个好的目标的组成部分。科利认为应根据具体和可测量的传播任务来设定广告目标,详细界定目标受众,确定起始点的基准和差异程度,同时为目标的完成设定时间期限。

4.2.1 具体的、可测量的传播任务

目标中设定的传播任务应该是广告主想要传递给目标受众的诉求或信息的准确陈述。广告主一般通过文本阐述它们的基本信息。这份文本应该简洁明了,以便广告创意者能够依据它来设计广告信息。以 Foster 啤酒为例,在其成功进入市场后,遭遇了明显的销售额下滑。Foster 意识到需要采取有力的措施来扭转这种下降趋势,因此它展开了一场全新的市场定位行动,其目标如下:① 巩固品牌形象;② 最大化品牌的出现率;③ 开拓市场,不再局限于传统的进口啤酒消费者;④ 增加销售。

通过平面广告、广播、卖场促销和电视广告,Foster 啤酒展开了一次非常成功的新推广运动。这项计划使其未提示的认知程度翻了一番,试用量增加了一倍,而且品牌认知度也增加了 40%。此外,在测试市场上,啤酒的销售额增加了一倍,在活动的第一年,啤酒的整体销量增加了 12.1%。

根据 DAGMAR 法,目标还应该是可测量的,即必须有某种方法可以测量广告是否有效地传递了必要的信息。

4.2.2 目标受众

好的目标的另一个重要特征是准确界定目标受众。情景分析描述了主要的目标受众,目标受众由地理地域、人口统计资料、消费者心理描绘图(选择媒体的依据)、行为变量如使用频率、所追求的利益等诸多因素决定。下面这个案例说明了 Subaru Outback 上市的目标制定过程,注意它是怎样有的放矢地确定目标受众的。

 案 例

Subaru Outback 的目标制定

目标市场:35~55 岁的已婚男性,家庭年收入在 55 000 元以上,拥有积极的生活方式。

市场定位:融合轿车和 SUV 的质感。

市场目标:说服 SUV 的购买者在考虑之后选择傲虎而不是 SUV;实现高认知度和大量的

展厅参观人次，避免降价，增加销量；从福特、雪佛兰和吉普的潜在消费者中获得不少于 50% 的销售额。

预算：1 700 万元。

媒体广告方面综合利用了电视、平面媒体等资源。

电视：黄金时段的节目、地方新闻和体育节目有线电视频道、国家地理频道、探索频道。

出版物：*Back packer*，*Outside*，*National Geographic*，*Smithsonian*

支持性媒体：户外媒体和 POP

公共关系：新闻发布会和公关活动

直接营销：潜在消费者；经销商

结果：消费者回想率在促销活动的前 60 天实现了 33%～38% 的增长；至活动结束时增长率达到 50%。交易量增长了 15%～20%。创下了 9 年来的销售额新高——55% 来自非斯巴鲁的拥有者，抵购的三种主要车型为：吉普大切诺基（Grand Cherokee）、福特探索者和雪佛兰开拓者。

4.2.3　基准和变化程度

确定目标还要清楚地知道目标受众的现状。他们对于产品的了解、认知、印象、态度和购买欲望等因素决定了广告策略。要想确定消费者目前在不同的反应层次阶段所处的位置就需要引入一些测量基准。为了确定当前的反应层次必须开展市场营销调研。如果是一项新产品或者新服务，那么各个变量的初始状况可能都为零，在这种情况下市场调查就毫无必要了。

测量基准是促销计划制订者衡量传播活动所必须完成的任务和其他一些特定目标的基本参照物。例如，在反应层次中，当一项调查显示某种品牌的知名度很高，但消费者的感知和态度却是负面的，这时广告策略矛头就应瞄准改变目标受众对品牌的感知和态度。在前面关于傲虎的例子中，它们就是在现有的认知度很低的情况下，确定了实现高认知度的目标。

定量标准不仅在设定传播目标时很有价值，而且在确定促销活动是否成功时也是必不可少的。目标提供了评价促销活动成败的标准。一项广告活动即使获得了目标消费者 90% 的认知度，也并不足以说明广告的有效性，除非有人知道实施广告策略前的消费者认知度。如果活动前的认知度是 70%，那么和初始认知度是 30% 的情况相比，可能会导致一个完全不同的解释。

4.2.4　特定的时间期限

关于设定广告目标的最后一点考虑是确定其完成的时间期限。一个适当的期限一般从十几天到一两年不等，大多数广告活动的期限在数月到一两年之间，主要由具体情况和消费者的反馈决定。例如，在反应层次模型中，通过高强度的媒体宣传、重复的广告向消费者展开攻势，那么品牌认知度可能会很快地得到提升。而重新定位某种产品需要改变消费者的感知，因此可能需要较长的时间。例如，万宝路香烟花费了数年才使其从女性香烟重新定位到一个铁骨铮铮的男子汉的品牌形象（见本书第 6 章图 6-5）。

4.2.5　对 DAGMAR 法的评价

DAGMAR 法对于制订广告促销活动的计划十分重要，很多促销计划的制订者以此作为基础确定目标和评估广告活动的成效。DAGMAR 法的使用者更关注基于传播效果而不是销售额的目标来测量广告效果，并鼓励使用反应层次模型中的不同阶段来衡量一个活动的影响。通过对计划制订者要努力实现的目标有一个更深的了解，科利的工作改进了广告和促销计划过程。这往往能够消除一些测量中的主观性，也有利于广告制作人与公司之间更好地沟通。

DAGMAR 法对广告策划十分有用，但它作为一种制订广告计划的方法并非万能，很多专家指出了 DAGMAR 法存在的问题。

（1）**等级层次存在的问题**。对 DAGMAR 法的批评主要来自它对金字塔层次模型的过分依赖。事实上，消费者在发生购买行为之前，并非完全按照等级层次逐步进行。所以一些专家提出了其他一些广告效果及消费者反应的模型。例如，DAGMAR Ⅱ 模型（DAGMAR 的改进模型）认识到恰当的反应模型应该依赖于环境。在不同环境下，购买行动有不同的步骤，与其强调消费者对传播的反应，不如强调购买活动发生前每个层次上的决策效果。

（2）**销售目标的问题**。另一种反对意见认为，与广告最相关的因素是销售额而不是传播目标。他们认为达到传播目标却没有带来销售额增长的广告宣传是徒劳的。只有引导消费者付诸购买行动的广告才是有效的。这一问题在前面关于传播目标的部分已阐述过。

（3）**实用性和成本问题**。另一种反对意见认为 DAGMAR 法在实际操作中有困难，实施计划要花钱，花钱就需要一个量化的标准。每一个等级都通过市场调查分析设定相应的量化标准，既费时成本又高，可能产生很多意想不到的分歧。很多专家指出 DAGMAR 法只是对大公司的大型广告促销活动有意义，但许多公司并不想在 DAGMAR 法上花更多的钱。

（4）**限制创造性思维**。由于 DAGMAR 法过于程式化，很可能限制广告创意者的创造性思维。许多广告创意人员认为 DAGMAR 法注重用量化的标准衡量认知度、品牌名称回忆或具体说服效果等方面。其重点在于数据的检验，而不是发展出真正有创造性和对品牌价值有益的信息。

4.3　广告预算

从营销计划和促销情景分析到传播过程分析是单向向前推进的，而传播分析与预算制定之间的关系却是双向的。预算制定是营销计划的一部分，预算又约束着计划的实施和目标的确定。没有一个机构的预算是无限的，所以必须在预算的基础上制定目标。

平时我们每次提起公司的促销支出，就只会想到一笔巨大的开支，但是我们很少用心去思考这笔钱到底是如何分配的，谁又是这笔钱的接受者。广告预算的制定不仅对公司自身，而且对其他直接或间接的利益相关者都有很大影响。在本节我们将重点对预算制定中的相关问题展开研究，我们将集中谈两个主要的预算决策：制定预算和分配预算，并探讨这些方法的优缺点。

4.3.1 广告预算的边际分析

一家公司的广告规模和促销预算从几千元到数十亿元不等。像福特、宝洁、通用这样世界规模的大公司每年斥资20多亿美元用于广告促销活动并不稀奇,因为它们也期待着超值的回报。而对于花费几千元的公司而言,制定预算同样至关重要,因为它最终的成败可能和这些付出直接相关。公司最关心的莫过于促销预算的资金总额。

不幸的是,许多管理者并没有真正地意识到广告和促销活动的价值。他们把传播当作一种支出而不是一种投资,认为这是一种增加成本、减少利润的行为,而并非是对增加销售额和市场份额的贡献。结果,当公司处于困境时,首先砍掉的是广告和促销这块支出,尽管有充分的证据说明广告和促销往往会帮助公司走出困境。制定预算并不是一项一劳永逸的工作,每一年、每一次新产品上市或者为维持竞争力而改变内外部因素时,都需要制订新的预算计划。

虽然制定预算是一项非常重要的决策,但是它也可能成为一项最为保守的工作。制定预算仍然是以经济理论和边际分析为基础。广告制作者也在使用边际贡献——对一个品牌产生的全部收入和全部成本的差进行分析。

图4-3介绍了边际分析的概念。当广告促销支出上升,销售和利润也随之逐渐上升,但是到了顶点后便逐渐下降。利润等于总收入减去广告支出。根据这一理论,只要产生正的边际贡献,公司就会投资于广告。在图4-3中,最优边际贡献在边际成本正好等于边际收益的那个点(A点)。如果广告支出大于广告所产生的收入,营销经理就会认为这个比例过高,应该相应降低广告投入。如果收入总额来得更高,那么他们就会考虑增加广告预算。

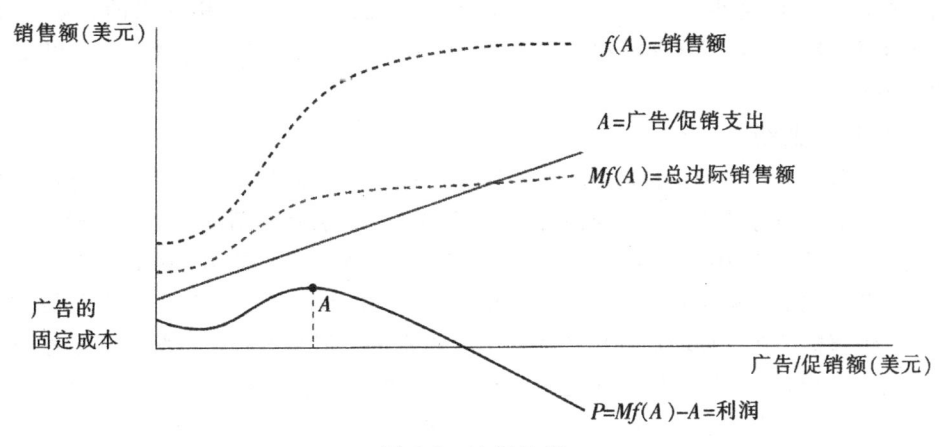

图4-3 边际分析

边际分析告诉我们,当广告促销支出上升,销售和利润也随之逐渐上升,但是到了顶点后便逐渐下降。只要产生正的边际贡献,公司就会投资于广告。图中最优边际贡献在边际成本正好等于边际收益的那个点即A点。如果广告支出大于收入,就降低广告投入。如果收入总额来得更高,就会考虑增加广告预算。

尽管边际分析在直观上十分符合逻辑,但并不完美,边际分析的局限性在于它的两个前提:① 假设销售额是广告和促销的直接结果,并且可以量化。② 广告和促销是公司销售额的唯一决定因素。下面让我们对每一个前提做详细分析。

(1) **假设销售额是广告和促销活动的直接测量尺度**。为实现广告促销的目的,应以传播作为制定目标的基准。之所以这样是因为用销售额衡量广告和促销活动有以偏概全之嫌,或者说太难以准确衡量,而无法操作。以销售额来制定预算会令人误入歧途,一个更为符合逻辑的办法是考察不同的预算对传播目标实现的影响,事实上,销售额并非广告促销的唯一目的。了解、产生兴趣、观念的改变和其他一些沟通目标同样重要,也应该同样是制定广告和促销活动计划的基础。

（2）**假设广告和促销活动是销售额的唯一决定因素。**这一假设完全忽视了其他的因素和组合,如价格、产品、分销等,而这些因素往往直接关系到公司的成败。此外,环境也是一个主要因素,当其他因素促成或妨碍了预期目标的实现时,它可以引导营销经理对广告是否有效做出假设。

综上所述,运用经济理论和方法制定预算有一定道理,问题是如何确定促销活动到底对销售收入产生多大的影响。目前,边际分析的方法已很少为人所用。

4.3.2 销售反应模型

在图4-3"边际分析"中,当广告和促销费用持续上升时,为什么销售额的上升速度减缓甚至下降了呢？这就是大家所关心的销售曲线问题。几乎所有的广告人都赞同以下两种销售曲线中的一种:一种是倒U形的;另一种是S形的。

1. 倒U形销售曲线

根据100多项广告对销售额的影响的研究分析,朱利安·西蒙（Julian Simon）和约翰·阿恩特（Johan Arndt）得出结论,广告预算的影响遵循边际收益递减的微观经济法则,即当销售额在持续上升时,边际销售额的变化却是递减的,其逻辑是具有购买欲望的人会在早期采取购买行动;越是到后来,尽管广告促销的支出增加,具有购买欲的人却在减少,付诸行动的人就越少。因此,按照倒U形销售曲线,广告促销支出的影响力是递减的,如图4-4a所示。采用这种模型的预算方法意味着只要较少的广告费用就可以使广告达到销售的最佳效果。

2. S形销售曲线

很多广告经理采用S形销售曲线（如图4-4b所示）,这种曲线反映了一种对预算费用的S形反应效果图（即对销售额的反应而言）。在阶段A,广告促销活动的初始阶段,销售额较低且增长缓慢,广告促销的影响较小,属于打基础的阶段;在阶段B,随着不断增加广告促销投入,销售额得到大幅度提高,增长速度很快,广告促销的影响力很大,属于迅速发展期;在阶段C,销售额仍在持续增加并维持在一个较高水平,但是增长速度缓慢甚至停滞,广告促销的影响力在降低。S形销售曲线说明,初始较少的广告促销投入对于销售额来说毫无意义,除了可以通过其他方式（如口头宣传）引发的销售额。在另一个极端,更多的支出并不总意味着更高的销售额。超过阶段B的多余的支出对于销售额的增长作用很小,这在一定意义上被认为是一种浪费。根据边际分析,我们应当选取在阶段B中的点,以求最大的销售额增长回报。

销售反应模型的局限性在于应用,如前面提到的销售额自身的局限、测量基准等问题在这个模型中同样存在,但是无论如何,以上两种模型及早期研究都为实际工作者提供了深厚的理论和大量有用的实证结果。一项工业领域的研究证实了S形销售曲线的理论,并发现了能对销售额产生明显影响的最小广告与促销开支。

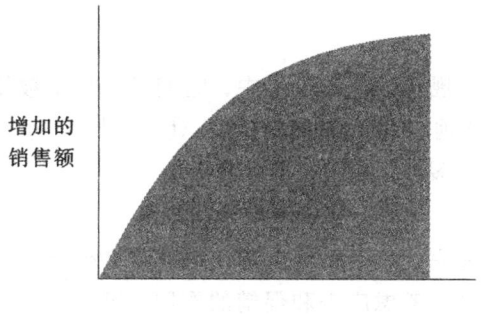
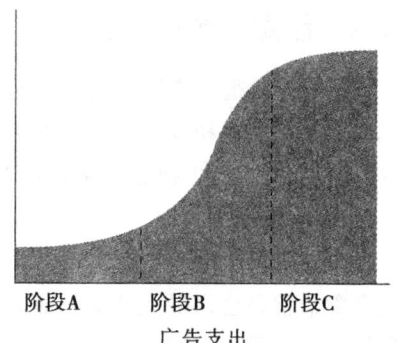

a）倒U形销售/反应曲线　　　　　　　　　b）S形销售/反应曲线

图 4-4　广告销售/反应函数

图 4-4a：倒 U 形销售/反应曲线　广告预算的影响遵循边际收益递减的微观经济法则，即当销售额在持续上升时，边际销售额的变化却是递减的，其逻辑是具有购买欲望的人会在早期采取购买行动；越是到后来，尽管广告促销的支出增加，具有购买欲的人却在减少，付诸行动的人就越少。

图 4-4b：S 形销售/反应曲线　在阶段 A，广告促销活动的初始阶段，销售额较低且增长缓慢，广告促销的影响较小；在阶段 B，随着不断增加广告促销投入，销售额得到大幅度提高，增长速度很快，广告促销的影响力很大；在阶段 C，销售额仍在持续增加并维持在一个较高水平，但是增长速度缓慢甚至停滞，广告促销的影响力在降低。

4.3.3　预算制定中的其他因素

除了上述理论模型之外，在制定预算过程中还应充分考虑很多其他因素，这也是以销售额为唯一因素的局限所在。一项深入的研究显示有 20 多项因素对广告和促销有影响。表 4-1 给出了这些因素及其与广告预算/销售额比例之间的关系。对一些能够引发情感型购买动机、具有不易察觉的产品质量或显著的差异化的产品而言，广告对销售有不可忽视的作用；对昂贵的产品，或是处在成熟期或者衰退期的产品，广告的效果则可能不好。这项研究表明除了销售额之外，还有产品、市场、顾客、成本、战略等几大类因素对广告预算产生影响。

美国《广告时代》杂志的编辑内容征询委员会由 92 位来自全美最大的 200 家广告客户的高级主管（代表客户）、130 位来自全美最大的 200 家广告代理商和 11 个广告咨询公司（代表广告公司）的高级主管组成。一项针对他们的调查得出制定预算时考虑的重要因素，如表 4-1 所示。

表 4-1　制定广告预算时考虑的几个重要因素

序号	制定广告预算时考虑的因素	重要性
1	广告策略或创意的针对性	51%
2	显示竞争优势的活动和支出	47%
3	利润贡献或其他财务指标	43%
4	调整后的上年支出	17%
5	高级经理的资金分配和审批权	11%
6	广告数量的预计	8%
7	媒体成本的不断增加	25%
8	媒体战略或购买技巧的改进	17%

4.3.4 制定预算的方法

制定预算时很少应用前面提到的理论模型,在规模较小的公司中,它们可能从未被使用过。相反,从实践和经验得出的方法却大有用武之地。首先要明确的是:① 公司不止运用一种方法制定预算;② 制定预算的方法因公司规模和复杂程度的不同而不同。

1. 尽力而为法

在尽力而为法中,公司在生产作业等领域分配完资金后,剩下的用于广告和促销。这部分剩余资金就是公司最大的支付能力。这种方法并不考虑广告和促销的作用。可能会与广告和促销的真实需要有很大出入,从而无从对这种预算下的计划执行情况加以评估。

奇怪的是,很多小公司喜欢用这种方法。而不幸的是,这种方法也被许多大公司使用,尤其是那些不以市场为导向和根本不清楚广告促销活动的实际意义的公司。例如,一些高科技公司只关注新产品开发和工艺流程,而对销售环节漠不关心。在这种方法指导下,只会有很少的钱被用于广告和促销活动。

这种逻辑源于这样的一种思维,即"我们不会因为这种方法而有所损失"。那就是说,如果我们知道所能承受的范围且不超越它,就不会遇到财务难题。虽然以一种严格的会计眼光来看这是很正确的,但是从市场角度出发,它并不是良好的管理决策。往往这种方法不能为产品上市分配足够的资金。以 S 形销售曲线来解释这些公司的行为,它们往往只是停留在阶段 A 或阶段 C,白白浪费了资金,公司一旦面临困境,首先削减的就是广告预算和支出。

2. 任意分配法

比最大支付能力更缺乏说服力的方法是任意分配法。这种制定预算的方法毫无理论根据可言,总裁觉得哪里重要就往哪里投钱。这些预算经常由高级管理层"拍脑袋决定"。此种方法可谓一无是处,既没有明智的思考,缺乏明确的目标和客观的标准,又对广告和促销的具体作用视而不见,只是主管随便定个金额。尽管这种方法弊端种种,但实际操作中却屡见不鲜。这并非本书所提倡的方法,然而在转型时期的中国却随处可见。

3. 销售额百分比法

确定广告和促销预算的最常用方法是销售额百分比法,在这种方法中广告和促销预算以产品的销售额为基础,通常有两种方式:① 一个销售额的百分比;② 计算单位产品固定的广告和促销支出,然后乘以销售额。

销售额百分比法的一个变形是以预计销售额作为计算基础,可采用直接以预计销售额的百分比计算或预计单位成本的百分比计算。在直接应用以销售额的百分比来制定预算的方法时,需要管理者来估测预计销售额,一般根据行业的标准来确定。

采用预计销售额为基础的好处之一是预算不再建立在前一年年销售额的水平之上。因为市场瞬息万变,管理者必须充分考虑可能对销售额产生影响的各种因素和各种变化,而不能简单地依赖于以前的数据,因此而产生的预算更有可能反映出当前的状况,并更加适用。

赞成百分比法的人给出了这种方法的一系列优点。这是一个安全合理的方法,它使广告促销支出受到以前的销售额或预期销售额的制约,因此,也使广告促销的资金有了足够的保障。一旦销售额增加,广告促销支出也会相应增加;反之,则广告促销的支出减少。这种方法简单易行,使预算的工作量大为简化。最后按百分比制定预算十分稳定,只要销售额不大起大落,广告促销支出也始终在一定范围内上下浮动。

当然，百分比法也有一些局限性，第一个局限性包括这种预算方法的前提假设：销售。让销售水平来决定广告和促销上的支出颠倒了广告和销售之间的因果关系。它将广告促销作为一种完成某个销售任务的支出而不是投资。

第二个局限性是稳定性问题。赞同百分法的人说，如果所有公司都用相同的百分比，市场将实现均衡稳定，但是一旦有人使用不同的百分比怎么办？这种方法的根本问题在于它过于保守稳健，即使内部发生了重大变革或竞争对手改变了策略，公司也不会在销售策略上发生大的变化。实际上，一个积极进取的公司应勇于在广告和促销上投入更多的资金。

第三个局限是有可能导致资金使用分配不当，如果广告和促销是市场营销的重要内容，如S形销售曲线所示，在阶段B投入更多会得到加速的回报，反之则失之甚多，越是成功的产品越需要高额的预算以充分展示其竞争优势。

第四个局限是新产品推出。因为新产品没有任何历史数据可循，尤其那些极富创造性或预期销售额难于捉摸的新产品。

第五个局限性是预算与销售额是否相关——销售额下降，削减广告促销预算，而预算下降，销售额又在回落，如此便会形成恶性循环。相反，一些公司越是在困境中，越是增加广告预算，使公司起死回生，销售额和市场份额都同步回升。

采用预期销售额的百分比制定预算是对当期销售额百分比法局限性的一种改进，但随之而来的是有关预期的问题，如市场预测、景气周期、不可控因素等，这些都极大地影响了销售额百分比法的有效性和实用性。

4. 盈利百分比法

盈利百分比法，是企业根据利润额的大小来确定广告费的比率的一种方法。利润额根据计算方法的不同，又可分为实现利润和纯利润两种百分比计算法。这种方法的特点是注重利润的大小，使广告费用的投入数量同企业的利润量保持正比例的关系，广告费与利润直接挂钩。此种计算方法的长处是简便易行，但广告预算策划没有体现出主动性特征，而是始终处在较为被动的地位。

5. 目标达成法

目标达成法，是根据企业的市场战略和销售目标，具体确立广告实施的目标，然后根据广告目标所需要采取的广告战略，制订出具体的广告预算方案。所谓目标达成法，强调的重点是企业营销的决策目标，根据目标实现的各种步骤和手段来决定广告费用的投入量的大小。因此，这种目标达成法又叫作完成指标计算法。

确定目标和制定预算应该保持同步，这要比确定目标后再制定预算更切合实际。没有具体目标就很难制定预算；同样，确定目标时要充分考虑到有多少钱，要花多少钱。例如，一家公司希望在了解认知层次上实现一定百分比的目标，要实现这一目标，公司至少要愿意支付最小的预算费用。

预算制定中的目标和任务法运用了循序渐进法，它包含这些步骤：① 确定目标；② 制定具体战略任务和实施方法；③ 估计这些战略和任务的成本，从而制定预算。

目标达成法的执行较为复杂。经理人要对制定预算的所有步骤负责，并视目标的变化随时对预算加以修改。

6. 支出计划法

在推出新产品的头几个月，为了使消费者充分了解产品、提高产品声誉并让消费者尝试使用，需要大笔的广告促销投入。为了决定到底需要多少支出，一些公司采用支出计划法。主导思想是预计新产品两三年内可能的收入和成本。以预期回报率为基础，这种方法有助于决定为实现预期利润所需要的广告和促销投资。尽管支出计划法并非完美，但它使经理有一个制定预算的准则，当它与目标和任务法结合使用时，要比自上而下法更具有逻辑性。

7. 计量模型法

计量模型法成功率很低，绝大部分以计算机模拟模型为主，运用统计方法如多元回归分析等来决定广告和促销对销售额的影响。由于这种方法过于复杂，所以难为一般人掌握和使用。但是随着知识经济的进步，科技的发展，将会有更加优化、科学合理、使用方便的模型软件在大众中得以推广。这些方法的确具有一些优点，但在被广泛接受以前，还有待于进一步改进与完善。

8. 广告收益递增法

广告收益递增法是一种动态地计算广告费用的方法，即按照企业销售额的增加比例而增加广告费用投入比例的一种方法。广告收益递增法的特点是使用方便，易于把握。其做法的基本原则是，企业的广告费用按照企业的销售额度的增加而增加。

9. 销售收益递减法

销售收益递减法和广告收益递增法恰好相对照。由于销售收益会呈现时差性变化的特点，所以此种方法也称为销售收益时差递减法。就企业产品销售发展阶段来看，任何产品都不可能永远处在销售的旺季，都有其销售的最高点，当此种产品达到高峰时，其销售总额就会减少。如果当产品处于供不应求阶段，可以采取广告收益递增法计算广告费用的话，那么，当市场的产品需求量处于饱和状态时，就要运用销售收益递减法确定广告费的投入。

4.3.5 预算分配

广告预算期的投入量是可行的，但并不意味着必然带来广告的效益，而且还要切实地实施对广告预算的分配。广告预算分配有不同的分配标准和差别，也有不同的分配方法。企业在进行广告预算分配时，其通常使用的方法有以下几种。

1. 按照广告机能分配

所谓广告机能，是指包括广告活动和目标实施的各个环节，即包括广告调研、广告设计、广告制作、广告媒体等，用于这些广告机能方面的都属于广告费用。企业在分配广告费用时，首先要按照广告机能的实际需要加以分配。

2. 按照广告媒体分配

根据产品的种类、性质、特点及市场销售状况，企业在进行广告预算分配时可按照特定媒体和组合媒体策略进行广告费用的分配。所谓特定媒体，是指最适合传递该产品信息的专业性媒体。所谓媒体组合，是指对各种广告媒体的综合利用。在进行广告媒体分配时，既要注意到各种媒体的选择或组合，又要注意不同媒体的宣传手段的作用。

3. 按照广告地区分配

产品的销售有地区之别，广告预算分配就要考虑到在不同的区域依据市场的需要来分配广告费用。如果某一地区对产品需求量大，是企业确立的重要目标市场，就要增加广告的投入；如果市场对产品的需求量较小，广告预算就可少些。

4. 按照广告时间分配

各种产品的销售都有时间性的差别，在分配广告费用时，要认真分析企业产品的时间性特点，以此决定广告播出的时机。广告时机策略的实施必须有一定的资金作为保证。把握广告时机是企业抢占市场制高点的重要因素。在时间的选择上，要抓好广告费用的分配。

5. 按照广告商品分配

企业的商品是有差异的，有的企业生产单一品种产品，也有的企业生产多种品种产品，甚至企业的产品也有着单一品种和多种品种之分。面对这种情况，在分配广告费用时就要注意到产品广告空间的区别。其一，产品生产的不同周期，广告费用的分配就不同；其二，产品在市场上的占有率大小也会影响到广告费用的分配；其三，对单一产品进行广告宣传，费用就比较集中；产品品种较多，其广告预算的分配则比较分散。

本章小结

1. 广告目标是广告主根据企业发展战略及企业资源所拟定的希望通过广告来实现的目标。
2. 广告预算是广告活动所需费用的计划和控制方法，它规定计划期内从事广告活动所需经费总额和使用范围，是企业广告活动得以顺利进行的保证。
3. 广告目标的意义体现在以下3个方面：① 沟通；② 计划与决策；③ 测量与结果评估。
4. 营销目标是公司在一个特定时期内所要完成的任务和努力的方向，它以销售额、市场份额、利润和投资收益率等具体可计量的指标来定义。
5. 广告策划目标是关于广告策略的各个方面所要实现目标的陈述，它们应该建立在特定传播任务的基础之上。
6. 情景分析可以提供如下重要信息：① 公司的细分市场和目标受众；② 了解产品的主要特征、优缺点及使用方法等；③ 调查公司及竞争对手的营销状况；④ 进行品牌定位，并采取应变策略。
7. 营销的具体目标可能有：① 提高目标市场中对产品、品牌有特殊爱好或能从中获益的消费者数量；② 提高偏爱本品牌的目标消费者的数量；③ 鼓励本产品的现有消费者更频繁地消费该种产品；④ 吸引那些从未使用过本产品的消费者尝试使用。
8. DAGMAR 即 "Defining Advertising Goals for Measured Advertising Results" 的首字母之缩写，可翻译为"为衡量广告效果确定广告目标"。
9. 科利认为广告的传播任务应建立在等级模型基础之上，一般按照以下4个步骤进行：① 认知，使消费者知晓公司或品牌的存在；② 理解，使消费者进一步了解产品的性能；③ 深信，使消费者对产品产生心理上的亲切感和购买欲；④ 行动，使消费者付诸购买行动。
10. 科利认为应根据具体和可测量的传播任务来设定广告目标，详细界定目标受众，确定起始点的基准和差异程度，同时为目标的完成设定时间期限。
11. DAGMAR 法对于制订广告促销活动的计划十分重要，很多促销计划的制订者以此作为基础确定目标和评估广告活动的成效。
12. DAGMAR 法可能存在的问题有：① 等级层次存在的问题；② 销售目标的问题；③ 实用性和成本问题；④ 限制创造性思维。

13. 广告预算的制定不仅对公司自身，而且对其他直接或间接的利益相关者都有很大影响。
14. 几乎所有的广告人都赞同以下两种销售曲线中的一种：一种是倒U形的；另一种是S形的。
15. 广告预算时考虑的因素有：① 广告策略或创意的针对性；② 显示竞争优势的活动和支出；③ 利润贡献或其他财务指标；④ 调整后的上年支出；⑤ 高级经理的资金分配和审批权；⑥ 广告数量的预计；⑦ 媒体成本的不断增加；⑧ 媒体战略或购买技巧的改进。
16. 制定广告预算的方法主要有：① 尽力而为法；② 任意分配法；③ 销售额百分比法；④ 盈利百分比法；⑤ 目标达成法；⑥ 支出计划法；⑦ 计量模型法；⑧ 广告收益递增法；⑨ 销售收益递减法。
17. 广告预算分配的方法有：① 按照广告机能分配；② 按照广告媒体分配；③ 按照广告地区分配；④ 按照广告时间分配；⑤ 按照广告商品分配。

测试题

一、单项选择题

（在每小题备选答案中只有一个是正确的，请将其选出并把选项前的字母填在题后括号内）

1. 营销目标是公司在一个特定时期内所要完成的任务和努力的方向，它一般体现在（　　）。
   A. 公司战略计划中　　　　　　B. 公司发展计划中
   C. 公司营销计划中　　　　　　D. 公司广告计划中
2. 广告策划目标是关于广告策略的各个方面所要实现目标的陈述，它们应该建立在（　　）。
   A. 特定传播任务的基础之上
   B. 一般销售任务的基础之上
   C. 一般管理任务的基础之上
   D. 特定沟通任务的基础之上
3. DAGMAR 即（　　）。
   A. "Defining Advertising Goats for Measured Advertising Results" 的首写字母之缩写
   B. "Defining Advertising Goals for Measured Advertising Research" 的首写字母之缩写
   C. "Defining Advertising Goods for Measured Advertising Research" 的首写字母之缩写
   D. "Defining Advertising Goals for Measured Advertising Results" 的首写字母之缩写
4. DAGMAR 法对于制订广告促销活动的计划十分重要，很多促销计划的制订者以此作为基础确定目标和（　　）。
   A. 了解消费者的真实想法
   B. 清楚自身产品的市场定位
   C. 了解竞争对手的广告策略
   D. 评估广告活动的成效
5. 几乎所有的广告人都赞同以下两种销售曲线中的一种：（　　）。

A. 一种是 U 形的，另一种是 S 形的

B. 一种是 U 形的，另一种是 W 形的

C. 一种是倒 U 形的，另一种是 S 形的

D. 一种是倒 U 形的，另一种是 W 形的

二、多项选择题

（在每小题备选答案中有 2~5 个正确答案，请将正确选项前的字母填在题后括号内）

1. 广告目标的意义体现在以下几个方面：（　　　　）。

    A. 沟通

    B. 计划与决策

    C. 创意

    D. 媒介安排

    E. 测量与结果评估

2. 情景分析可以提供如下重要信息：（　　　　）。

    A. 公司的细分市场和目标受众

    B. 了解产品的主要特征、优缺点及使用方法等

    C. 调查公司及竞争对手的营销状况

    D. 进行品牌定位，并采取应变策略

    E. 为广告效果评估提供技术手段

3. 营销的具体目标可能有：（　　　　）。

    A. 提高目标市场中对产品、品牌有特殊爱好或能从中获益的消费者数量

    B. 直接提升公司的盈利空间

    C. 提高偏爱本品牌的目标消费者的数量

    D. 鼓励本产品的现有消费者更频繁地消费该种产品

    E. 吸引那些从未使用过本产品的消费者尝试使用

4. 科利认为广告的传播任务应建立在等级模型基础之上，一般按照以下几个步骤进行：（　　　　）。

    A. 认知：使消费者知晓公司或品牌的存在

    B. 理解：使消费者进一步了解产品的性能

    C. 深信：使消费者对产品产生心理上的亲切感和购买欲

    D. 行动：使消费者诉诸购买行动

    E. 忠诚：一旦拥有，别无所求

5. 预算分配的方法有以下几种：（　　　　）。

    A. 按照广告机能分配

    B. 按照广告媒体分配

    C. 按照广告地区分配

    D. 按照广告时间分配

    E. 按照广告商品分配

三、名词解释题

1. 广告目标
2. 广告预算

3. 营销目标
4. DAGMAR 法

四、简答题

1. 简述 DAGMAR 法对于制订广告促销活动的计划的重要性。
2. 简述 DAGMAR 法可能存在的问题。
3. 简述预算分配的方法。

五、论述题

1. 广告预算时考虑的因素有哪些？
2. 试述制定广告预算的主要方法。

六、案例分析讨论题

仔细阅读本章的"开篇案例"，然后回答以下问题。

1. 案例中提到：

   "一些人认为在媒体广告上的花费几乎或者完全没有作用——至少对于消费者对品牌质量的感知而言。"

   你赞同他们的观点吗？说出你的意见。

2. 案例的另一处说：

   "……不是每个人都因为广告的无效而准备取消广告，甚至那些断定广告对塑造品质形象毫无作用的人也没有建议公司停止使用广告。"

   你赞同他们的观点吗？说出你的意见。

3. 试联系你所在公司的实际情况，讨论下面的观点：

   "专家和咨询顾问可能就广告的真实价值甚至其真实目标没有达成一致的看法，但是他们一定赞同以下这几点。其一，广告的直接效用很难被评估。其二，在评估广告效用时需要一个多样化的目标体系。其三，我们事实上并不能够通过对广告功效的评定来表明投资收益率是正的。"

CHAPTER 5

第5章
广告策略规划

开篇案例

"一人之军"广告战役[一]

20世纪90年代早中期，美国陆军招募足够的青年男性服役并非难事。随着苏联的解体，军备越来越强调高科技，不再需要大量的士兵。因此，美国陆军在数量上减少了40%，这也使征兵变得更加容易。征兵广告以"成就你自己"（Be all that you can be）为口号，用昂贵的电视广告传递这种自我实现的信息。广告还强调参军可以提供职业培训、大学奖学金和其他物质奖励的机会。

虽然这种征兵的市场策略在20世纪90年代早中期行之有效，但在90年代后期美国陆军发现自己的策略失效了。90年代的经济繁荣为高中毕业生创造了许多就业机会，使征兵形势大不如前。陆军的物质奖励对于符合参军条件的人没有足够的吸引力，他们不愿忍受陆军的基础训练。然而，美国陆军面临的最大挑战还在于大家对它的成见颇深。调查显示，17～24岁的年轻人当中有63%的人说他们不会服兵役，只有12%的人对此感兴趣。诸如"不适合我""只限于失败者""只适用于别无选择的人"等，表达了年轻人对国防服务的感觉。另外，即便是那些考虑过服兵役的人，也仅将陆军列在众多军事分支的第4位，因为陆军的形象问题也是高中毕业生重点考虑的因素。

所有这些因素导致美国陆军在20世纪90年代后5年中3年都未能完成征兵任务，虽然花费在征兵广告上的费用远高于其他军种。2000年年初，陆军参谋路易斯·卡尔德拉（Louis Caldera）宣布："我们要彻底变革征兵广告的做法。我们必须借鉴营销成功的企业吸引当代年轻人的做法。"这个新的营销策略需要全新的广告活动和新媒体策略的支撑，同时需要更多地利用互联网而不是电视。"网上征兵"使陆军的征兵更灵活、更高效。2000年6月，卡尔德拉宣布他们启用美国芝加哥的李奥贝纳广告公司为新的广告代理商，代替了1987年以来一直为他们服务的扬·罗必凯（Young & Rubicam）。

李奥贝纳广告公司面临的第一个决策就是是否沿用"成就你自己"这个口号。尽管该口号知名度很高，但李奥贝纳广告公司认为它失去了与年轻人的联系，从而不能将广告受众同军队建立有效联系。公司提出了一个新的广告和定位主题，这个主题也是整合营销计划的基础——"一人之军"（见图5-1）。主题背后的创造性策略是：它将一种观念置于最重要的位置，即士兵是军队最宝贵的资源，每个人都与众不同；每个人的贡献都关系到团队的成功与否。"一人之军"活动传递了一种

[一] 乔治·贝尔奇，等. 广告与促销：整合营销传播视角 [M]. 6版. 北京：中国人民大学出版社，2006：3. 有删节，图片是作者根据美国陆军的互联网网站上最新资料增加的。

信息：一名士兵不是默默无闻的，而是由无数个人组成的强大美国陆军中不可或缺的一分子。

图 5-1　美国陆军招募的公共广告主题是"一人之军"

"一人之军"主题背后的创造性策略是将一种观念置于最重要的位置，即士兵是军队最宝贵的资源，每个人都与众不同，每个人的贡献都关系到团队的成功与否。"一人之军"活动传递了一种信息：一名士兵不是默默无闻的，而是由无数个人组成的强大美国陆军中不可或缺的一分子。

"一人之军"活动的主要目标是让年轻人正确看待成为一名陆军士兵的重要性。活动的关键阶段"基础训练"借用了轰动一时的影片《幸存者》中的一个场景，这部犹如直播的节目向观众勾勒出这样一个画面：6 名新兵在军队训练中获取了经验并升华了思想。广告同时鼓励想要加入的人访问陆军的网站（GoArmy.com），以体验包括新兵评论在内的完整且有深度的网络展示。网站在 2001 年被一家互联网代理公司更新，以使其成为更有效的征兵工具。网站为潜在的陆军士兵提供了关于陆军的信息并帮助他们战胜对基础训练的恐惧，加强对参军有助于获得就业机会的了解，而且还介绍他们认识和自己相似的士兵。

"一人之军"广告战役大获成功。尽管媒体预算投入比前些年少 20%，美国陆军却提前 1 个月完成了 2001 年招募 115 000 名新兵的任务。电视、报纸、广播和互联网广告吸引人们访问 GoArmy.com，访问人数成倍增加，点击率上升了 75%。网站获得了数项荣誉，包括一项极其权威的戛纳金狮网络奖，这也使该网站成为征兵中的焦点。"一人之军"整合营销活动作为年度最有效的市场营销方案荣获了艾菲奖（Effie Award），可谓功德圆满。

过去像美国陆军这样的营销主体通常主要依赖传统的大众媒体广告推销它们的产品。而在今天，许多公司正尝试一种新的市场营销和促销方式：它们将以往花费在广告上的努力转化为各种传播技术的整合，比如建立网站、直接营销、销售促进、公共关系和公共宣传以及赞助活动。同时它们认识到只有将这些传播工具与市场营销计划的其他要素结合起来，才能达到最佳效果。

美国陆军用在征兵中的各种营销传播工具正说明了营销主体如何运用整合营销传播吸引顾客。美国陆军的征兵广告出现在电视、广播、杂志、报纸、公告栏等多种媒体上。网络旗帜广告和其他媒体共同鼓励消费者访问 GoArmy.com，这个站点提供有关其职业路径、征兵过程以及利益等有价值的信息（见图 5-2）。直接营销（包括给高中生写的电子邮件和直接反应电视广告）鼓励年轻人咨询有关情况。美国陆军通过公共宣传品和印刷品以及影视节目宣传它的形象。他们还赞助体育赛事、招聘会等，与目标受众以及影响美国陆军形象的个人和群体接触。设有基层征兵人员，由他们会见潜在的应征对象、解答问题、提供信息。美国陆军的征兵激励措施还包括现金奖励和提供教育机会等。

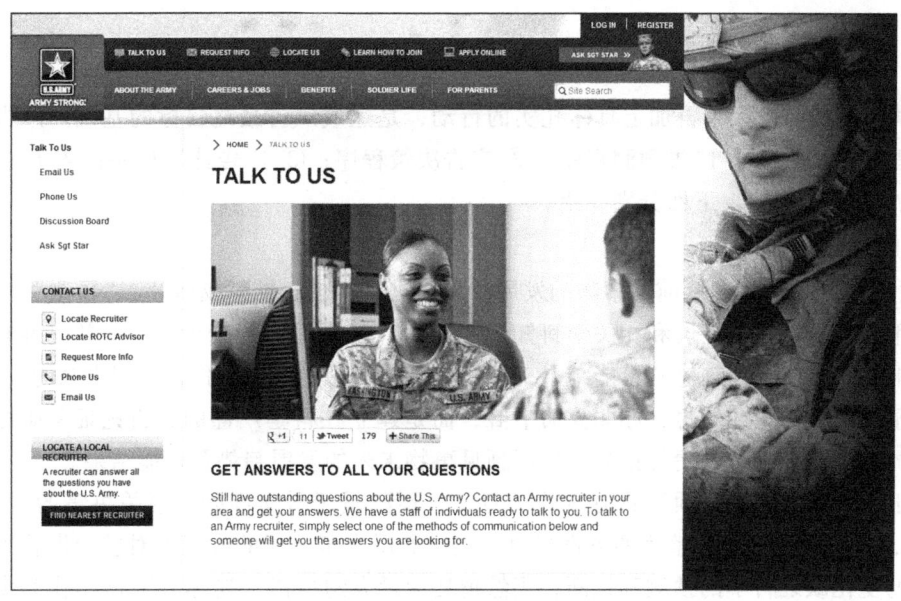

图 5-2　美国陆军的互联网网站①

美国陆军通过互联网上 GoArmy.com 这个网站向潜在的应征人员提供有价值的信息，鼓励想要加入的人访问该网站，以体验包括新兵评论在内的完整且有深度的网络展示。网站在 2001 年被一家互联网代理公司更新，以使其成为更有效的征兵工具。

美国陆军和其他非营利组织都感到，与促销产品及服务和沟通顾客的方式进行公共关系活动的方式不同，因公众环境、传播新技术的出现、互联网及电子媒介的迅速扩张、全球化新闻及传播形式的出现、经济环境的不确定性都在改变组织的公共关系方式及传播沟通行为。及时应对这些变化，开发新的公关传播计划，对任何组织的成功都是至关重要的。

本章将介绍广告策略规划。首先介绍广告策划程序，主要内容有广告策划的具体步骤与具体内容；然后进入广告主题策划，分别介绍广告主题的 3 个要素与确定广告主题的 15 种题材；最后介绍广告策略计划书，具体介绍策划书的内容、形式与写作规范，最后给出一个广告策略计划书的范本。

5.1　广告计划编制程序

概括地讲，广告计划就是企业实现广告目标所采取的广告活动方案。广告计划不仅要明确广告的目标、策略、预算等决策，更要对广告策略的实施，包括媒体、方式、时机、效果测定等项工作做出具体安排。

任何一位广告主无不寄希望于借助广告去拓展市场，他们无不迫切地需要知道在广告活动中应该做些什么、应该如何去做、应该由谁去做、怎样才能到达期望的黄金彼岸。计划工作就是广告策划人为广告主顺利到达黄金彼岸所架设的一座桥梁。如何架设这座桥梁？当然需要经过一系列周密而有效的行为过程，其中主要包括预测、决策、计划、实施与评价等程序。

---

① 更多细节可登录美国陆军的互联网网站查询，网址：http://www.goarmy.com/，图片是作者根据最新资料增加的。

5.1.1 广告策划的程序

科学周密的广告策划再加上具体扎实的行动，是达成广告最终目标的基础。广告策划所涉及的程序主要有：① 广告预测程序；② 广告决策程序；③ 广告计划程序；④ 广告实施程序；⑤ 广告评价程序。下面分别介绍。

1. 广告预测程序

"预测"是指预先或事前对事物的发展和未来进行料想、推测或估计。"预测"实际上包括了利用现代科学技术手段和相关学科知识，通过"智囊团"的分析研究，预先推知和判断事物的未知状况、发展趋势和可能结果，即根据已知事物的演变过程，推测未来的发展规律。然而，预测绝非空想或幻想，亦非算命卜卦，而是建立在科学严谨的分析论证基础之上，是对事物的发展演变进行逻辑的推断，可以预见事物未来的发展趋势及可能结果。

对于广告策划来说，预测具有重要的意义，预测是否科学准确，事关决策的得失成败。1973 年，当能源危机席卷整个西方世界时，美国通用汽车公司的决策人对整个即将发生的市场形势的变化缺乏科学的预测和推断，仍然把耗油量大的高档"迷你型"汽车作为拳头产品生产，并在广告宣传中大肆宣传"迷你型"的"独到之处"。由于 OPEC 国家提高了石油的售价，消费者对"迷你型"持冷漠态度，转而去购买日本生产的节能型汽车。这就是"通用"公司未能预先推知和判断事物未来结果的惨痛教训。然而，日本丰田汽车公司在石油危机爆发之前，通过市场分析，很快地预测到石油将会大幅度涨价，并预测到消费者的购买心态将会发生变化。当通用公司正在热火朝天地大力生产耗油量大的"迷你型"汽车时，丰田汽车公司却暗下决策，决定生产节油型汽车了。当石油价格猛涨至之前的 20 倍时，丰田公司迅速地把广告宣传定位于"节能"二字上。由于日本丰田公司的预测科学准确，故而其节油车一经推出，便很快地占领了美国乃至世界市场。

为了使广告计划更加符合实际情况，广告策划人必须准确把握市场的变化与动向，及时了解消费者的心理，预见广告宣传的结果。从决策的角度来说，科学的预测不仅是为决策者提供指导性的意见，而且还是为制定战略策略、拟订广告计划提供参考资料和数据。

2. 广告决策程序

广告策划的最终产品虽然不是实物，但一定是具体的决策和行动。广告策划的过程也是决策的过程，决策是广告策划的核心，两者是一个互为依存、互为影响的有机整体。广告决策就是为实现某一指定目标，借助于科学技术手段和方法，对两个或两个以上的行动计划或方案，做出最终的选择与决定。它是广告策划中最基本的，也是最重要的程序之一，具有决定目标和行动的最后结果的性质，它的正确与否对整个广告策划至关重要。

从宏观的角度进行观察，广告决策可以归纳为两个大类：一类是广告战略决策。它涉及企业的长远利益，具有全局性和整体性。例如，日本日立电气公司、东芝公司在我国大量推出的电视机和电冰箱的广告，均着眼于未来。这两个企业为何不惜高额投资在中国大做广告？答曰："着眼于影响中国的下一代。"这类广告宣传就具有战略决策的性质。另一类是战术决策。它涉及的是企业短期内的利益，具有局部性和灵活性。这种决策往往是以一定的广告指标作为广告目标的重要内容，投入有限的广告费用以获得较好的经济效益。

广告策划活动如同用兵作战，任何一项行动都与决策密切相关。广告策划需要决策的内容很多。概括起来，主要包括广告目标决策、广告定位决策、广告预算决策、广告创意决策、广告媒体决策、广告推出时机决策等。

广告决策有自己的科学程序，决策时必须循序渐进地依次进行。其基本步骤是：① 提出问题、分析问题、找出问题关键点；② 确立决策目标；③ 拟订行动方案；④ 方案评审、优化与选择；⑤ 贯彻实施、反馈调节。具体分析如下。

（1）**提出问题、分析问题，找出问题关键点**。提出与分析问题，也就是通过调查研究找出广告主推出的产品与企业营销目标之间存在的差距，分析产生的原因，抓住问题的症结。例如，广告主的营销目标是达到 1 000 万元的年销售额，然而其产品的实际年销售额却只有 700 万元，这个差距就是问题。再如，消费者对本产品知之不多，而对其他同类产品却知之甚多；竞争对手的经营方式、广告宣传策略高于本企业；同类产品的市场占有率、知有率、利润率等均超过本企业等。诸如此类的"差距"就是这里所指的"问题"，它们都在提出与分析之列。如果能够找出这些问题，分析透彻，并准确把握和抓住问题的症结之所在，就可以扬长避短。

（2）**确立决策目标**。确立决策目标，是在提出、分析并找出问题关键点的基础上进行的，是为具体解决实际问题而选定对象、明确指标。在广告策划中，决策目标既有关系到全局的总决策目标，又有为实现总决策目标而进行的从属目标（分目标）。从决策目标涉及的具体内容来看，可归纳为广告目标（例如市场占有率指标、知名度指标、销售指标、利润率指标）与市场目标（例如广告宣传对准哪类市场、广告宣传对象、占有市场广度与深度的具体目标）；战略目标（树立产品和企业的形象，可用知名度、信任率和好感度来衡量）与战术目标（增加销售量，提高利润率）；传播目标或覆盖面目标（例如广告宣传地区覆盖面、市场覆盖面、接收信息的人数）等。决策目标是评估整个行动方案的准则，一旦出现偏差失误，就会导致行动方案的迷失方向，严重者导致方案搁浅或流产。因此，决策目标必须力求科学、具体、合理、可行。决策目标应该保持适度的弹性，当评估、反馈发现问题时，再做局部调整或校正。

（3）**拟订行动方案**。拟订方案又称拟订行动计划，也就是围绕决策目标起草制定达标行动的具体内容与实施步骤。拟订方案时，应该遵循如下几项原则：

1）多样化原则。任何一项计划都不可能完美无缺，因此，行动计划如果仅仅拟订一个，那么，也便无法进行比较选优以利决策。鉴于此，广告策划人应该拟订出两个或多个不同的行动计划，提供给决策者，任其鉴定、比较，以便最终做出最优选择。

2）创造性原则。拟订行动计划，固然必须坚持稳妥求实的原则，但是，又应解放思想，勇于创新，独树一帜，使人感到计划非同凡响；不能因循守旧，不能僵化生硬，不能平淡庸俗，不能机械模仿，更不要与竞争对手的方案雷同。

3）可行性原则。广告策划人应认真周密地考虑主观条件、客观情况、利弊关系、可靠性与风险性等方面的问题，以及各种限制因素，谨慎制订方案，力求稳妥可靠，行之有效。

4）效益原则。效益原则是拟订方案的根本出发点。效益原则包括两个方面：① 经济效益；② 社会效益。最理想的状态是两种效益兼重并举。

（4）**方案评审、优化与选择**。方案评审和方案选择，也就是对每个行动方案进行"先个体后整体"的分析、审议和评估，并采用定性和定量等方法对方案的显示结果加以比较和论证，得出最佳方案的评价结果，进而做出明确的选择。选择方案有一定的标准和方法，下面分别介绍。

1）选择方案的标准。选择方案的标准有 3 种。

标准之一：价值标准。这里的"价值"是一个泛指的概念。每一方案均有其相对的作用、意义、益处和效果等，以其衡量方案的利弊得失，即可得知方案的价值。评估方案时，如果此方案的价值大于彼方案，那么，这也就成为选择方案的价值标准。

标准之二：最优标准。最优标准又可称为满意标准、有限合理性标准。也就是通过方案评议，从各种方案中挑选出最好的或最满意的方案。

标准之三：确定型与不确定型标准。所谓确定型标准，是指选择结果只受量变的制约，一般不受客观状况变化的影响，它具有确定结果的性质。所谓不确定型标准，是指在不甚了解客观状态的概率时，主要凭借经验和知识做出选择。在不确定的情况下，可以是"好中求好"，即从最好的客观状态出发，从中选出最好的方案；也可以是"坏中求好"，即从最次的客观状态出发，从中选出最好的方案。

2）选择方案的方法。确定了选择方案的标准后，就可以视具体情况采用合适的方法对方案加以选择。

方法之一：筛选法。这就是将评定方案的各项标准当作筛子，对各个可供选择的方案进行逐一筛选，留下最后也就是最好的一个。实际上，筛选法是采用轮流淘汰的方式对方案加以选择的。

方法之二：归并法。这就是对相同的或不相同的、满意的或不满意的可供选择方案分别加以归类，再淘汰一切不合理的、不满意的内容，保留并汇集最有价值的部分。

方法之三：决策树法。这就是把各个可供选择方案的收益值绘制成树状图，然后根据收益的大小做出选择。

（5）**贯彻实施、反馈调节**。方案一经选定，下一步就是贯彻实施与反馈调节，所谓"反馈调节"就是在行动计划付诸实施以后，对实施情况进行追踪监测，以了解把握实施的结果，进行及时的情况反馈，并根据反馈的信息重新评估行动计划，找出偏差、失误及不适应的方面及成因，及时调整校正。事实上，这种调节也是决策程序中不可或缺的组成部分。能否进行有效的调节，关键在于是否建立了严格的决策追踪与监测制度。如果我们建立、健全了反馈调节机制，就能对决策的实施情况进行考察、测定、评估、核实，检查实施方案是否合理可行，并对原方案及时做出调整、修改或更换新的方案。这就是再决策，历经"决策—实施—再决策—再实施"的反复循环，我们的广告策划决策才能趋于完善。

3. 广告计划程序

任何一项有目的、有价值的广告活动，广告策划人总会千方百计地制订出一套周密稳妥的行动计划，以引导整个活动有条不紊地展开，以求最终达到目的。简言之，任何一项广告策划活动，都应该有一套科学、严密而行之有效的广告计划。

（1）**广告计划的程序性**。如前所述，广告计划就是企业实现广告目标所采取的广告活动方案，就是对整个广告活动具体内容、方法和步骤的预先安排与规划。广告计划是根据企业的生产目标、营销目标、营销策略、促销手段、外部环境制约因素及广告战略的重点而拟订的，是一项关于未来广告活动的规划，是一套达成广告目标的行动方案。由于广告计划活动是由市场分析、广告实施、广告评估与信息反馈等作业环节有机组成的一个循环体系，所以它又是一个周而复始的动态过程。由此可见，广告计划具有严格的程序性。

（2）**广告计划的作用**。广告计划引导着广告活动的正常进行。归纳起来，广告计划主要具有如下几方面的作用：

1)广告计划是实现广告目标的保证。广告计划是对过去、现在有关信息、资料的分析和对未来可能发生影响的评估,这个计划是广告活动进行、广告目标实现的一幅蓝图,它包括广告任务、广告对象、广告战略、广告主题、广告策略、广告预算、广告媒体选择、广告时机选择等一系列的决策及其实施的具体方法与步骤,具有"照此办理"的意思。

2)广告计划是检验广告效益的根据。在广告计划中,不仅对广告活动的内容、方法和步骤等重要内容做出具体安排,而且对于各项内容环节的指标与要求也做出具体规定,如收视(听)率、理解率、记忆率、知名度、市场占有率、利润率、广告预算分配与效益分析,等等。也就是说,在广告计划中为广告活动的各个环节提出了一个衡量工作成败得失的具体标准,而这些恰恰又是回过头来检验与总结广告效益的具体根据和标杆。如果没有广告计划,也无法对广告效益做出令人信服的检验与总结。

(3) **广告计划的种类**。在广告策划中,广告计划的概念有广义与狭义之分。广义的广告计划,是指国家对广告事业发展进行的规划,包括确立广告经营中的指导思想、经营方针与目标、广告事业的发展战略与策略等内容。狭义的广告计划,是指根据企业的营销战略与广告战略的重点,对广告活动的各个要素进行科学而有效的组合,为提高广告宣传的经济效益与社会效益而进行的规划。狭义的广告计划种类很多,按照不同的标准,我们可以对其进行如下划分:

1)按照时间标准分,有长期计划、中期计划与短期计划。长期广告计划,是大型工商企业根据市场营销的战略要求,或原有产品开拓新市场的战略要求,以3~5年为期限的大型广告规划。中期广告计划,又称年度广告计划,是企业在一年之内按季分月制订的系列广告活动规划。短期广告计划,又称临时性广告计划,是一些大中企业根据当时的市场营销需要,针对市场情况所做出的机动性的广告计划,或者是小型工商企业制订的短期广告计划。

2)按照内容分,有专项计划与综合计划。专项广告计划,又称单项广告计划,是指为单项产品的营销或单项劳务而制订的广告计划。综合广告计划,是指企业制订的多项产品或多项劳务的广告宣传计划。

3)按照区域范围分,有国际性广告计划、全国性广告计划、区域性广告计划与地方性广告计划等。

4)按照性质分,有广告战略计划与广告策略计划等。

5)按照企业产品的生命周期分,有开拓期广告计划、成长期广告计划、成熟期广告计划与衰退期广告计划等。

6)按照企业产品种类分,有消费品广告计划、工业产品广告计划与劳务广告计划等。

(4) **制订广告计划的原则**。为了充分地发挥广告计划在广告活动中的作用,在拟订广告计划时,必须坚持以下原则:

1)目标明确。广告策划是为达成某种目标而进行的运筹谋划活动,是一项目标明确的系统工程。因此,广告策划组织不仅要明确本组织的工作目标,而且还要明确每一项工作的总目标、各个环节的分目标。

2)人才集中。广告策划涉及多学科专业知识,工作范围广泛。广告机构在接受广告主的委托后,应集中相关方面的专业人才共同商讨计划。

3)分工协作。广告策划如果离开多方面的通力合作,是不可能完成的,它需要公司内多部门的参与和合作。

4)权责统一。广告策划是一项规模较大的谋划指导工作,广告策划人如果只有完成策划工作的责任，却无统管策划工作的权力，那么，也就无法排兵布阵，更不用谈及指挥战斗展开了。因此，广告策划人必须拥有明确的责任与权限，做到权责统一。

4. 广告实施程序

科学周密的广告策划再加上具体扎实的行动，是达成广告最终目标的基础。为了确保广告目标圆满达成，就必须将广告计划付诸实施，落到实处。具体地说，也就是按照既定的广告计划，采取一系列的得力措施，通过一定的时间顺序与具体步骤，将整个广告策划中的各个要素联结成一个有机整体，使得人、财、物等得到妥善合理的安排解决。一般的广告计划的实施程序大致可以概括为如下 10 个步骤：

（1）**成立专案计划小组**。成立专案计划小组，专门负责具体广告的策划工作，这是必须进行的第一步。它的组成人员应该包括：① 广告业务员；② 市场调查员；③ 市场研究分析人员；④ 创意人员；⑤ 文案；⑥ 艺术指导；⑦ 美术设计师；⑧ 摄影师；⑨ 媒体联络员。

在这个专案计划小组中，9 个方面的人员不是绝对分割的，他们之间也可以兼任，例如在许多广告公司中，市场调查员与市场研究分析人员、创意人员与文案事实上是同一个人（或在同一个小组）。分工不分家，大家必须配合默契，各人的贡献缺一不可。制订广告计划之所以要成立专案计划小组，是因为要充分挖掘各方面人才的学识与智慧，集思广益，形成群体优势。

（2）**展开市场研究**。所谓市场研究，也就是对市场中的各种同类商品的生产情况、品质成分、产品质量、包装价格、销售路线、消费对象、市场知有率、市场占有率、信任度、广告费用、广告策略等进行详细的调查分析，经过系统分析、综合、评估、比较，进一步明确本产品与同类产品的明显区别，求出彼此之间的优势与劣势、威胁与机会，进而制定出与同类产品进行竞争的广告战略与策略。

（3）**确定广告目标**。广告目标，具体是指广告对象目标、市场占有率目标、收益目标与知名度目标，等等。传统的广告理论将广告目标仅仅局限于单一的目标上。然而在实际操作上，广告目标不是单一的，而是多元的。如果广告策划的重点在推销新产品上，那么这个广告的目标就要在广大消费者心目中提高其知名度，广告策划应该在产品性能、质量、用途、好处等方面独一无二的特点上大做文章。如果广告主的广告宣传意在提高企业的美誉度，那么，这个广告的目标必然是要树立企业整体形象，提高自身的声望与信誉。广告目标必须清楚准确，否则广告计划便会迷失方向。

关于"广告目标"，详见本书第 4 章的相关内容。

（4）**确定广告的层次**。广告计划的实施需要有层次、有步骤地依次进行，切忌任意而为，不讲条理。一般来说，应按如下层次展开：① 提高商品知名度；② 加深对商品的印象；③ 激发对商品的好感；④ 刺激购买欲望；⑤ 激发购买行动；⑥ 激励重复购买。

（5）**广告定位研究**。定位研究与广告目标既有联系，又有区别，关于"定位"，我们在前面专门花了一章的篇幅进行研究，详见本书第 4 章相关内容。

（6）**确定广告战略与策略**。虽然广告计划是根据广告的总体战略制订的，然而广告计划本身也存在着战略与战术问题。任何一项周密的广告计划，对广告实施的每一个步骤、每一个层次及每一项宣传都规定出原则性的战略思想，同时在执行力上也得下足功夫，这便是"广告战略与策略"。

（7）**确定广告预算**。广告预算是指企业在广告活动中的经费预算。广告计划必须以可靠而合理的广告预算为前提。广告预算的具体数字必须明确落实，只有如此，才能制订切实可行的广告媒体综合计划，否则，整个广告计划可能会付之东流。

关于"广告预算"，详见本书第 4 章的相关内容。

（8）**确定广告媒体方式**。广告媒体方式是指报纸、杂志、广播、电视等各种媒体的不同形式。随着社会的发展与科技的进步，广告媒体的种类更加丰富多彩，进行广告信息传播究竟选择哪种或哪几种广告媒体作为推销产品的手段，不仅涉及广告预算的多少，而且涉及广告的表现战略与广告效果。因此，制订正确的广告媒体策略是有效的广告计划的重要内容之一。

关于"广告媒体"，详见本书第 8 章的相关内容。

（9）**确定广告日程**。广告日程是指广告推出的具体日程安排。具体地说，也就是在广告实施过程中，制订出一个明确的刊登或播放广告的时间表。

（10）**进行广告评估**。广告评估是对广告计划的实施情况进行检查与评价，也是对广告指标完成情况和所取得的广告效果进行的检查与评定。广告评估是最后一个环节，旨在总结经验教训，为进一步拟订新的广告计划提供足够的参考资料。

以上 10 个步骤，只是针对一般的广告计划所做出的概括。表 5-1 给出了"某广告公司广告策划的具体步骤"，在这里我们可以将其概括为："3 个阶段、35 个具体步骤"。

表 5-1 某广告公司广告策划的具体步骤

阶 段	步 骤	具 体 内 容
调研	1	对产品进行分析，明确产品定位
	2	对同类产品进行分析，明确竞争对象
	3	对市场进行分析，明确市场目标
	4	对市场发展机会进行分析，明确潜在市场在何处
	5	对消费者进行分析，明确广告对象
策划实施	6	对企业指标进行分析，明确销售策略
	7	确定广告目标和广告指标
	8	明确广告目标
	9	确定广告战略
	10	制订最佳推销综合方案
	11	明确创意观念
	12	决定广告内容
	13	决定广告预算
	14	确定媒体策略
	15	制订实现广告计划的不同方案
	16	对不同广告计划方案进行评估
	17	决定最佳广告计划方案
	18	确定广告设计方案
	19	明确广告创意要点
	20	决定广告表现战略
	21	确定广告文案方案
	22	确定广告地区
	23	确定广告媒体选择
	24	确定广告时间
	25	确定广告单位数量
	26	广泛征求意见，取得广告负责人认可
	27	召开客户参加的提呈会议，取得其认可
	28	制作广告作品
	29	检查广告作品的质量，进行评议或修改
	30	将完成的广告作品送媒体刊登或播放

(续)

阶 段	步 骤	具 体 内 容
评估	31	收集广告信息反馈
	32	评定广告效果
	33	总结经验教训
	34	再次进行市场调查
	35	制定新的广告计划

5. 广告评价程序

广告计划付诸实施之后，接下来的一个程序就是对其进行评价。它虽然是广告策划的补充程序，但又是完整广告活动中必不可少的内容之一，是检查广告活动成败得失的重要手段。广告效果的评价，一般分为广告前评价、广告中评价与广告后评价。这种评价的意义在于：① 检查广告目标是否正确，广告媒体是否运用得当，广告推出时机与频率是否适宜，广告费用投入是否合理，以便提高制订广告计划的水平，力争广告效益最佳。② 通过收集消费者对广告作品接受的程度情况，鉴定广告主题是否突出，广告诉求是否针对消费对象心理，创意是否具有魅力，效果是否良好，从而有的放矢地改进广告设计，创作出更加完美的广告作品。③ 由于广告效果评价能够对广告效益做出客观的肯定，可以提高广告主的信心，使之对广告预算做出合理的安排；广告代理也可借此争取广告客户，促进广告业务的发展。

关于"广告评价"或评估，详见本书第 9 章。

5.1.2 广告主题策划

1. 广告主题的三个要素

广告主题由广告目标、信息个性和消费心理三要素构成。用公式表示，即"广告主题 = 广告目标 + 信息个性 + 消费心理"，该公式可用图 5-3 来表示。

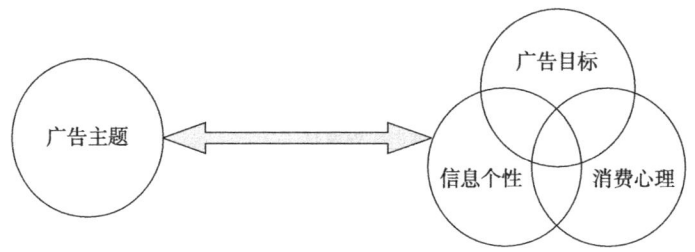

图 5-3 广告主题的三个要素

广告主题由广告目标、信息个性和消费心理三要素构成：① 广告目标由企业营销决策与广告决策来确定；② 广告所宣传的商品、劳务、企业和观念要有鲜明的个性；③ 前两者要符合消费者的心理需要。

资料来源：吴柏林. 广告策划与策略 [M]. 广州：广东经济出版社，2006：97.

广告目标是根据企业营销决策与广告决策而确定下来的。广告主题要服从和服务于广告目标：① 要有的放矢；② 要讲求效果；③ 要与企业的整体广告策略协调一致。

信息个性，是指广告内容所宣传的商品、劳务、企业和观念，要有鲜明的个性，要与其他的商品、劳务、企业和观念明显地相区别，突出自己的特点。信息个性也可称为销售重点即"卖点"，在具体的广告诉求中，又称为诉求重点。

消费心理，即广告目标和信息个性要符合消费者的心理需要。如果不适应顾客的心理欲求，那么这个主题也就不能成为好的主题。

2. 确定广告主题的题材

对于广告主题的策划来讲,同一个主题可以选择不同的题材加以表现。广告题材的选择要多层次多侧面,要富于新意,丰富多彩。一般说来,有下列的题材范围可供选择:

(1) **健康**。这是人类赖以生存发展的基本欲求,是为维持生命和发展生命所必需的生理条件。

(2) **食欲**。人类最基本的需求之一,是人类生存的根本所在。它不仅解决人们生理饥渴的需求,还满足人们追求营养、讲求口味等心理方面的需求。

(3) **安全**。保障自己的财产和生命不受威胁侵犯和掠夺,是人们基本需要的一个层次,是保证人们正常工作、生活和社交活动的重要因素,是人们十分关注和敏感的问题。

(4) **美感**。人们对某些产品的选择往往是以其欣赏价值为主要目的,注重产品本身的美感和对人体的美化作用以及对环境的美化功能,目的不仅在于产品的使用价值,还为了从中得到美的享受。

(5) **时尚**。在消费品市场中,尤其是在一些软性商品的消费过程中,消费者的购买潮流对人们的心理有很大的冲击力,表现出一种追求商品的趋势和新颖为主要目的的需求,成为时髦流行的消费趋向。

(6) **爱情**。爱情是人类精神的一种最深沉的冲动,是在传宗接代的本能基础上产生于男女之间,使人能获得强烈肉体和精神享受的综合的(既是生理的,又是社会的)互相倾慕和交流之情。

(7) **荣誉**。人类通过实现自己的潜在能力,发挥自己的聪明才智,在事业上获得一定的成就,有所发明,有所创造,对社会做出贡献,以期能得到社会的尊重与赞赏,给予一定的评价和社会承认,从而得到精神上的慰藉和满足。

(8) **母爱**。母爱是人类情爱中最为诚挚的一种感情,也是人类情爱中天性的自然流露,具有震撼人心、感人肺腑的力量,是人类存在以来一种古老的艺术表现题材。

(9) **地位**。人们有一种显示自己地位和声望的欲求,这种心态在具有一定的社会地位、经济实力的人士中较为多见。

(10) **社交**。作为社会的人,人类有得到社会团体重视与接纳,希望得到和给予别人友谊、关怀和爱护的欲求。

(11) **快乐**。追求生活的欢快与乐趣,是现代人类的重要的心理趋势,也是人们生活发展高层次的必然需求。

(12) **效能**。这是广告运用最广泛的题材,强调广告的产品或服务与众不同的特殊功能,突出地表达产品和服务能给消费者带来的某种利益和好处。

(13) **方便**。在生活节奏很快的现代社会中,人们都十分珍惜时间与体力,购买产品的消费者都希望能获得方便快捷的服务。

(14) **保证**。这是为了在消费者中建立良好的信誉,使消费者对企业和产品产生良好的信任感。

(15) **经济**。消费者在购物活动中产品的物美价廉常是选择的重要标准,尤其在一些收入不高的消费者阶层中产品的经济实惠更是首先要考虑的因素。

5.1.3 广告策略计划书

在完成广告调查分析,确定广告目标并制订出广告策略之后,进而形成广告计划,撰写成"广告策略计划书"。此项工作就是对整个广告活动所形成的预先规划的内容进行综合分类，归纳成文，最后形成规范的文本文件。

1. 广告策略计划书的形式

作为一份完整的广告策略计划书，从形式上来看，一般是由以下几个要素构成：封面、目录、前言、正文、附录、封底。

（1）**封面**。广告策划书文本应该有一个版面精美、要素齐备的封面，以给阅读（审查）者以良好的第一印象。

（2）**目录**。在广告策划书目录中，应该列出广告策划书各部分的标题及页码，必要时还应该将各个部分的联系以简明的图形与表格形式展示，这样可以让阅读者根据目录提示很方便地找到他想要阅读的内容。

（3）**前言**。前言，是整个广告计划书的总纲。在前言中概述广告策划的目的、任务与目标、广告诉求范围与重点、广告活动进程、使用的主要策略与方法、广告活动各阶段开始与结束的日期及预期达成的阶段性成果，等等。前言是对策划书的一个概述，主要目的是让广告客户对广告策略计划书有一个大致的了解。

（4）**正文**。正文部分的相关细节，见稍后"广告策略计划书撰写实例"中的内容。

（5）**附录**。在附录中，应该包括为广告策划而进行的市场调查的参考资料和其他需要提供给广告主的背景资料。例如：市场调查问卷、市场调查访谈提纲、市场调查中获取的原始资料与数据、市场调研报告、广告效果评估与测试的问卷等。

（6）**封底**。公司背景资料，地址、电话、邮编、网址、电子邮件、FTP等。

2. 广告策略计划书的内容

作为一份完整的广告策略计划书，应系统规划广告策划运作的整个过程，为广告计划的实施提供完整的策略和方法依据。从内容上来看，核心部分是正文，正文部分主要包括市场分析、广告策略、广告实施计划与广告效果评价4个核心部分，每一部分又有更多的细节。

（1）**市场分析**。它主要包括5个方面的内容：① 营销环境分析；② 消费者分析；③ 产品分析；④ 企业和竞争对手分析；⑤ 企业和竞争对手的广告分析。

（2）**广告策略**。它主要包括5个方面的内容：① 广告的目标市场策略；② 产品定位策略；③ 广告诉求策略；④ 广告表现策略；⑤ 广告媒介策略。

（3）**广告实施计划**。它分为以下7部分内容：① 广告目标；② 广告运动（活动）的时间；③ 广告运动（活动）的地点；④ 广告运动（活动）的内容；⑤ 广告表现（设计草图、电视广告故事板、广告文案讨论稿）；⑥ 广告媒介计划；⑦ 广告费用预算。

（4）**广告活动的效果评价和监控**。它包括3个方面的内容：① 监控的目标；② 监控的方法；③ 监控的实施计划。

广告策略计划书大致上可以按照上述内容与格式进行撰写，但这并不绝对。由于广告目标与传播重点的不同，其内容与格式也会不同。

 案 例

辰荻组合系列化妆品企划书

凝翠堂企业股份有限公司

策　　划：傅某某

执　行：林某某

市　调：杨某某

1. 前言

1984年7~12期《广告时代》合订本中指出：近20年来每个家庭中化妆品消费额占该家庭一般消费支出的比率有逐渐增加的趋势。在1966年以后几年（石油危机）也未有下降趋势。

根据《广告时代》的另一项调查启示，女人化妆品消费额大小也会因单身或结婚而有所不同，但在化妆品消费量上，并无多大减少的趋向（平均减少量8%左右），且有等比率增加的趋向。事实上我们知道化妆品已经不是奢侈品，而是生活必需品，因在富裕的生活里，妇女更注重自己的装扮，所谓女为悦己者容，即是此道理。也因为化妆品变成一种生活必需品后（所谓以流行为重点）的化妆地位亦开始动摇。

因职业妇女须事业与家庭兼顾，故在选择化妆品方面除要求品质外，亦须考虑使用方便。当地的化妆品组合系列只有佳丽宝美的组合化妆品，尚为时下妇女所喜好购买，其他品牌多属路边摊品牌型，购买行动较少。因此本公司（凝翠堂化妆品公司）针对市场需要，推出辰荻组合系列，使职业妇女在繁忙之余仍能随时保持清爽、亮丽的外在美。

2. 市场概况

辰荻组合系列并不是一种新产品，在现阶段最强劲的对手品牌为佳丽宝美的组合。佳丽宝强调的两大重点为携带方便与新奇。而本公司推出的辰荻组合系列产品，所诉求的重点为色泽自然与高级精致。

以下是佳丽宝美的组合使用的市场情况：

- 年龄——18~45岁。
- 女性人数——250万人。
- 平均消费总额——600~800元整。
- 市场总额——15万~20万元。

本公司（凝翠堂化妆品公司）辰荻组合系列所追求的目标：

- 年龄——20~40岁。
- 女性人数——225万人。
- 平均消费总额——800~1 000元。
- 市场总额——18万~22.5万元。

就化妆品业而言，每年5、6、7及11月可谓淡季，夏季由于温度、湿度高，皮脂分泌变得异常旺盛，因而脸上经常呈油腻状态，故多数人觉得保养是多余且令人麻烦之事，一旦精心化好妆的脸，经烈阳一晒，更是令人难耐不舒服。

根据调查，当地15~19岁的女性人口，大约近百万人，在化妆人口的比例上按说应超过18.4%，但事实上，这个年龄层次使用化妆品的人数几乎微乎其微，因以在校的学生居多，严格的校规及升学的压力，使学生不敢太分心，比较普遍使用的仅是保养品，而不是化妆品，更重要的是化妆品价格普遍偏高，一般学生较难以负担。所以化妆品业必须考虑到消费者的购买意愿及购买力。据调查25~34岁，这一阶层女性多属职业妇女，购买意愿及能力最高。

在市场竞争方面，1973年6月各化妆品对于产品使用所强调的重点如下所示。

- 资生堂：利用皮肤复制诊断系统来测定皮肤纹路以及健美，俏丽迎骄阳，美白是漂亮的开始为号召。
- 密丝佛陀：迎着朝阳，迎着美丽。
- 佳丽宝：今年夏天会很凉。
- 美爽爽：向大自然深呼吸。
- 奇士美：以明星为号召。

在当年各家打出了如下战略：
- 4月：打出夏季清爽化妆制品（如水粉饼）。
- 5、6月：以清爽保养品及防晒制品为主。
- 7、8月：全力推销美白护肤制品。

3. 消费者研究

（1）消费者调查

一般应用化妆场合：① 参加正式宴会；② 平时上班；③ 外出逛街。

化妆的目的：① 礼貌；② 漂亮；③ 维持形象。

使用品牌状况：① 未婚女性较偏爱资生堂系列；② 认为佳丽宝较具保养功能；③ 各种厂牌，各具功能。

一般化妆情形：① 强调部位，分别为眼影、口红和腮红；② 运动时不化妆，运动后亦不补妆；③ 随时携带以口红最多，次为眼影，再为粉饼、腮红。

购买状况（包含已婚及未婚）：① 用完再买；② 没用完，看到喜欢就买；③ 亲友赠送。

未婚女性购买渠道：① 百货专柜；② 由国外带回；③ 向女性推销员购买；④ 在市场或地摊购买。

已婚女性购买渠道：① 百货专柜或百货行；② 问朋友而去购买（包括厂牌、地点）；③ 国外带回。

商品特性之探讨：外观；可以更换；携带方便；使用方便；新奇；新鲜；齐全；高组合搭配；色彩；精致；有面子；保养功能。

化妆品信息来源（如下表）：

情报来源	比例（%）	信任情报（%）	不信任情报（%）
电视广告	42.4	6.6	5.6
朋友口传	39.9	26.8	2.4
美容师、美容店员	32.4	22.8	3.3
杂志内广告报道	25.2	1.8	0.6
时尚杂志广告	22.5	4.5	0.9
店内的商品说明书	20.6	6.2	0.8
杂志特辑记事	15.3	5.6	2.5
女性周刊广告	12.4	0.5	4.8
直邮	12.1	1.5	6.0
女销售代表	12.0	7.9	19.5
车站或车厢广告	11.5	0.8	2.4
报纸广告	10.8	1.9	1.9

（续）

情报来源	比例（%）	信任情报（%）	不信任情报（%）
女性月刊广告	10.6	0.6	0.5
模特照片	7.6	1.0	20.9
朋友或小群体介绍	7.5	3.7	3.9
百货公司专门店的宣导	6.4	2.3	4.5
其他	3.9	2.3	0.8

由此可知，消费者对情报信赖度，以朋友口传及美容师、美容店员介绍较高。最值得注意的是电视广告之接触率为42.4%，但其信赖度却仅有6.6%，所以电视广告只适合做企业印象广告。

（2）产品定位
- 齐全。
- 色泽自然高雅。
- 携带方便。
- 兼具化妆及保养功能。
- 高级。
- 可以更换。
- 精致。
- 使用简便。
- 卸妆方便。
- 有面子。
- 外观。

4. 产品问题点/机会点

产品的问题点：① 价格太高，普及不易；② 除佳丽宝美的组合外，另有其他品牌非组合之化妆品加入竞争；③ 消费者习惯，不易变更，仍偏好非组合之化妆品，故仍需教育一段时期。

产品的机会点：① 职业女性日渐增多，在化妆、补妆方面，要求简便为宜。② 佳丽宝美的组合，已为化妆品组合市场做了先锋，做好了铺路工作，此时推出新产品较易为消费者接受。③ 随着越来越多的女性进入社会，生活的意识亦跟着起变化，不仅职业女性在增加，而那些没有正式工作，却想与社会保持接触的女性也在增加。她们行动意识的变化影响着化妆意识的变化，连带影响了女性消费者追求新化妆品和新式化妆的习惯，走向以质量为重的高级系列化妆品路线、高价位之化妆品，故我们的新产品更居于有利的地位。

产品的支持点：① 质地细致，触感柔爽，能迅速完成化妆；② 亲肤性佳，能使化的妆整天保持完美；③ 具有滋润、保温的作用；④ 色彩典雅、高尚；⑤ 无刺激性，任何年龄皆可适用；⑥ 能增添肌肤的透明感及艳丽光彩；⑦ 淡妆、浓妆皆适宜，可轻松愉快地使用；⑧ 一年四季皆宜使用。

5. 市场建议

目标：由于凝翠堂化妆品公司之辰荻组合系列乃是新产品，知名度低，因此我们的市场目标首先是打开知名度，并使65%的消费者确信本商品为高级品，进而占有整个化妆品市场的15%。

消费对象：① 主要对象为25~34岁的职业女性；② 未婚女性；③ 专业人才（如美容师、化妆师等）。

定位：第一品牌之化妆品。此乃根据产品支持的多项优点，且为表示东方女性美之优点及对抗目前组合系列强敌——佳丽宝另设定第一品牌之前提。

6. 商品定位

卖的是：辰荻组合系列。

谁来买：20~40岁的职业女性。

消费者利益：① 中西技术合作，色泽自然高雅；② 携带、使用简便；③ 具价值感；④ 不刺激肌肤，兼有保养功能；⑤ 种类齐全。

7. 行销建议

（1）价格

- 为符合高品质商品，故采取高价位政策。
- 零售商进价700元，零售定价900元。

（2）包装

- 盒身为压克力所制，上面精印着商标。
- 盒为长方形，长16厘米，宽8厘米。
- 盒子外壳为乳白，盒盖之商标与其四边为紫红色。
- 盒内有1小盒粉饼，2小盒修容饼，3小盒眼影。3小盒唇膏，及粉刷、眉刷、唇笔、眼线笔各1支。

（3）销售重点

分配路线是经由零售商→消费者。

- 在台北市、台中市、高雄市设代理商，全省其他地区则设零售商，包括百货公司、化妆品专卖店、美容材料店、百货行、美容院。
- 为维持本产品之高水平，及"不二价"的消费者认知，故放弃福利站的渠道。

8. 创意方向与广告策略

（1）广告目的

初期——打开知名度；中期——增加产品之介绍；以后——加深企业印象。

（2）广告策略

广告策略：① 打开知名度（利用各媒体、座谈会、美容发布会）；② 加深品牌印象——密集广告；③ 促进销售及指名购买（广告效果）；④ 建立企业形象——第一品牌及东方色彩与自然之美。

传播过程：

- 地点先以台湾地区北部、高雄、台中为主，而后扩大至各大城市，最后通行全省。
- 时间为7~12月，共计6个月。
- 方式以座谈会、电视、报纸、杂志、海报广告，最重要的是利用口传方式，造成无形的声势。

9. 广告表现

（1）CF 表现

特别强调：① 自然之美；② 东方色彩——自己的美妆、自己的个性与塑造美的自己；③ 携带方便，使用简便。

CF 模特：邓丽君。

背景音乐：邓丽君主唱的《爱的世界》。

CF 场景：各风景区及高级住宅。

CF 主题：30 秒 CF 表现重点：东方色彩、使用简便、携带方便。

10 秒 CF 表现重点：自然之美。

（2）平面广告之表现

报纸媒介：
- 主标题：自然的洗礼，自然的滋润。
- 副标题：创造天生丽质的魅力，流露出诗一样的青春气息。
- 企划意图：表现自然的韵味，高雅的气质，青春的永恒。

杂志媒介：东方的魅力源于辰荻；画出个性的色彩；妆点自己的个性；塑造美的自己。

企划意图：流露出青春、秀丽的东方女性娇柔之特色，表现端庄、高雅、贤淑之风范。

海报制作（共两版）："诗的梦幻，美的珍品，为了您，辰荻诞生了"此构图创意：主要表现企业知名度（印象）。自然的滋润，自然的洗礼：创造天生丽质的魅力，流露出诗样的青春气息。此表现为强调一切以自然为主。

10. 媒体策略

时间：1985 年 6 月至 1985 年 11 月，为期 6 个月。

广告费用：制作费 200 万元，6 个月的广告费中 7 月为 300 万元；8 月为 200 万元；9 月为 125 万元；10 月为 200 万元；11 月为 150 万元；12 月为 150 万元。

投放媒体以电视 CF 为主要媒体，MG 为辅，NP 为次要，因 NP 的印刷无法表现产品的高级感。

媒体编排：必须兼顾 CPM 及 GRP。

电视 CF：
- 推出产品头两个月及第 4 个月，此时期予 30 秒 CF 为主，10 秒 CF 为辅。
- 其他月份直至广告期结束，此时期以 10 秒 CF 为主，30 秒 CF 为辅。

11. 预算分配

6 个月内广告总预算有 1 500 万元，其中 200 万元为制作费。

电视刊播费为 670 万元，占总刊播费的 73%。刊播时段为：① 高收视率的汉语连续剧；② 晚间 7：00～7：30 时段的闽南语连续剧或歌仔戏；③ 高收视率的综艺节目及戏剧节目；④ 妇女节目；⑤ 高收视率的益智节目。

刊播次数与费用为：① 30 秒 100 次，平均每次 53 000 元，共计 530 万元；② 10 秒 75 次，平均每次 18 000 元，共计 135 万元。

杂志刊播费为 1 955 500 元，占总刊播资费的 21%。

12. 广告效果测定

于广告刊播后，不定期以问卷、座谈会等方式做广告效果测定，以随时修正广告企划案。

（1）电视广告一星期测定1次。
（2）NP、MG两星期测定1次。
（3）每月做一次消费者座谈会。

资料来源：虞舜华. 广告企划与设计 [M]. 2版. 台北：雄狮图书股份有限公司，1987.8.

5.2 公关广告策划

5.2.1 公关广告概述

公关广告又称"企业广告"或"信誉广告"，它是一种以取得公众对企业的信赖与支持、宣传企业形象为主要目的的广告形式。公关广告是广告的一种特殊类型，它不同于其他性质的广告，如产品推销广告等。公关广告从本质上来看，不是直接推销企业产品，而是以提高企业的知名度和美誉度为主要目标。如果说一般商业广告推销的是企业产品的话，那么公关广告推销的就是企业形象了。

公关广告的产生，是现代市场营销观念的转变与广告功能多样化而出现的一种结果。随着社会生产力的发展和市场体制的完善，市场营销观念已经发展到以满足用户和社会需要为目的的阶段。也就是说，企业的营销目标在考虑如何满足消费者需求的同时，要考虑整个社会的需要和利益。企业不仅要设计自身同消费者的关系，还要从社会层面上去建立企业与公众的良好关系，这就提出一个如何保持企业的良好形象与信誉的问题，而这正是公关广告所要表现的主题。另外，随着市场的细分化和企业营销战略目标的层次化，广告功能也出现了多元化的倾向。总的说来，广告的视点与层次不断提高，企业在推销产品的同时，开始以积极的方式去营造和影响社会环境，对企业形象的重视日渐突出，出现了公关与广告的汇流和互补形式，这就是公关广告。

公关广告既然是一种广告形式，当然具有广告的一般特点，也是以推销为核心，以媒介的传播为手段，以消费者群体为对象的。但是，公关广告的性质又与其他广告有所不同。公关广告虽然从属于企业的市场营销战略，但其营销的对象不仅仅是企业的产品，而更重要的是企业的信誉与形象。这种推销虽然有"硬性"目标的方面，但更多的是侧重"软性"目标。公关广告面对的是社会公众，它立足于企业与社会公众之间和谐关系的建立，而不仅仅是将产品转移到消费者手中。

公关广告的类型很多，凡是从实现企业总体营销目标出发，以介绍企业经营管理、质量标准、工艺水平、设备设施、人员素质、服务宗旨等整体情况为主要内容，以提高企业的知名度和美誉度为目的的广告，都属于公关广告的类型。公关广告的具体形式，包括企业的名称广告，企业精神、风格、文化方面的广告，企业的事业、业绩广告，企业的技术性广告，企业的意见广告，企业的问候性、纪念性、告知性广告等。

5.2.2 公关广告的目的

公关广告的目标是在公众心目中树立企业良好的社会形象，围绕着这一目标，公关广告的目的有以下几个方面。

1. 提高企业的知名度和美誉度，树立良好社会形象

企业形象是企业的无形财富，它一方面要靠企业的自身努力，提高企业的综合素质、实力、经营管理水平和企业道德水平等，另一方面要借助于传播媒介宣传自身，以信息传播的方式提高企业的声誉，树立企业的整体形象。

首先，从提高企业的知名度来看，在实践过程中往往有这样的情形，有许多企业的产品是一流的，但企业的名声却不能同企业的产品同步。有的消费者只知道产品的牌子，而不知道产品究竟是哪一家企业生产的；还有这样的情形，某些消费者根本不知道产品的牌子，但一听到产品生产的企业就决定购买。

其次，从提高企业的美誉度来看，企业的美誉度在市场营销中更加重要，要提高企业的美誉度，还需要在企业的产品质量上下工夫，并且把优质产品质量的信息及时、准确地传达给社会公众。

例如，美国可口可乐公司每年都要投入巨资制作公关广告，其目的就在于提高企业的知名度与美誉度。其口号有"让全世界都知道可口可乐"（知名度）、"健康快乐的可口可乐"（美誉度）等。

另外，一个目光远大、具有强烈责任感的企业，必定要为企业的未来做好准备。面向未来的产品，产品的性能、服务都可能会变，但商标、企业本身却不能变。当具体的产品广告无法发挥作用时，公关广告却能够赢得消费者的熟悉与喜爱，这样才能保证消费者在未来同样会认可并支持本企业。

2. 协调企业与公众的关系

公关广告关注的核心是在企业与公众的关系协调。因此，公关广告的目的也在于使企业与公众保持良好的沟通，使二者相互理解，达成共识。为了加强企业与消费者、销售人员之间的相互信任，企业往往通过公关广告来沟通彼此间的感情，或表达企业的意愿、立场、问候、祝福等，以促进公众对自己的了解。企业做公关广告既能增强全体员工的归属感和凝聚力，又能促进全社会公众了解自身。企业有时为了吸引投资者和合作者，也经常通过公关广告来寻求合作对象，建立与周围公众的协调关系。公关广告的目的在于协调企业与社会公众的关系，增强或影响公众对企业的信心和信赖。

3. 实现企业的未来发展战略

任何企业都有其发展的目标，都有自己的未来发展战略。企业的未来发展战略不仅包括企业的现有营销目标，还包括企业的未来发展蓝图。企业的知名度和美誉度是通过长期的公关广告的积累而形成的。只有通过不间断的公关广告的宣传手段，才能不断增强消费者与公众对企业的熟悉度、记忆度、信任度、支持度和忠诚度。由于公关广告的侧重点不是企业产品的销售，因而通过长期的公关广告的作用，就能不断地强化消费者和公众对企业的记忆，唤起他们对公关广告前期宣传的联想，达到对企业形象的完整识别的目的，从而服务于企业的未来发展战略。

5.2.3 公关广告的策划

公关广告策划，当然包括一般性广告策划的基本程序，诸如公关广告的编制程序、战略策划、对象策划、创作策划、创意策划等。在制订公关广告策划时，切记公关广告对象的特殊性，它不是创造销售产品的形象，而是树立企业形象和提高产品的声誉，它的目的是诱导消费者对企业的目标、政策、产品、技术、设备、人员素质、经营管理等有一个整体的良好印象，因此，公关广告策划又有其独特性，有着不同于其他广告的策划原则。

就公关广告的战略策划而言，公关广告的目标是企业营销的总体目标，它的立足点是企业的系统性、战略性、未来性、方向性的决策，因此，它不同于通常的产品广告以确定目标市场的销售产品作为广告的定位，而是着重研究如何在协调企业和公众关系的前提下，争取消费者，取得社会公众了解、支持与信赖，并以此求得企业的生存和发展。所以在制订公关广告策划时，企业经营者应当详细了解企业的内外环境，以公众为中心来设计广告的战略方向，使公关广告能够做到有的放矢。

就具体的公关广告策划来说，在做公关广告时需要注意以下几个方面的问题。

1. 明确企业定位，准确地表现企业品质和形象

公关广告的策划不是单纯对产品的定位，而是对企业的定位，这是公关广告能否成功的关键所在。就企业的定位来说，就是要鲜明地体现出企业的独特形象，以创新的手法表现企业的性质、声誉等总体企业素质内容。与此相适应，公关广告的创意需要充分反映企业的定位。就公关广告的目标来说，要在定位的前提下提炼出广告的主题。因为公关广告的目标不是直接推销产品，其文案设计就要采取委婉的方式，避免较多的商品化词语，而是寻找到独特的广告切入点，借助于创造性的表现方法，使消费者能从广告词语的设计中准确地看出企业的品质和形象。

2. 以公众和消费者为中心

公关广告要确定以公众和消费者为中心的观念，公关广告是广告运动中的一种较高层次的广告活动，因而其中心是为了最大限度地满足公众与消费者的需求。这个需求不仅仅是关于具体产品的需求，而是关乎公众、社会、民族、国家乃至全球利益的需求。公关广告的对象不是单纯购买企业产品的、眼前的、短期的消费者，而是与企业整体利益、长远利益密切相关的广大的社会公众。这就需要通过广告的手段促使社会公众了解企业的愿景、价值观、使命、战略与社会责任等，以此赢得公众的好感。只有真正从消费者与公众的利益出发，才能使公关广告的主题与公众的关心点相吻合，才能取得较好的公关效应。以公众为中心，就要在广告设计方面体现出来，就要把消费者放在第一位，要以坦诚、相互信任的态度来说明企业的性质，使广告的主题以企业的事实为依据。

3. 确定公关广告诉求重点，力求以心战取胜

公关广告要以公众的关心点为广告主题的诉求点，寻求企业营销目标同广大公众与消费者在心理上得到沟通的方式。这就是说，公关广告的策划诉求点要抓住公众的心理，富有浓郁的人情味，从而给消费者以种种实惠和情感上心理上的满足，激发公众对企业的强烈兴趣，增强对企业的信任感。例如，德国莱比锡百货公司在为"雨季准备"的销售活动中，推出了公关广告口号"不会只下一滴雨""屋顶保护不了我们"等，把广告的诉求点打到公众内心深处，通常使公众和消费者能产生心理上的共鸣。再比如，美国联合航空公司的广告语是"乘美国联合航空公司班机，到处都是好天气"，也是采取了情感化、心理化的表现手法，取得了良好的效果。

4. 确定公关广告长远目标，不能急于求成

公关广告策划具有战略规划的性质，因而在从事广告计划制订时，公关广告更要立足于长远和未来，要坚持持之以恒，不能急功近利。具体做法是，要把公关广告作为企业营销目标战略中不可缺少的一部分，经常在广告费用的投入上注意坚持公关广告的连续性，即使在企业有了较高知名度的情况下，也要继续做公关广告，因为企业美誉度的建立需要十年、几十年甚至是百年的努力，例如可口可乐，它成立于1886年，是一百多年的努力才成就了这个卓越的世界顶级品牌！这种广告战略将使企业获得用金钱买不到的财富。

5. 确定广告媒体方式，把握恰当的宣传时机

就公关广告来说，要注意到企业自身形象的树立同广告媒体不同传播效果的关系，使媒体的选择方式服从于公关广告的需要；就广告版面来说，版面大要比版面小的效果为好。就广告的时间选择来说，最好是保证时间的连续性。企业要结合自身的情况，采取集中与分散相结合的时间选择策略。

在具体制订公关广告策划时，还要注意到克服在策划中容易出现的几个问题。例如，不要过分吹嘘，任何夸大其词的公关广告，其效果往往事与愿违，不能激发起公众对企业的好感。

5.2.4 公关广告的实施

公关广告包括很多具体形式及实施方法。就具体形式而言，有顾客公关广告、经销商公关广告、新闻媒介公关广告、政府公关广告等。就实施方法来说，也有许多不同的传播方式。从本质上来看，公关活动是一种有目的、有计划地与公众和社会广泛交流与沟通的活动，公关广告的实施方式主要有：① 设计制作公关广告，选择恰当的传播媒体；② 召开新闻发布会，撰写新闻稿件；③ 利用人际传播及其他非媒体传播方式；④ 利用文化体育赛事传播企业形象。

1. 设计制作公关广告，选择恰当的传播媒体

设计、制作公关广告，通过选择媒介加以传播，以求树立企业的良好形象，这是公关广告实施的一种主要方式。企业在决定营销规划时，总要制定完整的包括公关广告在内的广告规划，这就要求公关广告在准确定位、明确主题的前提下，通过精心设计和创意，以某种手段表现出来，就要通过媒介手段加工制作和传播。在制作公关广告时，要联系其主题，注重利用各种媒介的特点，避免抽象化、说教化的广告文案设计，而以真实生动的企业形象或现实主题为表现内容，实现其感化作用。

在选择媒体方式时，要看到公关广告主题与媒体不同方式联结所体现出来的实施效果。各种传播媒体既有其优点，又有其缺点。例如，企业在构思公关广告时，总要力求通过某一侧面来表现企业的形象，这种创意总是有个性的特征。公关广告的个性又必须通过适合表达这一个性的特定媒体方式加以传播，这也是公关广告实施中一个需要重视的环节。

此外，除了设计制作专门性质的公关广告，借助于广告媒体传播外，企业还可以通过以公关活动的诸种形式，达到公关广告实施的效果。例如，制作与企业形象相关的纪念品或礼品，设计出企业的某种标志、名片、信封、信纸、表册、厂服等，都可以看作是广义的公关广告实施方式。很多企业还提出了企业精神、企业格言，创作了厂歌等，并且通过媒体加以传播，也是公关广告实施的活动内容。至于制作反映企业形象的影片、录像带，利用各种手段向公众广泛宣传，设立某项社会基金、科研基金等，表彰各方面对社会有贡献之人，无疑也是实施公关广告的手段之一。

2. 召开新闻发布会，撰写新闻稿件

召开新闻发布会与撰写新闻稿件表现企业的形象，也是公关广告实施的一种形式。这种形式通常是企业发言人通过召开新闻发布会、记者招待会或定期保持同新闻媒介的稳定性联系等手段，来达到公关广告的目的。由于这种传播信息的形式具有真实性、快捷性、新鲜性、灵活性等特点，企业大都十分重视这种形式。就这种形式而言，新闻发布会的主题恰是公关广告所要实施的目标。

以新闻报道形式通过新闻媒介传送企业的信息，以新闻发布会的形式传播企业的某方面情况，理应具有客观、真实、公正的性质。如果企业选择了类似公关广告活动实施的这种形式，并且决策正确有效，就有较强的说服力、感染力，它对提高企业的知名度和加强企业同公众的协调关系具有重要的意义。

3. 利用人际传播及其他非媒体传播方式

与这种信息媒介传播相关的，就是公关广告的人际传播方式或其他方式。例如，企业可以经常邀请新闻媒介到单位召开营销研讨会、座谈会，或组织社会公众参加的产品展览会、新产品介绍会、吸引消费者对企业和产品评价的座谈会等。这种方式通常叫作公关广告的非媒体传播方式。这一方式同样会收到公关广告的效果，但是在具体分析公关广告实施手段与方法时，需要结合企业的实际情况灵活地制定。

4. 利用文化体育赛事传播企业形象

利用文化体育赛事的形式来提高企业的知名度，塑造企业的良好形象，也是当今公关广告实施的方式之一。从公关角度来说，企业之所以赞助文化体育赛事，不仅出于销售产品方面的考虑，更重要的是实施企业的营销战略目标，即为了提高企业在公众心目中的地位，塑造企业的良好形象。这种宣传是一种间接的广告信息传播活动，虽然不是以直接推销产品为目的，但是对于企业形象的传播有事半功倍的效果。

5.2.5 公关广告的评估

任何广告都有其预定的目标，公关广告也不例外，考察公关广告与公关目标是否相吻合，自然就提出广告的效果问题。公关广告的评估是指对企业所做公关广告产生的影响与效果进行评估检验。对公关广告的评估与广告效果评估方式大致相同，一般可分为广告前的评估和广告后的评估，其重点是评估公关广告目标的实现程度。

然而，公关广告的评估与一般广告的评估相比，有自己的特点。在研究公关广告的评估时，要注意到以下几个因素：①公关广告的评估不仅包括对公关广告目标实现状况的检验，而且也包括对公关广告过程的评价；②公关广告的目标不仅是企业产品的销售额增长，而且是企业的总体形象的好坏，其效果评估的弹性较大，不易把握；③公关广告的评估不是单项指标的评估，而是综合指标的评估，应该把公关广告的社会效果作为评估的核心内容，而不是像其他商业广告那样把经济指标放在首位。

在公关广告评估的技术细节上，详见本书第9章。

5.3 促销广告策划

促销活动，是工商企业拓展市场营销的重要策略，是市场营销组合的重要组成部分，其关键在于一个"促"字，"促"即"促进"，也有人将其称为"推广"或"激励"。但无论何种提法，促销活动的基本含义都相吻合，并无矛盾，就是促使企业的商品（或劳务）对广大消费者（或用户）具有更强烈的吸引力与刺激性，从而达到拓展市场、扩大销售（或服务）的目的。由于市场竞争愈演愈烈，促销活动也就越来越成为商品社会性活动中日趋频繁的活动之一，促销活动的广告策划也因此成为整体广告策划中日趋重要的课题之一。

5.3.1 促销活动的作用

促销活动，是指工商企业运用人员与非人员方式、方法，向广大消费者介绍商品或劳务信息，引导、启发、刺激消费者产生购买兴趣，做出购买决策，采取购买行为的活动。最早的促销活动多以叫卖的形式招揽生意，而现代的促销活动不仅采用了现代化科学技术，而且也应用了现代化管理手段。它不仅是为了招揽消费者，还提供服务，满足消费者的多种需求，为消费者提供更多的利益，促进社会生产经营的良性循环与国民经济的迅速发展。促销活动的作用主要有以下几个方面。

1. 提供商品信息

随着生产的发展，商品的品种、数量、花色等也迅速增加。在数量众多、琳琅满目的商品市场，消费者必然会产生眼花缭乱、不知所措的感觉，而其某一方面的需求又迫切希望得到满足。在此情况下，企业的促销活动就会直接为消费者（或间接地通过中间商）提供各种商品信息引起其注意，从感兴趣逐步产生购买动机，引起购买行为，最后得到物质和精神方面的满足。

2. 突出商品特点

参加市场竞争的同类商品为数众多，由于出自不同的生产厂家，它们之间既具有一定的共同属性，又具有各自的独特个性。如果不对之进行宣传，则消费者对这些商品的个性特点就不易觉察把握。因此，广告宣传等促销活动会使商品的特点更加鲜明地呈现在消费者的面前，引起其注意，增进其了解，从而扩大销售，拓展市场。

3. 增加需求

由于消费者需求动机的多样性与复杂性，工商企业通过一定的促销活动，可以诱导或激发消费者某一方面的潜在需求。这样，既可以增加市场某些商品的销量，又可以发现新产品的销路。当消费者对某些商品的需求减少时，通过一定的促销形式还可以恢复或保持消费者对这些商品的需求。

4. 稳定销售

在市场激烈竞争的条件下，企业之间为了争取和扩大商品销路与稳定销售，往往通过促销活动树立自己商品的威信与企业的形象，培养消费者使用本企业商品的习惯，引起他们心理上的偏爱，使本企业的商品在市场竞争中处于相对稳定的市场占有率地位。

5.3.2 会展促销

会展或展销会是为了满足社会不断发展的物质需求，沟通生产企业与流通领域及消费者之间的联系，聚集一大类或几大类商品，尤其是名、优、新、特产品，在特定的时间和地点公开展示，集中宣传，让公众参观、考察或选购，以促进商品大众化及商品销售。展销会是近代新兴的广告方式之一，是一种具有较大规模与声势的POP广告形式，也是现代商品促销活动中较为普遍采用的有效形式。

1. 展销会的类型

展销会的类型颇多，按照不同的划分标准，它主要可以分为如下几类。

（1）**按场地分**。按照场地划分，展销会有店内展销与店外展销。店内展销，就是在商场内就地设置展销专场或专门展销柜台。店外展销，就是到商场外另选其他的展销场所，它一般属于较大规模型，可以是独家自办，也可以是多家联办。

（2）**按商品分**。按照展示的商品划分，展销会主要有3种：① 专项商品展销，如汽车展销会、家电展销会等；② 行业商品展销，如纺织、五金等行业的产品展销；③ 综合商品展销，这是各行联手，各种产品荟萃的展销形式。

（3）**按销售情况分**。按照销售情况划分，展销会有只展不销、又展又销、既展销又计划分配等几种形式。

（4）**按展出方式分**。按展出方式分，展销会有固定地点展销、巡回展销与流动车船展销等多种。

（5）**按展销地区分**。按照展销地区划分，展销会有国内展销与国际展销之别；国内展销又有全国性展销、区域性展销与地区性展销之分。

2. 展销会的组织

较大规模的商品展销会涉及的人数众多，影响面广，需动用相当数量的人力、物力与财力去完成各个方面的工作，因此，必须进行周密的组织，对其整个过程加以周密策划与调控管理。

（1）**展销会的组织结构**。展销会必须首先组成大会组委会作为临时领导机构，直接负责指挥各参展单位或团体的活动，控制和监督展销会的进行，并设置若干办事机构，负责各项具体事务工作。

（2）**展销会的组织程序**。展销会的整个组织过程，依次包括"前期计划—前期筹备—活动实施—总结与善后"4个阶段。

3. 展销会的设计

展销会的设计，主要表现在展销大纲编写、总体美术设计与局部设计上。展销大纲必须妥善地表达展销的意图与目的，各项要求与指示必须明确；总体美术设计要依据展销大纲、展品、场地、经费与材料情况进行艺术构思，定出设计蓝图；展销场地的内外局部设计要根据总体设计意图，进行创造性的设计。在设计中，应符合如下几个要求。

（1）**突出主题，显示特色**。展销会的设计，无论是总体布局、美术设计还是商品展出，都要突出主题，体现展销会的特色，使人一看便知展销会的目的。

展销场地正门的造型，应该庄重大方，独特别致，且悬以会标与会徽。会标应简明醒目，上口悦耳。会徽应新颖美观，具有展销会的明显特征。各分馆入口，应在符合主题的前提下各具独特风貌。

展销会中心展台的艺术造型，应力求形象化地展现主题、显示特色。展销会是展示商品的场所，商品的展示是主体，因此，无论是总体设计还是局部设计，都要突出商品，避免陪衬品与点缀品超过正式展品而导致喧宾夺主。

（2）**布局合理，新颖美观**。展销的总馆应设在主入口处，并有展销会总体情况介绍与各分馆路线指示图；各个分馆的分布要依据一定的顺序，符合商品之间的连带关系；馆内商品的陈列也要统一有序，符合人们的参观或购买的习惯。

展销会参观的路线，应该曲折回旋，不要让人一览无遗；但又不能太过复杂，应当以畅通无阻、不逆看、不交叉、不重复、不遗漏为原则。

展销会的布局应该着眼于统一，统一中富有变化，加强气氛渲染，避免形式单调呆板。陈列的部分应该运用商场橱窗与商场陈列的手法，形成展品陈列的参差错落感，色彩有明暗对比的变化。

展台的设计要与场地相适应。展厅若较小较低，则展台与假墙不宜过高；展厅若较大较高，则展台与假墙亦应相对高大一些。

（3）**明亮洁净，舒适方便**。展厅内的照明，应该明亮而不刺眼，尽量做到见光不见灯，使展品所在区域的照明度高于参观者所在处的照明度，光线不直射参观者的眼睛。此外，寒冷时节，展厅的灯光亮度宜强，使人因灯光的亮度觉得温暖舒适；燥热季节，则光度应柔弱一些，造成清新凉爽之感。

展厅内外要做好环境的点缀美化，设立休息场所、洽谈场所与服务网点等，为客商提供各种方便条件。

5.3.3　包装广告

产品包装是产品的容器或包裹物。按照产品包装的用途，它主要划分为储运包装和直接包装。储运包装又称大包装，是产品的外包装，其唯一的宗旨是要保护产品在储存与运输中免遭损失，便于批发销售。直接包装又称小包装、内包装或零售包装，是产品的贴身包装，是零售商品的组成部分，连同商品一起卖给消费者。直接包装除了具有储存、保护与携带等一般功能外，还有传播信息、广告推销的重要功能，具有"无声推销员"的作用。包装广告就是依据广告原理进行产品直接包装的设计制作，利用直接包装传播经济信息，促进商品销售。包装广告是售点广告的重要形式之一。

1. 包装广告的特点

包装广告直接附属于零售商品，是零售商品的贴身服饰，不仅是一种最能与商品接近的广告，而且也是商品对消费者的最后广告。包装广告主要有如下几个特点。

（1）**直接展示商品的品质**。零售商场的商品陈列，大多都是连同包装一并展示，因而包装广告就直接展示于消费者面前，比之远离商品本身的其他广告媒体更有直接性与亲切感，尤其是在自选市场更具有"无声推销员"的作用。

（2）**强烈诱导的作用**。在现代市场中，商品琳琅满目，花色品种繁多，同类产品的内在质量与价格的差距亦不甚明显。置于如此环境中，竞争的重点无疑趋向于产品外观设计与包装装潢的竞争。为了竞争，获得营销的胜利，就需要在包装广告上别出心裁，出奇制胜。精美独特的包装广告可以赋予商品以非凡的魅力，具有强烈的视觉冲击力，紧紧地吸引选购者的视线，刺激其购买的兴趣与欲望，诱导他们将购买的欲望付诸购买的行动。

（3）**持久的广告效果**。商品的使用时间长短不一，但无论如何商品在使用完毕以前，内包装一般是不会被废弃的。因此，包装广告不仅在销售现场起着宣传作用，而且还深入到消费者的家庭，在消费过程中继续发挥广告作用。此外，还因为包装广告的审美价值或实用价值，商品本身在被消费以后，包装广告甚至会被保留下来，作为观赏或实用之物。因而，它的广告宣传作用也就维持得更加持久。

（4）**多样的工艺技术**。包装广告包括平面文图设计制作与立体造型设计制作两种；包装的原料成分，有铁、铝、纸、木、布、竹、草、玻璃、塑料等数十种，不一而足；包装的外观构成和组织结构变化纷繁，生产技术复杂。包装广告的设计需要适应包装的不同原料、外观构成、组织结构、生产技术的要求，具有多样性与创造性，成就其独特的审美价值与实用价值，对消费者产生足够的吸引力与感染力。

（5）**免除广告成本预算的麻烦**。商品包装是商品的组成部分，也是商品成本的组成部分。包装广告只是强化包装的广告形式，是在生产商品包装过程中形成的。也就是说，包装广告费的成本早已列入包装费中，无须企业另外编制广告预算。因此，包装广告有利于提高经济效益，降低商品流通费用。

（6）**有利于商品身价的提高**。在商品流通过程中，商品包装装潢的优良与否，对消费者认知商品的价值有重要影响，人们往往从商品包装去认知商品价值。所谓"一等商品，二等包装，三等价钱！"，说的就是这个意思，这种规律目前正在被大多数企业认同。

包装广告策略在促销中具有重要作用，其得失成败与否，在相当程度上决定了商品销售的畅顺与否。例如，我国名土特产宜兴紫砂壶，在美国参加中国商品大展销时，其单只包装仅仅是黄草纸，80只挤装于一只大纸箱内，其内杂以纸屑或稻草衬垫，简陋不堪。因此，在光顾者心目中被置于低档货之列，结果是慕名踊跃而来，败兴叹息而归。就在此时，一位美国商人看准时机，竟以低价全部买进，将其改为单只的名贵礼品包装，转眼间就成为高档商品柜台的"座上客"，尽管销售价格高出于原来的10倍，仍被抢购一空。商品包装广告在促销中的重要性由此可见一斑。从特定意义上说，包装广告就是生产经营者智慧与韬略的一个缩影。

2. 包装广告的设计原则

商品的包装广告在整个商品流通过程中始终与商品"结伴而行"，且直到流通过程的终结，有的还可能在使用过程中继续发挥作用。因此，对包装广告设计提出了较高的要求，要求它必须遵循安全、实用、美观与经济的原则。

（1）**安全原则**。零售包装是商品的贴身包装。它不仅直接影响到商品的外观形象，也直接影响到商品的内在质量。因此，包装广告的质量，首先必须确保商品的储存与运输安全。在此基础上，还要注意分析包装原料是否有损于商品质量与人身健康，防止外界有害物质对商品的侵害，确保消费者的安全使用。此外，包装广告的文字说明中，要使消费者易于理解与掌握。例如，药品、食品、药用化妆品等，在包装广告中都应说明出厂期、有效期和使用的注意事项。这不仅是对消费者的安全负责，也有利于增强消费者对商品的信任感与购买的决心。

（2）**实用原则**。实用原则是指包装广告要具有实用性。坚持这一原则，就是在包装广告设计中坚持考虑在同类商品包装中易于识别，易于记忆，易于使用，易于携带，方便销售，使包装的质量与商品的价值相互一致。切忌华而不实，本末倒置。

（3）**美观原则**。美观原则是指包装广告要具有艺术性。包装广告设计，应力求造型新颖别致，图案生动形象，色彩明快和谐，不生硬模仿，不落入俗套，使消费者耳目一新，赏心悦目。包装广告只有体现出审美价值，给人以美的享受，才能引发购买的兴趣与欲望。

（4）**经济原则**。经济原则是指包装广告要努力降低成本。这是要求以最经济的代价设计所需材料，尽量减轻消费者的负担，以利于提高商品的竞争能力。

3. 包装广告的设计

包装广告的设计是一项多样性和创造性的工作，主要包括平面设计与立体设计这两个方面。

(1) **包装广告的平面设计**。这种平面设计主要包括文字、图形、商标与色彩 4 个方面的内容。由于零售包装面积较小，可以分割成不同的层面。因此，对这 4 项内容的设计要求，也各有不同。

1) 文字。包装广告的文字，主要包括两个部分，即牌名与说明。此外，有的还可附加标语。

牌名是包装广告的重要组成部分，因此，一定要突出牌名，以便原来的消费者认牌购买，也便于给潜在的消费者留下深刻印象。牌名一般置于包装的展销面或正反两面的中上部位，以突出的字体呈现于消费者视线之内。字体要清晰易认，美化而不潦草。

说明是包装广告的正文。内容要简明扼要，多列于包装的两个侧面。标语应列于包装牌名附近。

2) 图形。图形就是用绘画或照片来展示包装内商品的形象，应该出现于封闭零售包装的正反两面。

3) 商标。商标多数零售包装都应印上，置于牌名附近的突出位置，以便于消费者识别或加深印象。

4) 色彩。零售包装的色彩在设计中占有很重要的地位，因为它要比一切用来描摹产品的华丽辞藻给人的印象更深刻。它应以显示商品原有色彩为主，辅之以装饰性色彩，即装饰色彩。包装色彩的选择，应以能显示商品性质和造成强烈反差引人注目的作用为目标，用色不宜过多。

(2) **包装广告的立体设计**。包装广告的立体设计，主要是指零售包装的造型设计。零售包装的造型主要有如下几种模式：

1) 便利模式。便利模式也就是针对商品的特性，为方便营业销售与消费者使用着想，满足消费者实用上与心理上的需求。

便利模式主要有 7 种类型：① 便于消费者辨认是何商品的标志型；② 方便消费者使用的易启型；③ 符合消费者使用习惯的规格型；④ 便于消费者携带的便携型；⑤ 便于携带一次购买较多数量的成组型；⑥ 将用途相近而种类不同的数组商品进行组合包装，便于购买与使用，且能给商品带来名贵感与新鲜感的配套型；⑦ 使用时轻按特殊喷嘴即可将液体商品喷射出来的喷射型。

2) 陈列模式。陈列模式是为方便商品陈列与显示商品特色着想而进行造型设计的模式。

陈列模式主要有 5 种类型：① 使用透明包装，充分暴露内装商品实际形态的透明型；② 商品大部实体被遮蔽，只开窗显露某一实体部分的开窗型；③ 打开包装顶盖即可砌叠成货架，便于直接陈列内装商品的座架型；④ 可挂于货架或墙壁等，便于翘首观察或伸手可取的吊挂型；⑤ 将主体造型与平面设计有机结合，便于形成统一视觉印象的系列型。

3) 价值模式。价值模式是依据商品价值与社会价值进行设计，显示商品的不同档次，迎合各种不同消费心理需求的造型模式。

价值模式主要分为 4 种类型：① 按商品品质的不同档次设计，使包装的价值观同商品品质相匹配的等级包装；② 专为品质高、价格贵的高档商品设计的华贵包装；③ 美观耐用，使用完内装商品而包装仍可别做他用的复用包装；④ 零售包装内附加赠物，使消费者在好奇与侥幸心理驱使下重复购买的馈赠包装。

4）**心理模式**。心理模式是使包装具有消费者乐于接受的性格化和人情味的特征，或者透过消费者的视觉感受，获得某种心理满足的造型模式。

心理模式的主要类型有 3 种：① 根据消费者性别不同而具有的不同感受与爱好设计的性别型；② 根据不同年龄的消费者生理与心理的不同需求而设计的年龄型；③ 利用消费者视觉的错觉，使其获得心理性满足而设计的错觉型。

应该指出，无论是包装广告的平面设计还是立体设计，也无论是其中的何种类型，在进行设计时均不可只顾一面，不计其余，而必须综合考虑，兼顾整体。

5.3.4 馈赠广告

馈赠广告，主要是指对消费者购买广告产品进行物质鼓励，赠以纪念品或礼品、奖品的广告形式。它是一种常见的间接广告形式。随着经济交流活动的日趋活跃，市场竞争形势的日趋激烈，这种鼓励吸引性的广告形式也日趋增多，不断花样翻新，成为促销活动中有力且有效的重要手段。

1. 馈赠广告的目的与作用

馈赠广告适用于产品的引入期、成长期与成熟期，尤其是引入期，馈赠物往往为富有纪念意义与实用价值的小物件，一般应用于对购买有影响或有决策地位的对象。其目的在于：通过给予消费者某种附加利益，刺激其购买广告产品的兴趣、欲望与行为，促进销售；试图树立起企业或营销者实力雄厚、慷慨大方、富有人情味、渴望交流、珍视友谊的友好形象，以赢得消费者对企业与商品的青睐。

概括归纳起来，馈赠广告的作用大致有 3 个：① 能够比较有效地沟通企业、营销者与消费者之间的关系，在三者之间结成感情的纽带；② 能够直接刺激消费者购买广告产品，并且促使重复购买率的提高；③ 由于馈赠之物多为使用率较高，或有纪念意义的产品，因此，又能够起到持久性广告宣传的作用。

2. 馈赠广告的种类

馈赠广告的形式多种多样，且有不断增多的趋势。林林总总归纳起来，大致有如下几种形式：

（1）**附于内包装内的赠品**。这是一种买一直接赠一的广告方式。例如，我国江苏省生产的"芭蕾"珍珠霜在香港地区市场销售时，就采用了这一形式："芭蕾"的内包装内是一只小巧的泡沫塑料托盘，里边放着镶有一颗珍珠的别针。珍珠作为高贵礼物送人是颇为适宜的，很得女性消费者的喜爱。厂家在说明书上还特意写明：如果您自用，买到 50 瓶以上，就可以串成一条珍珠项链。这一广告非常引人注目，所以"芭蕾"的每瓶售价虽然高达 65 港元，但消费者购买仍然颇为踊跃。

（2）**购买固定数额赠送**。这是对消费者购买到一定数额的商品后进行奖励的赠送方式。例如，美国的"象牙"香皂就曾经刊登过这样的广告："如果您尚未使用过象牙牌香皂，现在正是购买的良机；买一打象牙牌香皂，可免费获得一根表链和一枚证章。您的钱花在香皂上，您的表链和证章都是免费的，何乐而不为？"

（3）**广告赠券**。这是先赠赠券再以赠券换取奖励的形式。食品、饮料和日用品的报刊广告采用此法较多，也就是在广告的一角设有回执，读者将其剪下，带其前往销售地点换取奖励。采用此法，既可产生扩大销售的直接效果，又可以较准确地检验出广告的阅读率。此外，赠券亦有置于商品包装内者，其优惠的办法较多，如赠送小礼物、折价购买等。

（4）**礼品赠送嘉宾**。这一方式是在特定的情况下，针对有关人员的，而不是面对广大消费者。例如，在工商企业开张几周年庆典之际，或者举办大型商业交易活动之时，向参加活动的与工商企业同生日者、消费积极分子、中间商等嘉宾赠送礼品。

3. 馈赠广告的设计原则

由于馈赠广告的主要目的在于树立企业形象，宣传商品，赢得信誉，创造效益。因此，广告设计应该遵循以下原则。

（1）**简朴、实用、节约**。馈赠的礼品应以成本不高，具有实用价值且美观大方的物品为主，如小装饰品、小工艺品、画册、纪念章、小玩具等。不要一味追求豪华高级的馈赠，这是因为不仅投入过大，企业可能难以承受，而且还可能适得其反，令人疑窦丛生，使消费者望而却步。

（2）**精巧、别致、美观**。馈赠的礼品不能随便抓过一样就用，应该进行认真的艺术构思与设计，体现审美观念，令人喜爱珍惜，富有生活气息和纪念意义，有装饰功能或保存收藏价值。

（3）**突出馈赠的意义**。赠品上应该有企业或商场的明显标志，有简洁含蓄的促销或宣传用语，使消费者既能乐于接受赠品，对企业或商场产生热情友好的印象，又避免产生被利用收买的不良感觉。赠品广告要突出赠品的意义，但又要淡化商业味，尽量强化人情味。

5.3.5 示范广告

示范广告，是指将商品所具有的特征展现在消费者或用户的面前，并且通过实际的表演、操作或使用以证实商品所具有的优良品质与性能的广告方式。它是引导正确消费，推动促销深入的有效手段。

1. 示范广告的实施条件与作用

有些商品，尤其是处于引入期的新产品和比较复杂的新技术产品，其吸引人的优良品质是很难用言语描述清楚的。言语描述过于抽象，消费者或用户未必能够产生同实物真实情况相一致的印象；而言语描述过于具体，又无法反映出实际真实情况的动人之处，况且也不适合于媒体广告作品的有效时间或空间。因此，对于此类商品最好是让消费者或用户亲见"庐山真面目"，找到其能够满足自己物质或心理需求的地方。示范，正是这种宣传产品的巧妙而有效的广告方式。

示范广告方式尽管对促销有重大作用，但并非任何条件下都适用，而是有一定的前提条件的。一般来说，它的实施条件有如下几个。

（1）**商品品质必须优良独特**。示范广告的重要目的之一，是赢得消费者对广告产品的好感与信赖，树立产品的形象。但空口无凭不行，商品品质平庸不行，质量不过硬也不行；必须用实际商品、用商品确实具有的优良品质、用实实在在的卓越性能去征服消费者或用户。这是实施示范广告方式必须具备的首要条件。若商品品质平庸，还是聪明一点，不要采用这一策略为佳，因为这样会出乖露丑，自砸品牌。

（2）**必须抓准时机**。抓准时机实施示范广告，这是又一个必要前提。一般说来，示范广告主要应在商品引入期实施。因为此时商品刚刚进入市场，其特点、性能及使用方法等尚不为消费者悉知，商品尚未在市场站稳，而此时采用示范方法有利于向消费者介绍商品，提高商品的知名度与信任率，占领并拓展市场。此外，在市场竞争激烈时可采用这一方式，利用消费者眼见为实的心理，通过实际示范显示本商品较之其他同类商品所具有的优势与特殊性，吸引消费者对本商品的偏爱，做出购买决策。

（3）**应该是较为复杂的商品**。除上述两项条件外，采用示范方式还应根据商品的自身操作条件而定。一般说来，简单而易于使用操作的商品无须示范，但利用新技术开发的、使用操作时相对复杂的商品，在引入期就应进行示范，以显示其性能功效，并对消费者进行操作培训。

通过示范，将商品的性能、特征、质量、使用方法及注意事项等一一展示出来，既是一种极力劝说工作，又是一项服务培训工作，是一种巧妙而实在的促销策略，尤其是对新产品或复杂的产品，这种方式更为有效。

2. 示范广告的类型

示范广告的具体方法，主要有 3 种：① 现场验证；② 实际操作；③ 试用。

（1）**现场验证**。现场验证，就是将商品直截了当地展示在公众面前，通过具体直观的方法使其直接感受商品的优良品质。它具有生动形象的特点。例如，日本西铁城手表，采用的"天降手表"的宣传正是此法。该产品的企业用直升机从高空将手表投掷于地，声称谁拾到就归谁。这一高招立刻轰动澳大利亚，成千上万人眼睁睁看着西铁城手表从几米高空跌落于地，却又完好无损，于是促进销售形成高潮。这种广告是一种"示形"的表现，直观地显示出商品的优异独特之处，是吸引消费者的强有力手段。

（2）**实际操作**。实际操作，就是现场当众使用操作商品，演示并讲解商品的特点、性能、操作程序、注意事项及未来的使用效果，使公众直观地认识与理解商品。它具有指导性与培训性特点，能正确引导公众消费。例如，上海海鸥仪表五金厂生产的远红外加热食品烤箱，用户虽想购买，但不了解性能与操作方法，而对媒体广告的宣传又将信将疑。根据这一心理状况，海鸥厂就利用了实际操作表演的广告方式。在九江农村的一次现场示范会上，技术人员一面做面包，一面介绍该烤箱的性能、特点、操作要领、产品的优缺点等。经过 10 分钟，第一箱面包烤好了，看了操作又尝了面包后，原来想买的消费者当场拍板，犹豫不定的消费者做出决策，原来只想看看的消费者也产生了购买的兴趣与欲望。一次操作表演就当场销出 8 台，签订合同 20 多份。

（3）**试用**。试用广告方式，也就是允许消费者对商品先试用一番，或试看一段时间，认为合适满意后再付款，或者干脆先品尝一下再说的促销方法。此法的目的，在于试图给消费者留下一个难以忘怀的印象，使消费者在消费过程中从容做出购买决策。由谁来试用？当然不能毫无目标，任谁都行，而应该选择具有代表性和决策地位的消费者与中间商。例如，素有"酒中美人"之誉的贵州鸭溪窖酒，在普罗夫迪夫市的国际博览会上，厂家就采用了试用的方法——确切地说应该是试尝：拆开瓶装将酒倾入大碗中，置于冷风机下，使美酒的芳香弥漫整个展厅以吸引参观者。当人们围拢过来后，便请其亲口品尝，一时之间，品尝、询问令工作人员应接不暇。于是，短短的 7 天展览中，当地迅速掀起了一股"鸭溪热"，"中国鸭溪"声名鹊起，大量成交。

5.3.6 其他促销广告

除展销、包装、馈赠、示范等广告方式外，在促销活动中还有许多被经常运用且行之有效的广告方式。其中比较重要的有免费样品促销、抑价促销、摸彩促销、猜谜比赛与有奖问答促销等几种。

1. 免费样品促销

免费样品，是指工商企业将自己即将上市或刚刚上市的新产品无偿赠予他人使用的促销策略，它是一种介绍宣传产品的很直接又很有效的广告方式。

这种广告方式，主要适用于介绍新产品，占领新市场。它主要是利用人们好奇而求实的心理，突破传统的思维模式，对欲擒故纵或欲取先予战术的具体运用。其主要目的不外乎有两个：

（1）**提高产品的知名度**。将样品无偿又无条件地赠予他人，其实就是试图通过这种慷慨大方的举措，造成轰动效应，增进与消费者的联系与感情，引起公众的好感与亲近感，树立起企业与商品的良好形象，提高知名度，求得新产品在市场上站稳脚跟。

（2）**引诱消费者购买新产品**。许多商品，尤其是日常生活用品，消费者往往是按照习惯来购买的，一旦习惯于使用某一品牌的商品，除非它脱销或价格大幅度上涨，否则将会长期使用下去。这对于产品已经占领市场的工商企业来说，无疑是努力奋斗并试图达到的目的。但是，这对于刚刚推出新产品的企业来说，却又没有什么比这种消费习惯更令其头疼的事了，因为消费习惯往往会使消费者拒绝尝试新产品，使之找不到买主，难以迅速在市场上立足。将新产品大方地赠予消费者，让他们在欣喜的情境中使用新产品，在使用中直接验证新产品的质量、性能、个性与功效，加深对新产品的认识与印象，并且亲身感受到它种种优越于老产品或其他同类产品的特殊益处，以潜移默化地改变其消费习惯，转而接受新的产品。

免费样品广告方式，主要有两种类型：① 赠予普通消费者；② 赠予著名团体或名人。

2. 抑价促销

抑价促销，就是结合产品市场情况，根据消费者求廉与中间商求利的心理需求，灵活变通地降低价格，鼓励购买或销售，以达成企业的营销目标的一种广告方式。求廉是消费者较为普遍的心理现象，求利则是经商者一致追求的目标，抑价销售正是利用这种心理策划的促销策略，其促销效果也是颇为明显的。例如，美国大卫·高特创办的名曰"99仙"的商场，推出广告："店内所有商品无论大小贵贱，一律售价美元9角9分，就是彩电也卖9角9分（每天十台）。"一下成为轰动一时的新闻，使得这家商场日夜门庭若市，顾客蜂拥而至，开张仅4天，所有商品销售一空。结算结果，获利仍然十分可观。其原因就是利用了消费者的求廉心理，"彩电9角9分"立时吸引了他们，马上激发了消费者光顾该店购物的欲望。结果因彩电等商品销售亏损的金额，由于大量含有利润的商品售出而相抵消，反而获得了较丰厚的盈利。

在广告实施过程中，抑价促销具有各种不同的表现方法。具体地说，主要表现为如下5种策略：① 低价渐取策略；② 价格差别竞争策略；③ 特价招徕策略；④ 折扣策略；⑤ 让价策略。

3. 摸彩促销

摸彩广告亦称中奖广告，就是在购买商品后参加有关商品销售的幸运摸彩中奖的广告促销手段。摸彩促销，是工商企业利用广大消费者希冀能够侥幸交好运，举手之间获得巨大利益的心理，以丰厚诱人的悬赏为动力源，广造广告声势与气氛，直接催促消费者莫失良机地踊跃采取购买行动，以掀起销售高潮。它可以是先大造广告声势，传播中奖等及礼物信息，在消费者购买广告产品时附赠幸运彩券。待销售结束后在法律公证部门的监督下，当众举行摇奖仪式并当场予以公布；也可以在有关部门的严格监督之下，先将幸运中奖标志直接置于商品包装之内，在销售活动展开之前大造广告声势，传播摸彩信息，在销售活动中，消费者购买后即可开启包装寻找中奖标志，当场予以兑现。

摸彩促销是一种规模与影响都较大的广告促销活动，是当今社会商业活动中甚为流行的方法，对推动销售具有直接明显的速效性与即时性效果。由于这种活动规模大，影响大，且有一定风险，因此，必须周密策划，严格组织，以策万全。一般说来，应该符合如下要求：

（1）**量力而行**。摸彩中奖只适合于实力强大雄厚的企业，并且是市场需求弹性大、市场生命周期长、能够大量供应的商品；否则，无采用此方法的必要。

（2）**公证求实**。这是要求工商企业在这种促销活动中遵循法律程序，合乎有关政策法规，讲究职业道德，在注重经济效益的同时，也注重社会效益，做到货真价实，奖励如约兑现，对消费者负责。杜绝以劣充优，混级提价，克扣分量，哄骗消费者，从中牟取暴利等不正当的营销作风。

（3）**严密组织**。摸彩促销活动必须在审批手续齐备与有关部门监督的情况下具体实施。实施中必须严格地按照计划方案的程序安排进行，严格而有力地控制活动程序的执行进程，避免出现混乱；对突发的偶然事故，要有充分的心理与措施准备，有相应的应对方案。

4. 猜谜比赛与有奖问答促销

猜谜比赛和有奖问答，都是具有一定文娱竞赛性质、引人注目的广告方式，是广告促销的常用策略之一。偶尔用之，颇见功效。这两种广告方式，都是广告主出资赞助广播媒体或电视媒体举办的文娱性的节目，在节目播放的过程中，巧妙地利用猜谜比赛或有奖问答的形式，在生动活泼的气氛中，通过竞赛自然地传播广告产品的品质、性能、特点与功效等信息，吸引媒体受众的注意、兴趣与对广告产品的了解，达到推广促销的目的。由于谜语的谜底和问题的回答均与广告产品密切相关，而且奖品亦为广告产品，因此，这两种广告方式颇能取得公众对广告产品的关心与理解的双重效果，使之对其形成良好的印象。一般说来，这两种广告方式宜在产品上市后一段时间，且占有了一定的市场面，消费者有了一定的使用经验后加以实施运用。运用这两种广告促销策略时，应该力求文娱性与知识性的协调和谐，使二者相辅相成，相得益彰。

本章小结

1. 广告计划，是广告策划的必然产物，是广告策划所决定的战略、策略、方法、步骤的书面体现，是广告策划一系列思维与决策活动的最后归纳。
2. 广告策划所涉及的程序主要有：① 广告预测程序；② 广告决策程序；③ 广告计划程序；④ 广告实施程序；⑤ 广告评价程序。
3. "预测"是指预先或事前对事物的发展和未来进行料想、推测或估计。
4. 广告决策就是为实现某一指定目标，借助于科学技术手段和方法，对两个或两个以上的行动计划或方案，做出最终的选择与决定。
5. 广告决策的基本步骤是：① 提出问题、分析问题、找出问题关键点；② 确立决策目标；③ 拟订行动方案；④ 方案评审、优化与选择；⑤ 贯彻实施、反馈调节。
6. 拟订广告方案应该遵循的几项原则是：① 多样化原则；② 创造性原则；③ 可行性原则；④ 效益原则。

7. 选择广告方案的标准有三：① 价值标准；② 最优标准；③ 确定型与不确定型标准。
8. 选择广告方案的方法有三：① 筛选法；② 归并法；③ 决策树法。
9. 广告计划的作用有二：① 广告计划是实现广告目标的保证；② 广告计划是检验广告效益的根据。
10. 关于广告计划的分类：① 按照时间标准划分，有长期计划、中期计划与短期计划。② 按照内容划分，有专项计划与综合计划。③ 按照区域范围划分，有国际性广告计划、全国性广告计划、区域性广告计划与地方性广告计划等。④ 按照性质划分，有广告战略计划与广告策略计划等。⑤ 按照企业产品的生命周期划分，有开拓期广告计划、成长期广告计划、成熟期广告计划与衰退期广告计划等。⑥ 按照企业产品种类划分，有消费品广告计划、工业产品广告计划与劳务广告计划等。
11. 制订广告计划的原则是：① 目标明确；② 人才集中；③ 分工协作；④ 权责统一。
12. 一般的广告计划的实施程序大致可以概括为如下 10 个步骤：① 成立专案计划小组；② 展开市场研究；③ 确定广告目标；④ 确定广告的层次；⑤ 广告定位研究；⑥ 确定广告战略与策略；⑦ 确定广告预算；⑧ 确定广告媒体方式；⑨ 确定广告日程；⑩ 进行广告评估。
13. 广告策划的具体步骤可分为调研、策划、实施与评估等四个大的阶段。
14. 广告主题由广告目标、信息个性和消费心理三要素构成。
15. 确定广告主题的题材范围有健康、食欲、安全、美感、时尚、爱情、荣誉、母爱、地位、社交、快乐、效能、方便、保证、经济等许多方面。
16. 确定广告主题应注意的事项有：① 引人注目；② 浅显易懂；③ 整体统一；④ 独特个性。
17. 在确定广告主题的过程中，要尽可能避免如下一些情况：① 泛化；② 分散；③ 共享。
18. 从形式上来看，一份完整的广告策略计划书一般是由以下几个要素构成的：① 封面；② 目录；③ 前言；④ 正文；⑤ 附录；⑥ 封底。
19. 公关广告又称"企业广告"或"信誉广告"，它是一种以取得公众对企业的信赖与支持、宣传企业形象为主要目的的传播手段。
20. 公关广告从本质上来看，不是直接推销企业产品，而是以提高企业的知名度和美誉度为主要目标。如果说一般商业广告推销的是企业产品的话，那么公关广告推销的就是企业形象了。
21. 公关广告的目的有以下几个方面：① 提高企业的知名度和美誉度，树立良好社会形象；② 协调企业与公众的关系；③ 实现企业的未来发展战略。
22. 在做公关广告时需要注意以下几个方面的问题：① 明确企业定位，准确地表现企业的品质和形象；② 以公众和消费者为中心；③ 确定公关广告诉求重点，力求以心战取胜；④ 确定公关广告的长远目标，不能急于求成；⑤ 确定广告媒体方式，把握恰当的宣传时机。
23. 公关广告的实施方式主要有：① 设计制作公关广告，选择恰当传播媒体；② 召开新闻发布会，撰写新闻稿件；③ 利用人际传播及其他非媒体传播方式；④ 利用文化体育赛事传播企业形象。
24. 关于公关广告的评估要注意到以下几个因素：① 公关广告的评估不仅包括对公关广

告目标实现状况的检验，而且也包括对公关广告过程的评价；② 公关广告的目标不仅是企业产品的销售额增长，而是企业总体形象的好坏，其效果评估的弹性较大，不易把握；③ 公关广告的评估不是单项指标的评估，而是综合指标的评估，应该把公关广告的社会效果作为评估的核心内容，而不是像其他商业广告那样把经济指标放在首位。

25. 促销活动，是指工商企业运用人员与非人员方式、方法，向广大消费者介绍商品或劳务信息，引导、启发、刺激消费者产生购买兴趣，做出购买决策，采取购买行为的活动。
26. 促销活动的作用主要有以下几个方面：① 提供商品信息；② 突出商品特点；③ 增加需求；④ 稳定销售。
27. 展销会是为了满足社会不断发展的物质需求，沟通生产企业与流通领域及消费者之间的联系，聚集一大类或几大类商品，尤其是名、优、新、特产品，在特定的时间和地点公开展示，集中宣传，让公众参观、考察或选购，以促进商品大众化及商品销售。
28. 展销会的设计应符合如下几个要求：① 突出主题，显示特色；② 布局合理，新颖美观；③ 明亮洁净，舒适方便。
29. 包装广告直接附属于零售商品，是零售商品的贴身服饰，不仅是一种最能与商品接近的广告，而且也是商品对消费者的最后广告。
30. 产品包装是产品的容器或包裹物。按照产品包装的用途，它主要划分为储运包装和直接包装。
31. 包装广告主要有如下几个特点：① 直接展示商品的品质；② 强烈诱导的作用；③ 持久的广告效果；④ 多样的工艺技术；⑤ 免除广告成本预算的麻烦；⑥ 有利于商品身价的提高。
32. 包装广告的设计原则有：① 安全；② 实用；③ 美观；④ 经济。
33. 包装广告的平面设计主要包括以下内容：① 文字；② 图形；③ 商标；④ 色彩。
34. 包装广告的立体设计模式有：① 便利模式；② 陈列模式；③ 价值模式；④ 心理模式。
35. 馈赠广告，主要是指对消费者购买广告产品进行物质鼓励，赠以纪念品或礼品、奖品的广告形式。
36. 馈赠广告的作用大致有3个：① 能够比较有效地沟通企业、营销者与消费者之间的关系，在三者之间结成感情的纽带；② 能够直接刺激消费者购买广告产品，并且促使重复购买率的提高；③ 由于馈赠之物多为使用率较高，或有纪念意义的产品，因此，又能够起到持久性广告宣传的作用。
37. 馈赠广告的形式有如下几种：① 附于内包装内的赠品；② 购买固定数额赠送；③ 广告赠券；④ 礼品赠送嘉宾。
38. 馈赠广告的设计原则是：① 简朴、实用、节约；② 精巧、别致、美观；③ 突出馈赠的意义。
39. 示范广告，是指将商品所具有的特征展现在消费者或用户的面前，并且通过实际的表演、操作或使用以证实商品所具有的优良品质与性能的广告方式。
40. 示范广告方式的实施条件有：① 商品品质必须优良独特；② 必须抓准时机；③ 应该

是较为复杂的商品。
41. 示范广告的具体方法主要有3种：① 现场验证；② 实际操作；③ 试用。
42. 免费样品，是指工商企业将自己即将上市或刚刚上市的新产品无偿赠予他人使用的促销策略，它是一种很直接又很有效的介绍宣传产品的广告方式。
43. 抑价促销，就是结合产品的市场情况，根据消费者求廉与中间商求利的心理需求，灵活变通地降低价格，鼓励购买或销售，以达成企业营销目标的一种广告方式。
44. 抑价促销主要表现为以下几种策略：① 低价渐取策略；② 价格差别竞争策略；③ 特价招徕策略；④ 折扣策略；⑤ 让价策略。
45. 摸彩广告亦称中奖广告，就是在购买商品后参加有关商品销售的幸运摸彩中奖的广告促销手段。
46. 摸彩广告应该符合如下要求：① 量力而行；② 公证求实；③ 严密组织。
47. 猜谜比赛和有奖问答，都是具有一定文娱竞赛性质、引人注目的广告方式，是广告促销的常用策略之一。
48. 运用猜谜比赛和有奖问答这两种广告促销策略时，应该力求文娱性与知识性的协调和谐，使二者相辅相成，相得益彰。

测试题

一、单项选择题

（在每小题备选答案中只有一个是正确的，请将其选出并把选项前的字母填在题后括号内）

1. 选择广告方案的方法有筛选法、归并法和（　　）。
    A. 科学归纳法   B. 简单枚举法
    C. 演绎法   D. 决策树法
2. 广告主题由广告目标、信息个性和（　　）。
    A. 市场定位三要素构成   B. 艺术性三要素构成
    C. 科学性三要素构成   D. 消费心理三要素构成
3. 公关广告又称"企业广告"或（　　）。
    A. "公共广告"   B. "信誉广告"
    C. "抽象广告"   D. "概念广告"
4. 如果说一般商业广告推销的是企业产品的话，那么公关广告推销的就是（　　）。
    A. 企业责任   B. 企业文化
    C. 企业形象   D. 企业精神
5. 从内容上来看，广告策略计划书的核心部分是（　　）。
    A. 标题   B. 引文
    C. 正文   D. 附文

二、多项选择题

（在每小题备选答案中有2~5个正确答案，请将正确选项前的字母填在题后括号内）

1. 广告策划所涉及的程序主要有：（　　）。
    A. 广告预测程序   B. 广告决策程序
    C. 广告计划程序   D. 广告实施程序

E. 广告评价程序
2. 广告决策的基本步骤是：（　　　　）。
   A. 提出问题、分析问题、找出问题关键点
   B. 确立决策目标
   C. 拟订行动方案
   D. 方案评审、优化与选择
   E. 贯彻实施、反馈调节
3. 广告主题由以下几个要素构成：（　　　　）。
   A. 广告目标　　　　　　　　B. 商标形象
   C. 信息个性　　　　　　　　D. 媒介安排
   E. 消费心理
4. 确定广告主题应注意的事项有以下几个方面：（　　　　）。
   A. 符合科学发展观　　　　　B. 引人注目
   C. 浅显易懂　　　　　　　　D. 整体统一
   E. 独特个性
5. 在确定广告主题的过程中，要尽可能避免如下一些情况：（　　　　）。
   A. 泛化　　　　　　　　　　B. 分散
   C. 共享　　　　　　　　　　D. 冲突
   E. 腐化
6. 从形式上来看，一份完整的广告策略计划书一般是由以下几个要素构成的：（　　　　）。
   A. 封面　　　　　　　　　　B. 目录与前言
   C. 正文　　　　　　　　　　D. 附录
   E. 封底
7. 在做公关广告时需要注意以下几个方面的问题：（　　　　）。
   A. 明确企业定位，准确地表现企业品质和形象
   B. 以公众和消费者为中心
   C. 确定公关广告诉求重点，力求以心战取胜
   D. 确定公关广告长远目标，不能急于求成
   E. 确定广告媒体方式，把握恰当的宣传时机
8. 促销活动的作用主要有以下几个方面：（　　　　）。
   A. 提供商品信息　　　　　　B. 突出商品特点
   C. 增加需求　　　　　　　　D. 稳定销售
   E. 提升公共形象
9. 馈赠广告的设计原则是：（　　　　）。
   A. 简朴、实用、节约　　　　B. 精巧、别致、美观
   C. 突出馈赠的意义　　　　　D. 安全、可靠、大方
   E. 求实、务真、公正

三、名词解释题

1. 广告计划
2. 预测

3. 公关广告
4. 馈赠广告

四、简答题
1. 简述广告决策的基本步骤。
2. 简述确定广告主题应注意的事项。
3. 从形式上来看，一份完整的广告策略计划书一般是由哪几个要素构成的？
4. 简述展销会的设计应符合的基本要求。

五、论述题
1. 广告策划所涉及的程序有哪些？
2. 在做公关广告时需要注意哪几个方面的问题？
3. 论述公关广告的实施方式。

六、案例分析讨论题
仔细阅读本章的"开篇案例"，然后回答以下问题：
1. 文中的图片说明中写道：

> "一人之军"主题背后的创造性策略是将一种观念置于最重要的位置，即士兵是军队最宝贵的资源，每个人都与众不同，每个人的贡献都关系到团队的成功与否。"一人之军"活动传递了一种信息：一名士兵不是默默无闻的，而是由无数个人组成的强大美国陆军中不可或缺的一分子。

> 如何理解"士兵是军队最宝贵的资源，每个人都与众不同"？试用本章关于"广告主题策划"中的相关知识分析。

2. 公关广告的目的是什么？
3. 公关广告与产品促销广告的本质区别在哪里？

第 6 章
广告创意策略

🌀 开篇案例

戴姆勒 – 奔驰 smart fortwo 汽车广告 "Offroad"⊖

Smart 是奔驰汽车与手表巨头瑞士 Swatch 公司合作的产物。名称中的 S 代表了斯沃奇，M 代表了梅赛德斯 – 奔驰，art 意为艺术，代表了双方合作的艺术性；而 smart 本身就有聪明伶俐的含义，也与其品牌理念相契合。现代都市中的车辆越来越多，由 Swatch 开发的 smart 提出微型都市代步用车的概念，加上奔驰的技术支持，让 smart 得以保留概念车的创意，同时兼具了流行及实用等优点。小巧的造型，配合智能化及人性化的操控设计，成为一部聪明的大玩具。smart 创立于 1994 年，是一个欧洲年轻的汽车品牌。它将功能与感性完美融合，创造出个性化的先锋都市交通解决方案，并取得了无人不晓的成功。对都市出行方式进行的全盘重新思考，是 smart 创意的基石，事实证明这种创意已大获成功。smart 从诞生之日起，就致力于为都市生活带来更多自由、个性、时尚与乐趣，让每一个人都能拥有属于自己的都市传奇，尽情释放生命活力。

而在 2013 年，BBDO 为 smart 制作的汽车广告 "Offroad" 更是斩获戛纳创意节影视制作类金奖，为这个本就创意十足的微型汽车带来了更具创意的广告。时长 48 秒的广告（截屏见图 6-1 ~ 图 6-4）非常简短，却令人过目不忘，印象深刻。

图 6-1　戴姆勒 – 奔驰 smart fortwo 汽车广告 "Offroad" 截屏之一

广告的开头，就是 smart 汽车在野外的亮相，一个刹车，虽然小巧却也不失帅气。前面就是一

⊖ 戴姆勒 – 奔驰 smart fortwo 汽车广告 "Offroad"，荣获 2013 年戛纳创意节影视制作类金奖。

个上坡，感觉 smart 已经准备好了要一冲而上。

图 6-2　戴姆勒-奔驰 smart fortwo 汽车广告 "Offroad" 截屏之二

然而本是动感十足的音乐此刻也戛然而止，扬起了一阵尘土的 smart 汽车无奈地从斜坡上滑了下来。音乐再次响起，smart 也再接再厉，试图在起伏不平的地面越野，也试图淌过水塘，却都以失败告终。

图 6-3　戴姆勒-奔驰 smart fortwo 汽车广告 "Offroad" 截屏之三

看到这里，观众也许都会疑惑，这真的是为 smart 量身打造的广告吗？似乎只是在暴露它的缺点。若广告到这里结束，那真是一个失败的反面教材，但是作为戛纳创意节的金奖得主，它此处的伏笔必定有所用意。往下看，紧接着跳出的黑色背景上的广告语说明了一切："as good off road, as an off-roader in the city"。姑且粗略地把它翻译成：不止越野，野于城市——这是一辆城市中的越野车！

图 6-4　戴姆勒-奔驰 smart fortwo 汽车广告 "Offroad" 截屏之四

最后的 12 秒是这个广告的亮点，场景切换到了城市中，能够在野外爬坡淌水的大型越野车出现了，路过一个车位停了几秒又离开了，因为车位太小，停不进去。而这时登场的 smart 则充分发挥了自己的优势——小巧、灵活、在城市中自由穿梭。不能在野外越野？没关系！因为适城市者生存！

广告的成功不无道理，创意就是它为人们所称道的法宝！

首先，整个广告制造了一定的悬念，可是说是在结尾出奇制胜。广告的前36秒，展现的都是smart在野外举步维艰的窘境，过小的车型并不足以支持其翻山越岭、蹚水过河。可以说，广告的制作者们大胆地将smart作为微型车的缺点直接暴露在了观众面前，这是非常出人意料的举措，却也调动起了人们的好奇，这个广告究竟想说什么呢？看到最后大家才会恍然大悟：原来前面的铺垫并不是毫无道理的，在野外的艰难出行完全是为了衬托smart在城市中的如鱼得水。

再者，整个广告短小精悍，有力地突出了smart的个性与优势。smart设计的立足点就是都市出行代步，城市中道路拥堵、车位难寻的现状都是现代汽车共同面临的难题，而smart以自己小巧的车身很好地面对了这一挑战。它也并不害怕暴露自己与大型汽车相比性能方面的缺点，哪怕不能越野、不适宜野外出行又怎么样呢？它能够在城市中自由"越野"，其他车辆不能停的车位它也能轻轻松松地进入，这对于城市生活中的人们难道不是更迫切的需要吗？

最后，整个广告简洁而真实。它如实地展现了smart在野外与在城市中两种完全不同的状态，并通过配乐的调整烘托了这一状态。广告虽然简洁却紧扣重点，没有用多余的镜头来展现smart在技术、外观或其他方面的特征，而是完全突出了"城市中的越野车"这一概念，让人对其产生极其深刻的印象，也使得smart的定位更加清晰，在同类产品的竞争中脱颖而出。

由此可见，好的创意可以说是一支广告的灵魂，而一支充满创意的好广告更是对产品的推广与品牌的塑造起着莫大的作用。

广告大师大卫·奥格威曾经说过："要吸引消费者的注意力，同时让他们来买你的产品，非要有很好的创意不可！除非你的广告有很好的创意，否则它就像在黑夜里行驶的一只没有罗盘的轮船，很快就会被夜幕吞噬……"

创意是广告的生命，是广告的灵魂，这一点已得到广告人的一致认同。

本章将介绍广告创意策略。首先是广告创意概论，介绍广告创意的内涵、特点、原则与前提等。其次进入广告创意的基本范畴，其中包括广告创意的形象、意象、意境、意念与联想等范畴。然后介绍广告创意过程，深入到收集原始资料、用心审查资料、深思熟虑、实际产生创意及实际应用等细节。最后介绍广告创意方法，其中有李奥·贝纳的固有刺激法、罗瑟·瑞夫斯的独特销售建议、大卫·奥格威的品牌形象法、威廉·伯恩巴克的实施重心法、艾·里斯和杰克·特劳特的定位及查德·伍甘的信息模式法等。

6.1　广告创意概论

6.1.1　广告创意的内涵

创意，英文是"creation"或"idea"，意思是创新、创造、创作、创造物等。创意，作为广告活动的专门词汇，可以理解为如同小说、绘画、剧本一样的构思过程。广告大师大卫·奥格威说："要吸引消费者的注意力，同时让他们来买你的产品，非要有很好的点子不可，除非你的广告有很好的点子，不然它就像快被黑夜吞噬的一只小船。"奥格威所说的点子（idea），就是创意的意思。

创意是广告人对广告的创作对象，进行想象、加工、组合和创造的过程，它使商品潜在的现实美（如性能、品格、包装与服务等自然属性）升华为消费者都能感受到的艺术美（如形象、美感、高贵与愉悦的精神体验等社会属性）的一种创造性的劳动。

创意是通过构思来创造广告作品的艺术形象，创意是广告人聪明才智的表现，只有有创意的广告才是有灵气的广告。广告有了灵气，就会受人瞩目、令人回味。它打破了心理定式，增加了吸引力，为广告增光添彩。所以我们说创意是广告的生命，是广告的灵魂。

6.1.2 广告创意的特点

广告创意有以下几个特点。

1. 立足商品属性

广告创意也不同于文学创作。文学可以天马行空，任我驰骋。广告创意则必须立足现实，体现真实。这个现实就是商品的实际属性。广告创意的艺术处理必须严格限制在不曲解商品的实际功能的范围以内，限制在不损害消费者利益的前提之下。所以，大卫·奥格威说："广告创意实际是在'戴着枷锁起舞'。"

2. 迎合消费心理

广告创意是通过一系列的心理活动来完成的。因此，研究广告创意的特征应该着力于探寻消费者心理活动的轨迹和特点，只有正确把握了消费者心理的广告创意才是好的创意。

3. 运用形象策略

广告创意虽然源于现实，来源于真实，却要打开想象的大门，集中凝练出主题思想与广告语，并且从表象、意象、意念、联想中获取创造的素材，形成形象化的妙语、诗歌、音乐和富有感染力的构图、画面，成为一幅完美的、形象化的艺术作品。

4. 借助丰富想象

广告创意不同于新闻写作。新闻是对新近发生或发现的事实的报道。新闻必须绝对忠实于事实。而广告创意则可以想象，可以夸张，可以平添情节，可以制造悬念，可以戏剧化，可以音乐化……可以借助想象、幻想、猜想、联想与灵感，可以运用荒诞、怪异、幻视、变形等手法。

6.1.3 广告创意的原则

在广告创意中，应该遵循准确性、新颖性、简洁性、特色性等几个原则。

1. 准确性原则

广告是客观事物的反映，必须真实，只有实实在在，有理有据，才能使人信服。所以广告创意要讲究科学，强调准确。

（1）**事实准确**。例如，得到什么奖励，应该验明奖励证书；具备什么功能，要有专家论证；如是创造发明，应有专利命名。广告创意绝不能为做广告而夸大其词，信口开河，胡编乱造。

（2）**结论恰当**。对产品的评论和给消费者的承诺要恰如其分。现在有些药品广告把药品的治疗效果吹得天花乱坠，神乎其神，仿佛无所不治，其效果适得其反。

（3）**合乎逻辑**。广告的内容必须前后逻辑一致，不能自相矛盾，否则就会使广告自身的说服力大打折扣。

2. 新颖性原则

有人说,创意不是指一般的构思,而是两种表面上毫不相关的事物,经创作人员把它串联、组合在一起而产生出来的新意义,使人们恍然大悟,并会使人感到"这么简单明显的关系,而我为什么就想不到?"这就是创意的奥妙与伟大之处,所以有人称创意是伟大的意念。成功的广告创意必须具有新意,别开生面。广告创意的新颖应该体现在各个方面:

(1) **立意要新颖**。巴黎奥美广告公司为了强调一种强力胶的黏度,拍了一个电视广告,特意将一位播音员的鞋底涂上强力胶,然后将他粘在天花板上,倒悬着向公众介绍产品。这时播音员的领带已经倒垂,门外突然闯进来一条大狼狗,拼命咬着领带往下拽,仍然无济于事。

(2) **语言要新鲜**。台湾一家广告公司为推销海龙牌洗衣机所做的广告,画面上两位俏丽的少妇在练习书法,右下角,海龙牌洗衣机正在工作。左角,一个书写的"贤"字跃然纸上。广告标题是"闲妻良母"。

(3) **画面要生动**。西班牙马德里拍摄过一个火车牌火柴的电影广告。该片开始时,一个男人在炎热的印度南方,因为吸烟用平常的火柴点不着火,气得几乎要发疯了,然后,他那冷静而美丽的太太拿出了一盒火车牌火柴。那个男人一擦就着,转忧为喜。

3. 简洁性原则

广告用语贵在精练,要言简意赅、意尽言止。美国广告专家马克斯·萨克姆说:"广告要简洁,要尽可能使你的句子缩短,千万不要用长句或复杂的句子。"

美国广告学者大卫·奥格威也认为:"广告的第一段文字最好减少为 11 个字以下,其他的每一段文字都要尽可能地简短。"

简洁的广告比啰啰唆唆的广告效果要好。梁新记的牙刷广告"一毛不拔";打字机广告"不打不相识";华丹啤酒广告"没有华丹不成席"等,这些简洁明了的广告,都能使人过目不忘,印象特别深刻。

4. 特色性原则

可口可乐有十多种广告形象,到哪里做广告都要去做实地调查。可以称为"全球性的战略,地方性的执行",其根本的做法是要根据当地情况进行调整。

雀巢咖啡用了一句精妙的也是地道的中国普通话:"味道好极了!",消除了西方人与中国人在喝饮料习惯上的心理距离,投中国人之所好,有效地开拓了中国的咖啡市场。美国著名的可口可乐广告遍布全世界,"挡不住的感觉"让喜欢它的消费者为之喝彩。因此,从根本上说,各民族大众的需求造就了广告语言,而广告语言又引导了各民族的大众消费。要发展我国的广告事业,搞好具有特点的广告创意,必须力戒剽窃、抄袭,应该从本国、本民族、本土、本地方的特色出发,使广告能够真正受到老百姓的欢迎。

6.1.4 广告创意的前提

广告创意的前提是产品定位。美国广告学者肯尼思·罗曼和简·马斯则认为:"做广告第一件要决定的事,就是怎么确定你的产品在市场上的位置,即定位。"企业的战略目标不同,它们在消费者的心目中都有着各自的独特形象,其产品在市场上也都各有不同的位置。根据企业的产品定位来确定广告的定位是决定广告效果的第一要素,也是广告创意的前提条件。关于广告定位,我们在本书第 3 章中已经有详细的介绍,这里不再赘述。

6.2 广告创意的基本范畴

任何一门学科都有它的基本理论。广告创意也不例外，也有它创作的基本理论。所以要搞好广告创意，我们必须认真研究、探索、把握它的基本范畴。李奥·贝纳说："寻找创意就是寻找产品本身的戏剧性。"创意归根到底是一种特殊的心理活动、意识活动。因此，探索广告创意的基本内核，不得不涉及认识规律的几个重要范畴。

6.2.1 广告创意的形象

形象即人与物的相貌形状。《周易·系辞》中写道："在天成象，在地成形，变化见矣。"杜甫在《寄董卿嘉荣十韵》中有"云台画形像，皆为扫氛妖。"的句子。在文学艺术中，形象是一种反映现实的艺术手段，即根据现实生活中的各种现象加以选择，综合所创造出来的具有一定思想内容和审美意义的具体生动的图形或画面。

广告学中的形象有两层含义：一是指广告作品中的产品形象或企业形象；二是指反映和塑造企业产品、形象或文化的艺术手段。一个企业的生存和发展，取决于用户的信任和支持。这种信任和支持又多半来自企业的形象和声誉。随着市场经济的不断发展，竞争日益加剧，塑造企业形象，提高企业声誉，已经成为企业战略的任务，也是广告创意的任务。

形象思维，又称"艺术思维"，即运用形象所进行的思维活动。过去，形象思维只局限于艺术创作的范畴。《辞海》关于"形象思维"的解释就说："形象思维是文学艺术创作者从观察生活，吸取创作材料到塑造艺术形象这整个创作过程中所进行的主要的思维活动和思维方式。"今天，形象思维的概念已经远远超出了这个定义的范围。在我们的经济生活中，从产品的设计开发，到产品的生产制造，从营销策略的确定，到广告作品的设计落实，都会涉及形象思维。作为集合科学、艺术、文化于一体的广告创意，更离不开形象思维。

形象思维既遵循思维的一般规律，又有其特殊的规律，虽然它不能脱离一般事物的具体表象，但是又不得不舍弃那些偶然的、次要的、表面化的东西。广告大师大卫·奥格威有一句名言："所谓广告，就是对品牌形象的长程投资。"由此可见"形象"在广告创意中的地位。

形象与形象思维在广告创意中有以下几个作用：强化产品定位、构思广告内容、安排广告形式、塑造企业整体形象。

1. 强化产品定位

广告中运用形象思维的作用之一就是强化企业的产品定位。例如，"万宝路"香烟借助美国西部牛仔形象强化了一个铁骨铮铮的男子汉形象，代表了一种"美国精神"；"卡西欧"电子琴借助阿童木形象，强调其科技感与娱乐性等。

2. 构思广告内容

下面是阿迪达斯球鞋设计的一则广告：

广告介绍

广告标题： 捉老鼠与投篮——两色底皮面超级篮球鞋
配合图像： 一只球鞋，一只小猫。

广告正文：

猫在捉老鼠的时候，奔跑、急行、回转、跃扑，直到捉到老鼠的整个过程，竟是如此灵活敏捷，这与它的内垫脚掌有密切的关系。

同样地，一位杰出的篮球运动员，能够美妙地演出冲刺、切入、急停、转身；跳投、到进球的连续动作，这除了个人的体力和训练外，一双理想的篮球鞋，是功不可没的。

新推出的阿迪达斯两色底皮面超级篮球鞋，即刻就获得喜爱篮球运动人士的赞美。

因为，它有独创交叉缝式鞋底沟纹，冲刺、急停时不会滑倒。

因为，它有7层不同材料砌成的鞋底，弹性好，能缓解与地面的撞击。

因为，它有特殊功能的圆形吸盘，可密切配合急停、转身跳投。

因为，它有弯曲自如的鞋头和穿孔透气的鞋面，能避免脚趾摩擦挤压，维护鞋内脚的温度，穿久不会疲劳。

细读广告正文我们就能够发现，广告中的猫捉老鼠也好，运动员投篮也好，统统都是在运用形象思维，都是形象地为阿迪达斯超级篮球鞋的新产品属性来服务的。我们不能不佩服广告创意者观察问题之细腻。他把猫捉老鼠的"奔跑、急行、回转、跃扑"和运动员投篮的"冲刺、切入、急停、转身、跳投"分解动作描绘得惟妙惟肖，最后的结论是：猫捉老鼠的灵活敏捷应归功于内垫脚掌，篮球运动员的投篮命中应归功于一双理想的篮球鞋。广告正文中四个"因为"，把这种新型篮球鞋的特色与好处，说得淋漓尽致，令人折服。这个广告创意全仗了"猫捉老鼠"这一形象的比喻，如果抽掉了这个形象，剩下的只有打篮球得有一双好的篮球鞋，这鞋如何、如何的好，完全是叫卖式的，当然就索然无味了。

下面再看美津浓的一则广告（见图6-5），它也是推广运动鞋的，与阿迪达斯的不同之处是，它用了一只豹子，画面上更强调的是豹爪。两则广告用的动物虽然不同，却有异曲同工之妙，因为在运用形象策略上它们是完全一致的。

图6-5 美津浓运动鞋广告

美津浓的这一则平面广告也是推广运动鞋的，与阿迪达斯的不同之处是，它用了一只豹子，画面上更强调的是豹爪。两则广告用的动物虽然不同，却有异曲同工之妙，因为豹子同样会有"奔跑、急行、回转、跃扑"的动作。这和运动员投篮"冲刺、切入、急停、转身、跳投"的动作也是完全类似的。

资料来源：天下广告. 日本美津浓Mizuno运动鞋广告. 2008.
http://www.aaaad.cn/html/63/n-7963.html

3. 安排广告形式

例如图 6-6 中的"万宝路"香烟的西部牛仔形象的平面广告。"万宝路"香烟形象的特点可以简单地概括为三个字,那就是"人、马、景"。人是铁骨铮铮的男子汉,马是绝对的良驹宝马,景色之优美胜似世外桃源。"万宝路"香烟在广告形式的安排上始终如一地贯穿着这个统一的形象要素。

图 6-6 "万宝路"香烟的西部牛仔形象

万宝路香烟花费了数年时间才使其从女性香烟重新定位到一个铁骨铮铮的男子汉品牌形象。"万宝路"香烟的西部牛仔形象特点可以简单地概括为三个字,那就是"人、马、景"。人是铁骨铮铮的男子汉,马是真正的良驹宝马,景色之优美胜过了世外桃源。

资料来源:广东省 151 工程项目. 广告策划与策略专题学习网站 [OL]. http://ettc.sysu.edu.cn/policy/asp_adc/adv/0300_cases/g05_cigarette.htm. 广州:中山大学,2006.

4. 塑造企业整体形象

若以整合营销传播的眼光来看待广告创意中的形象,我们塑造的是企业的整体形象,而不仅仅限定在个别的、具体的产品形象或人员形象要素上。现代广告创意则强调各种形象要素之间的整体联系和整体效果。即便是对于个别的形象要素,如产品的包装形象,也要从它对企业整体形象的影响效果来考虑。脱离了总体形象的规范,视觉效果再好的个别形象也是不符合广告创意的整体要求的。不能配合整体形象塑造的个别形象投资,从广告创意的角度来看是一种浪费。因此,我们要从全局的、系统的、统一的角度来考虑广告创意中的形象问题,注意塑造企业的整体形象。

6.2.2 广告创意的意象

意象为意中之象,是在人的心目之中营造的形象。意象或是有一些主观的、理智的、带有一定意向的东西,或是客观的、真实的、可感知的感性的东西。

在广告创意中,意象是广告的艺术细胞,是广告创意理论的基石之一。我们可以把意象看成是创意过程中涌现在脑海中的一种带有丰富情感、意念、意向的艺术想象,这正是广告创意富于感染力、说服力与促销力的源泉所在。

运用意象理论来进行广告创意时,力求做到两点:一是有鲜明的形象;二是有一定的寓意。

意象是广告创意中有意识地将主体的"意"与客体的"象"相结合。既要发掘"意"的深入,又要塑造"象"的生动,还要使两者结合得自然和谐。经常自觉地运用意象原理,把记忆中的意象和想象中的意象,通过创意变成寓意深刻、生动感人的广告形象,这是广告创意中必不可少的基本功。正如学美术的要练素描与速写，学戏剧的要研究戏剧片断与小品，学电影的要研究分镜头与蒙太奇，学音乐的要研究变奏与韵律，学文学的要积累素材与习作一样，我们研究广告创意，也必须练习构思画面，提炼新意，熟谙运用意象创意的技能与本领。

6.2.3 广告创意的意境

《辞海》中对"意境"是这样描述的："意境，文艺作品中所描绘的生活图景和表现的思想感情融合一致而形成的一种艺术境界。能使读者通过想象和联想，如身入其境，在思想感情上受到感染。优秀的文学艺术作品，往往能使情与景、景与境交融在一起，塑造鲜明的艺术形象，产生强烈的感染力。"

意境是中国古典文学与美学中的一个重要范畴。唐代著名诗人王昌龄在《诗格》中最早指出："诗有三境。一曰物境，二曰情境，三曰意境。"

近代诗人王国维把意境分为"造境"与"写境"。所谓"造境"是指按照理想去创造形象。造境偏重于情，以情感来创造形象。所谓"写境"是指写实，对现实中的美景加以绘描。写境偏重于理，冷静地在创作中取境。

唐朝时期，五祖弘忍要在自己的弟子中寻找一个继承人。他就对徒弟们说，大家都做一首偈语（有禅意的诗），看谁做得好就传衣钵给谁——做禅宗六祖。当时神秀与慧能二人各作诗一首。神秀写道：

身是菩提树，心为明镜台。时时勤拂拭，勿使染尘埃。

而不识字的慧能在心中想好之后，请人代写出来：

菩提本无树，明镜亦非台。本来无一物，何处惹尘埃？

从意境上来看，神秀的偈语只是渐修，慧能的偈语可以说是顿悟。神秀的偈语拘泥于物、我、相，慧能的偈语摒弃了物、我、相——直指本心。按照佛家的说法，色即是空，空即是色。很明显，慧能的偈语在境界上比神秀高出一大截，慧能也因此成为禅宗六祖。

历史上流传下来的不少诗词名篇，循其意境来看，有的本身就是一则不错的广告，韵味无穷、让人百读不厌。如杜牧的《清明》：

清明时节雨纷纷，路上行人欲断魂。借问酒家何处有，牧童遥指杏花村。

再如李白的《客中行》：

兰陵美酒郁金香，玉碗盛来琥珀光。但使主人能醉客，不知何处是他乡。

李白的诗豪情奔放，节奏明快。第一句写出了酒之扑鼻异香，第二句写出了酒之琥珀美色，这些都是写境。下面笔锋一转："主人能醉客"，"不知是他乡"。

还有王翰的《凉州词》：

葡萄美酒夜光杯，欲饮琵琶马上催。醉卧沙场君莫笑，古来征战几人回？

王翰的这首七言绝句，深沉有力，含意幽远。前两句写景，描绘了西域的边塞风情。在马上饮酒，伴着琵琶乐曲，举起当地特产夜光杯；后两句咏意，抒发了厌战思归的悲愤之情。"醉卧沙场"，也许就永远回不了家！战争期间，不知生在何日、命归何处，能有几人安然回乡？其声促，其意苦，也是具有意境的好诗。

意境是一种既有具体形象，又有浓郁感情的艺术境界，也是广告创作者所追求的艺术境界。为此，我们往往要付出辛勤的劳动，当然也能品尝到醇香的回味。

6.2.4 广告创意的意念

前面谈的广告创意的形象、意象，都是带有感性色彩的视觉形象。从认识论来看，都还处于认识的感性阶段。意念，即有一定意志倾向的意识或观念。什么叫"意志"？心理学认为，意志是自觉地确定目标，并根据目标来支配、调节自己的行动，克服困难，实现目标的心理活动。

再看一则关于六祖慧能的故事"仁者心动"：

印宗法师正在开讲《涅槃经》，有两位和尚见到广场中飘扬的幡旗，便开始议论起来。其中一人说："是幡动。"另一人说："不，是风动。"双方争论不休，引来众人围观。这时慧能大师到了，眼观此景，他开口说道："不是幡动，也不是风动，仁者心在动。"两和尚听到此话才恍然大悟。耳闻此事的印宗法师也感慨不已，马上迎请慧能大师升坛说法，并礼拜为师。

在这一则故事之中，"幡动""风动"只是一种情景，而"心动"才是其意念所在啊！

广告创意的意念和意象相似，有着更多的主观意愿，有着更明确的自觉目的，使广告创意形成一种意志行动。广告意念的功能如下。

1. 揭示动机

深入研究广告创意的意念，首先要揭示需求与动机。只有动机才是激励人们去行动，以达到一定目的的内在原因。针对消费者需求与动机的广告创意，可以从以下3个方面入手。

（1）**广告激发——唤起消费者的潜在需要**。人类的一切活动，包括消费者的行为，总是以需要为中心的。但是，机体内或心理上的缺乏是否一定被个体自发地意识呢？回答是并不全然。只有潜在的消费需要被消费者所意识到的时候，才有可能成为其购买的动机。

（2）**广告主题与定位——关注消费者的优势需要**。人的需要是多方面的。不过，诸多需要中经常会有一种占据优势地位的需要。能否满足这种优势需要，直接影响到消费者对该商品的态度和购买行为。广告创意的经验表明，对准消费者的优势需要进行广告定位是广告取得成功的前提。与其面面俱到地罗列产品所能满足的众多人类基本需要，不如准确抓住消费者的"优势需要"，这样才能够发挥广告的传播效果。

（3）**广告主题的变化与演进——留心消费者的动态需要**。人的需要是不断发展变化的，随着社会经济、科技和文化的发展，人的需要也在不断发展。了解了人类需要的这一特点，敏锐观察消费者需求的动态变化，我们就可以及时更新产品广告的主题与定位，依此贴近市场、贴近消费者。

2. 克服困难

要充分体现广告创意的意念，要着力于描写广告遇到了什么困难，如何克服困难、战胜困难，以突出广告对象的执着、坚韧与毅力。例如："我们就是为解决问题而生存""男人对自己要狠一点！"

3. 反映意念的基本品格

广告要表现创意的意念，应该反映出广告对象的自觉性、果断性、坚持性、自制性等基本品格。

（1）**自觉性**。它是指对自己行动目的的正确性和重要性有充分的认识，尤其是清楚地意识到广告效果的社会意义。

（2）**果断性**。它是指关键时刻要适时采取果断措施，当机立断，毫不犹豫。例如："是什么？我知道。做什么？我决定。"

（3）**坚持性**。它是指以顽强的毅力，不因一时受挫而气馁，也不因取得胜利就松弛，要认准目标，坚持下去。例如："位于全球豪华盛宴，我们用了 600 年的时间！"

（4）**自制性**。它是指广告宣传中要善于控制自己的情绪，约束自己的言行，要克服盲目的冲动，特别是在竞争中不说过头话。例如："这可能是世界上最好的啤酒！"

国外一家钟表店推销一种便宜手表。它不说"价廉物美""经久耐用"之类的套话，而是向大家解释："该表走得不太准确，24 小时内大约会慢 24 秒，所以价格比较便宜，请购买时先考虑这个因素。"顾客一看，它说的是实话，增加了信任感，反而强化了消费者的购买意念。

广告创意中的意念，带有强烈的主观意愿与意志色彩，它往往要和形象的表象与意象结合起来，寓意于生动的形象之中，才能获得较好的传播效果。

6.2.5 广告创意的联想

联想，是由一事物想到另一事物的心理过程。世界上一切的创造都离不开联想。联想是记忆的基础，联想是从偶然到必然的形象激发。

科学发明离不开"联想"：苹果从树上掉下来，打在牛顿头上，引起了联想，使他悟出了万有引力。沸腾的水蒸气，顶开水壶盖子，激发瓦特联想到蒸汽机的威力，引发了第一次工业革命。文艺创作也离不开"联想"，下面这首诗词是毛泽东的《蝶恋花·答李淑一》（1957 年 5 月 11 日）。

> 我失骄杨君失柳，
> 杨柳轻飏直上重霄九。
> 问讯吴刚何所有，
> 吴刚捧出桂花酒。
>
> 寂寞嫦娥舒广袖，
> 万里长空且为忠魂舞。
> 忽报人间曾伏虎，
> 泪飞顿作倾盆雨。

这首词是毛泽东写给当时湖南长沙第十中学语文教员李淑一的。词中的"柳"指李淑一的丈夫柳直荀烈士（1898—1932）；"杨"指作者的夫人杨开慧（1901—1930）。诗词中由一事物回忆起相关的另一些事物，其中运用了不少的联想。

"我失骄杨君失柳",本来"杨"是杨开慧,"柳"是柳直荀,但笔锋一转"杨柳轻飏直上重霄九",烈士升空上了月宫,引出吴刚捧酒、嫦娥舒袖、泪雨倾盆……抒发了作者激荡丰富的情怀。整篇诗词,从人间联想到天上,又由天上联想到人间,表现出丰富的想象力。

广告创意作为一种创造性的劳动,更是处处离不开联想。可以说,形象、意象、意念,统统是广告创意的素材,只有经过联想的黏合,才能成为有意象、有情感、有形象、有意境的广告。

客观事物总是相互联系的。具有各种不同联系的事物反映在头脑中,就形成各种不同的联想。联想的 4 个基本形态在广告创意中都是十分有用的。这 4 种形态分别是接近联想、对比联想、类似联想和因果联想。

1. 接近联想

接近联想,例如:"香烟—白酒""唐老鸭—米老鼠",在时间和空间上接近的事物间形成联想叫接近联想。例如,我们看到水波可以联想到水中的鱼,于是便想到能否画出"水波变鱼"的变形画,进而找到了水波的形态与鱼身外形轮廓的相似性,便可以设计出水波变成一连串的鱼的画面来。又如,许多造型设计都要联想到与其接近的人和事物。衣服的设计要联想到衣服与人的体形相称;家具的设计要联想到家具与室内陈设的空间关系;建筑设计要考虑建筑与周围环境的关联等。依此思路,我们可以利用以空间或时间上相接近的事物的联想来做广告。

2. 类似联想

类似联想,例如:"鸟类—飞机"。利用相似特点的事物的联想来做广告。例如利用谐音宣传产品,巧改一字,即可产生意趣。下面举一些广告语的实例。

把"贤妻良母"改为"闲妻良母"——洗衣机的广告。
把"有备无患"改为"有杯无患"——磁水杯的广告。
把"领先一步"改为"领鲜一步"——冰箱广告。
把"养生之道"改为"养声之道"——咽喉片的广告。
把"百闻不如一见"改为"百文不如一键"——打字机的广告。

3. 对比联想

对比联想,例如:"白天—黑夜""胖猪—瘦猴"。在相互对立的事物间产生联想称为对比联想。广告创意人可以利用有对立关系的事物的联想来做广告。

1937 年前后,上海报纸和市区的许多广告牌上,经常可以看到一幅非常有趣的平面广告。画上有一位须髯飘拂的老人,神采奕奕。他脚踩在一支牙刷柄上,手持钢钳,挥汗如雨,费尽九牛二虎之力,做用力拔毛状,老人头上大汗淋漓,连牙刷柄都被他拉弯了,可是牙刷上的毛却一根也拔不出来。广告上方赫然写着 9 个醒目的大字——"梁新记牙刷,一毛不拔!"这幅广告让人印象很深。"一毛不拔"本来是一句形容人吝啬的贬义词,所谓"铁公鸡、铜仙鹤、玻璃耗子、琉璃猫……全都是一毛不拔!"意思是这个人连一文钱也不肯拿,就像一根毛也拔不出来。但用来宣传牙刷的质量则又十分恰当贴切,贬义词变成了褒义词。由于梁新记牙刷质量好,广告创意巧妙,成为名牌产品,不仅畅销上海,还远销海外。

4. 因果联想

因果联想,例如:"摩擦—生热"。我们可以利用事物有因果关系的联想来做广告。

下面是关于擦皮鞋的两则广告：一个是："请坐，请擦鞋！"另一个是："约会前，请擦鞋！"两者效果大不相同。前者，只是呆板地提示这儿可以擦皮鞋而已。而后者，可以唤起联想。把"擦鞋"与"约会"前后联系起来，不仅年轻人赶约会应如此，就是有人寻亲访友，或参加宴会、茶话会、座谈会，看到这则广告，也会产生一种亲切感，从而引起为了让人喜欢而擦皮鞋的念头。

6.3　广告创意过程

美国广告大师詹姆斯·韦伯·扬，在他所著的《产生创意的方法》中提出了下面的两项重要原则。

第一，创意完全是把原来的许多旧的要素做新的组合。

第二，涉及把旧的要素予以新的组合之能力，此能力大部分在于对（事物间）相互关系的了解。在心理上养成寻求各事物之间关系的习惯，是产生创意当中最为重要的事情。

具体说来，产生创意的整个过程可以大致划分为前后相互关联的 5 个阶段：① 收集原始资料；② 用心审查资料；③ 深思熟虑；④ 实际产生创意；⑤ 实际应用。

6.3.1　收集原始资料

广告创意的第一步是收集原始资料。

收集原始资料有两个方面的内容。一方面是你眼前问题所需的特定知识的资料；另一方面是你在平时连续不断累积储存的一般知识的资料。

特定资料是指那些与产品有关的资料，以及那些针对销售对象的资料。我们都在不停地强调对产品和消费者深入了解的重要性，而事实上，大家却很少努力于此事。然而，假如我们研究得够深够远，我们几乎都能发现，在每种产品和某些消费者之间，都有其相关联的特性，这种相关联的特性就可能导致创意。

6.3.2　用心审查资料

广告创意的第二步，用你的心去仔细检查这些资料。

这是一个内心消化的过程。对这些资料你要细细加以咀嚼，正如你要对食物加以消化一样。你现在要寻求的是事物间的相互关系，以使每件事物都能像拼图玩具那样，汇聚综合后成为贴切的组合。创作人员在这一阶段给人的印象是"心不在焉，神不守舍"。此时，会有两件事发生：

（1）你会得到少量不确定的或部分不完整的创意。不管它如何的荒诞不经或支离破碎，把这些都写在纸上。这些都是真正的创意即将到来的前兆。

（2）渐渐地，对这些拼图感到非常厌倦。不久之后，你似乎要达到一个绝望的阶段，在你的心里，每件事物都是一片混乱。

6.3.3　深思熟虑

广告创意的第三步是加以深思熟虑的阶段，你让许多重要的事物在有意识的心理之外去做综合的工作。

这一阶段，你要完全顺乎自然，不做任何努力。把你的题目全部放开，尽量不要去想这个问题。有一件事你可以去做,那就是去干点别的,诸如听音乐、看电影、阅读诗歌或侦探小说等。在第一阶段,你收集食粮。在第二阶段,你要把它嚼烂。现在到了消化阶段,你要顺其自然——让胃液刺激其流动。

6.3.4 实际产生创意

广告创意的第四步就是实际产生创意——"Eureka!"的阶段。"Eureka!(尤里卡,希腊语,意思是:我找到了)"这是当阿基米德发现了皇冠的秘密时所发出的惊喜叫声!

如果在前三个阶段当中,你的确尽到了责任。那么你将会进入第四阶段:突然间会出现创意!或由于某种偶然因素的激发,或根本没有任何充足的理由。也许它来得不是时候,这时你正在刮胡子,或是正在洗澡,或者最常出现于清晨的半醒半睡之间,或在夜半时分把你从梦中唤醒。这便是创意到来的情形,在你竭尽心力之后,休息与放松之时,它突然跃入了你的脑海。

6.3.5 实际应用

广告创意的第五步是使其能够应用于实际,这是最后形成并发展的创意,使之能够实际应用。

这是创意的最后阶段,可谓黑暗过后的曙光。在此阶段,你一定要把你可爱的"新生儿"带到现实世界中,让它能够适合实际情况,让它去发挥作用。

你还可以惊异地发现,好的创意似乎具有自我扩大的本质。它会刺激那些看过它的人们对其加以增补,大有把你以前所忽视而又有价值的部分发掘出来并加以放大的可能性。

这就是詹姆斯·韦伯·扬的"广告创意过程论"。在这里我们似乎感觉到,詹姆斯·韦伯·扬所描绘的广告创意过程和科学史上许许多多发明创造的产生过程非常相似。事实上,作为一种创造性的思维活动,广告创意与科学发明创造之间有许多共通之处。

 案 例

阿基米德与皇冠的故事

当海罗在锡拉丘兹称王之后,为了显示自己的丰功伟绩,决定在一座圣庙里放上一顶金冠,奉献给不朽的神灵。于是这位国王就拿一些黄金叫一个珠宝匠为他打造这顶皇冠。过了不久,珠宝匠便把做好的皇冠交给了国王。国王称了一下皇冠的重量,虽然与他拿给珠宝匠的黄金的重量一样,但国王还是怀疑珠宝匠在皇冠中掺进白银,盗取同样重量的黄金。国王想,怎样才能确定珠宝匠有没有在皇冠中掺白银呢?他把这件事交给了阿基米德。

阿基米德接受了任务,他立刻想到,解决这个问题的关键就是测量出皇冠的体积。虽然皇冠的重量与国王给的黄金是一样的,但是,如果能够测量出皇冠的体积与黄金的体积的差异,事情就会真相大白。具体说来,如果皇冠的体积与黄金的体积是一样的,那么珠宝匠就没有掺假。如果皇冠的体积比黄金的体积要大,那就必然是掺进白银了,因为白银的密度比黄金的密度要小,同样重量的白银一定会比黄金的体积要大。

然而,像皇冠这样的不规则形状,如何才能准确地测量出它的体积呢?阿基米德本来想把皇冠融化掉,再与同重量的纯金比一下体积,这样就很快知道皇冠是不是纯金的了,但是,这样会把皇冠给毁掉,如果用这种方法去验证皇冠是否纯金,那么世界上就再也没有这个纯金皇冠了。阿基米德百思不得其解,弄得他心烦意乱。于是他准备去洗个澡放松一下。下浴缸之前,皇冠的事情又浮现于脑海:

皇冠,皇冠的体积,这个不规则的、奇形怪状的东西,叫我如何测量?

我现在要下水了,这是满满的一缸水。我现在把一只脚放下了水,浴缸里的水开始往外溢出。我现在已经下水了,浴缸里的水往外溢出得更多。我现在泡在水里,在我没有下水之前是满满的一缸水,在我下水之时浴缸里的水慢慢往外溢出了不少,怎么现在仍然还是满满的一缸水呢?为什么?因为我?是的,因为我。因为我的身体替代了那部分溢出的水。这就是说我的身体在水中所占的空间和刚才被我挤出去的那部分水所占的空间完全相同。这就是说,刚才被我挤出去的那部分水的体积和我身体的体积完全相等。我的身体是一个不规则体,是没有办法来测量的,但被我挤出去的那部分水的体积却是可以测量的!若把那部分溢出去的水的体积测量出来,我身体的体积不就被测量出来了吗?

假如我是皇冠,皇冠就是我。我泡在水里,就是皇冠泡在水里。如果把皇冠浸在水中,如何?那被排出的水的体积就一定是皇冠的体积了。

"Eureka!尤里卡!"这可找到解决问题的办法了!

他一下子从浴缸里跳出来,连衣服也顾不上穿,光着身子欣喜若狂地跑回家去:

"尤里卡!尤里卡!我找到了!我找到了!"

6.4 广告创意方法

过去的半个世纪以来,广告一直受到6种不同的广告创意方法的影响,它们分别是:李奥·贝纳的固有刺激法;罗瑟·瑞夫斯的独特销售建议法;大卫·奥格威的品牌形象法;威廉·伯恩巴克的实施重心法;艾·里斯和杰克·特劳特的定位法以及理查德·伍甘的信息模式法。

6.4.1 李奥·贝纳的固有刺激法

李奥·贝纳于1935年8月在美国芝加哥创办了李奥·贝纳广告公司(Leo Burnett Co.),后来,又创办了芝加哥广告学校,被尊称为芝加哥广告学校之父。李奥·贝纳先生虽然于1971年逝世,但李奥·贝纳广告公司仍然是当今世界上最大的广告公司之一。前面我们多次提到的"万宝路"香烟的系列广告,就是李奥·贝纳广告公司的杰作。

李奥·贝纳认为,成功的创意广告的秘诀就在于找出产品本身固有的刺激。"固有的刺激"也称为"产品与生俱来的戏剧性"。广告创意最重要的任务是把固有的刺激发掘出来并加以利用,也就是说要发现生产厂家为什么要生产这种产品的"原因"以及消费者为什么要购买这种产品的"原因"。一旦找到这个原因,广告创意的任务便是依据固有的刺激——产品与消费者的相互作用——创作出吸引人的、令人信服的广告,而不是靠投机取巧、靠噱头、靠蒙骗或虚情假意来取胜。

按照这种理念,在广告创作中,如文案写作,李奥·贝纳认为,不论你要说什么,一般情况下,根据产品和消费者的情况,要做到恰当,只有一个能够表示它的字,只有一个动词能使它动,只有一个形容词去描述它。对于创意人员来说,一定要去寻找到这个字、这个动词及这个形容词。同时永远不要对"差不多"感到满足,永远不要依赖欺骗(即使是聪明的欺骗手段也不要用)去逃避困难,也不要依赖闪烁的言辞去逃避困难。

李奥·贝纳运用固有刺激法最成功的一例广告是他为"青豆巨人"做的广告。为了向消费者传达广告主在收割和包装青豆过程中表现出的精心细致以及消费者对"新鲜"的渴望,李奥·贝纳在"青豆巨人"的广告中特别强调其"在月光下收割"。这一成功的创意,成为广告界的范例(见图6-7)。

李奥·贝纳先生在1960年的一次讲演中,从3个方面论述了与固有刺激法相背离的做法,当然,他也是用罐装豌豆——"青豆巨人"来做解释的。

(1)**用许多不证自明的事实做成一篇无趣味的自吹自擂文章**。李奥·贝纳认为,有这种习惯的撰文人员可能会这样来写"青豆巨人"的广告:

> 如果你想要最好的豌豆,你就要选青豆巨人。青豆巨人经过精心种植与装罐,保证使你最后对味道满意。因为它们是同类产品中最好的,所以这些大而嫩的豌豆在美国最畅销。今天就在你买东西的食品杂货店中买一些吧。

(2)**用明显的夸大之词构成的夸张狂想曲**。李奥·贝纳指出,有这样倾向的创意人员可能会醉心于这样的文案:

图 6-7 青豆巨人的广告:"月光下的收成"

李奥·贝纳为青豆巨人(Green giant)所写的广告。广告标题是"月光下的收成",正文为"无论日间或夜晚,青豆巨人的豌豆都在转瞬间选妥,风味绝佳……从产地到装罐不超过3小时"。

资料来源:丹·海金司. 广告写作艺术[M]. 北京:中国友谊出版社,1991:45.

青豆巨人是蔬菜王国中的大颗绿宝石。你从来不会知道一颗豌豆能够像这样的——似露的甜蜜，像6月清晨那么新鲜并洋溢着丰富的豌豆的芬芳。这不是一般的豌豆，这是青豆巨人，是蔬菜王国中的大颗绿宝石。意兴盎然，把它端到烛光照射的餐桌上，如果你的丈夫把你的手握得更紧也不足为奇。

（3）**炫耀才华，舞文弄墨**。这类人会这样写下去：

这种豌豆计划永远终止蔬菜战争。青豆巨人，它也不过玉米粒那么大，剥豌豆的人能够剥下。青豆巨人有一个保证豌豆永存于世的计划——豌豆在大地，善意满人间。

"青豆巨人"的广告，是20世纪30年代末期由李奥·贝纳为"绿巨人公司"（当时叫"明尼苏达流域罐头公司"）所写的广告。

李奥·贝纳广告标题是"月光下的收成"。其正文如下：

无论日间或夜晚，青豆巨人的豌豆都在转瞬间选妥，风味绝佳……从产地到装罐不超过3小时。

李奥·贝纳先生自己评价道："如果用（新鲜罐装）做标题是非常容易说明的，但是（月光下的收成）则兼具新鲜的价值和浪漫的气氛，并包含着特种的关切，这在罐装豌豆的广告中是难得一见的妙句。"

6.4.2 罗瑟·瑞夫斯的独特销售建议

罗瑟·瑞夫斯认为，要想让广告活动获得成功，就必须依靠产品的独特销售建议（unique selling proposition，USP，也有人称独特的销售主张）。他认为，独特销售建议包含以下三部分内容：

（1）每一条广告都必须给消费者提出一条建议，不光靠文字、图示等。每则广告都必须告诉受众："买这个产品吧，你将从中获益。"

（2）提出的建议必须是竞争对手没有或无法提出的，无论在品牌方面还是在承诺方面都要独具一格。

（3）提出的建议必须有足够的力量感动消费者，也就是说，建议要有足够的力量吸引新顾客购买你的产品。

罗瑟·瑞夫斯相信，一旦独特的销售建议确定下来，就应该不断地在各个广告中提到这个建议并贯穿于整个广告活动。罗瑟·瑞夫斯为M&M糖果所做的广告承诺"只溶在口，不溶在手"，是他著名的USP之一。

1954年的一天，M&M糖果公司的总经理约翰·麦克那马拉（John Mac Namara）来到罗瑟·瑞夫斯的办公室。约翰认为自己的广告不成功，他要瑞夫斯为其提供一个能够被消费者接受的创意。双方经过10分钟的谈话之后，瑞夫斯自认为，从这个产品自身之中，他已找出了客户需要的构想。当时，玛氏巧克力是美国唯一用糖衣包着的巧克力糖果。构思就建立在这一点上，完全不用再另外搜求构想。瑞夫斯说，这一关通过以后，剩下的难题就是广告创作人员如何利用这个构想并把它放入一个广告中。于是，在这个案例中，他把两只手放在银幕上，并且说："哪一只手里有玛氏巧克力？不是这只脏手，而是这只手。因为玛氏巧克力只溶在口，不溶在手"。"只溶在口，不溶在手"后来成了广告界的名句！

6.4.3 大卫·奥格威的品牌形象法

产品个性是人们对产品所产生的全部印象，通常叫作产品形象，它是人们在听到诸如 IBM、宝洁公司或全美联合公司等名字时心中产生的东西。大卫·奥格威是广告史上最令人尊敬的创意大师之一，奥美广告公司的创始人。他认为，任何产品的品牌形象都可以依靠广告建立起来。他信奉品牌形象并不是产品固有的，而是消费者联系产品的质量、价格、历史等，在外在因素的诱导、辅助下生成的。正是基于这种观点，奥格威建立了自己的品牌形象法。按照奥格威的方法，人们购买的是产品所能提供的物质利益或心理利益，而不是产品本身，因此，广告活动应该以树立和保持品牌形象这种长期投资为基础，即使这种方法意味着做出一些短期的牺牲也值得。

奥格威认为，每则广告都应该对品牌形象这个复合象征有所贡献。那些致力于使自己的广告为自己的品牌树立最出众品质的生产厂家将会以最高利润获得市场的最大份额，基于同样的道理，那些目光短浅的投机型生产厂家只要有可能，就会抽出他们的广告资金用于他处，这样的企业，总有一天会发现他们正一步步走向困境。到了难以解脱的时候，再想树立品牌形象，往往需要花更大的力气，或者回天无力。

图 6-8 是大卫·奥格威的代表作品："穿哈萨维衬衣的男人"。箭牌衬衣的声誉与它每年 200 万美元的广告费密切相关。与之展开竞争的哈萨维衬衣虽然只准备付出 3 万美元的广告费，但却想使自己的广告强过箭牌。这使大卫·奥格威煞费苦心。奥格威想出了 18 种穿这种衬衣的人物。我们不知道前 17 种人物都什么样，只知道第 18 个人物，这是一个戴着眼罩的男人的形象，他使哈萨维衬衣在默默无闻 116 年之后，在数月间名噪全美。

图 6-8 穿哈萨维衬衣的男人

这是一个戴着眼罩的男人的形象，在报纸和杂志上出现的广告，标题一律是"穿哈萨维衬衣的男人"（The man in the Hathaway shirt）。这位英俊的男士在右眼上戴着一只黑色的眼罩，给人以独特、神秘的印象。

资料来源：David Ogilvy. 奥格威谈广告 [M]. 洪良浩, 官如玉, 译. 台北：哈佛企业管理顾问公司, 1984：59.

广告译文

穿哈萨维衬衣的男人

作者： 大卫·奥格威
产品： 哈萨维衬衣
标题： 穿哈萨维衬衣的人

美国人现在终于认识到，一套上好的西装的效果会被一件大批量生产的廉价衬衣所破坏。这实在是一件非常愚蠢的事情。因此，在这个阶层的人群中，哈萨维衬衣便日渐流行起来。

首先，哈萨维衬衣极耐穿，这已是它多年的传统了。其次是它的剪裁，低斜度以及专为顾客定制的衣领，使你看起来更年轻、更高贵。整件衬衣不惜工本的裁剪，让你穿在身上倍感舒适。

下摆很长，可深入到你的裤腰。纽扣是用珍珠母做的，它非常大，很有男子气。在缝纫上，甚至带有一种在南北战争前才有的那种高雅。

最重要的是，哈萨维衬衣的布料是从世界各地进口的最好布料。如从英国来的棉毛混纺斜纹布、从苏格兰奥斯特拉德来的毛织波纹绸、从西印度群岛来的海岛棉、从印度来的手织绸、从英格兰曼彻斯特来的宽幅细毛布、从巴黎来的亚麻细布。穿上如此完美的衬衣，会使你得到诸多的满足。

哈萨维衬衣是由缅因州渥特威小城的一家小公司的虔诚手艺人所缝制的。他们几代人在那里工作了114年。

你如果想在离你最近的商店买到哈萨维衬衣，请你写一张明信片寄到：C.F.哈萨维，缅因州，渥特威城，即复。

在报纸和杂志上出现的广告，标题一律是"穿哈萨维衬衣的男人"（The man in the Hathaway shirt）。画面上的人物由两三个不同的模特儿扮演，分别出现在各种背景上，指挥乐团、演奏双簧管、画画、击剑、驾游艇，等等。不管由谁来扮演，这位"穿哈萨维衬衣的男人"都在右眼上戴着一只黑色的眼罩。一位英俊的男士，一只眼却罩着，神秘的形象给人以浪漫而独特的感觉。至于哈萨维衬衣，也因为这浪漫而独特的感觉而显得格外高贵。

大卫·奥格威的非凡创意是哈萨维衬衣成为名牌的决定性因素。创意是广告的思想内涵和灵魂，是具有感染力和说服力的要素，是向消费者诉求的主要动力。由上面这个例子可以说明创意在广告设计中所具有的重要意义，创意是决定一件广告作品成功与否的内在基础和基本要素。正像奥格威指出的那样："如果广告活动不是由伟大的创意构成，那么，它不过是二流品而已""如果海报内容没有卓越的创意，注定是要失败的"。

6.4.4 威廉·伯恩巴克的实施重心法

威廉·伯恩巴克（William Bernbach）出生于1911年，逝世于1982年。他于1949年创办了DDB广告公司（Doyle Dane Bernbach），在这之前他是葛瑞（Grey）广告公司的创意总监。

在20世纪50年代初期，伯恩巴克开始提出实施重心法。他认为，实施（广告信息战略的"如何表达"部分）完全可以独立成为自己的内容。按照他的观点，实施风格是广告中起决定作用的特征，有效广告的秘诀便是抓住问题，然后将其变成一条图像刺激而又诚实可信的优点。按照伯恩巴克的诠释，在创意的表现上，光是求新求异、与众不同并不够。杰出的广告创意不是夸大，也不是虚饰，而是要竭尽创意人员的智慧使广告信息单纯化、清晰化、戏剧化，使它在消费者脑海中留下深刻而难以磨灭的记忆。广告创作最难的事就是使广告信息排除众多纷杂的事物而被消费者认知接受。广告必须制造足够的"噪声"才会被注意，但这些"噪声"绝非无的放矢，毫无意义。他认为，广告的技巧不在于"说什么"（What to say）——每家广告公司都知道说什么，其差别在于"如何说"（the way you say）。因此，实施重心法应注意以下4点。

（1）**尊重受众**。广告不能以居高临下的口吻与其意图接触的人们交流。

（2）**手法必须干净**、**直接**。伯恩巴克说："假如你不能把你所要告诉消费者的内容浓缩成单一的目的，单一的主题，你的广告就不具有创新性。"

（3）**广告作品必须出众**。它们必须具有自己的个性和风格。他说："我认为广告上最重要的东西就是要有独创性（original）与新奇性（fresh）。"

（4）**不要忽视幽默的作用**。幽默可以有效地吸引人的注意力，使人得到一种收听、收看和阅读的补偿。

伯恩巴克的实施重心法的著名广告创意之一就是他早年为大众金龟车做的系列广告。当金龟车被初次介绍给美国市场时，这种车有4个特征：又小、又丑、后引擎驱动，而且还是外国造。但伯恩巴克利用这些不利条件创作出了幽默又别致的广告，这些广告被认为是永恒的广告创意佳作。

1958年以前，在美国，几乎所有的轿车广告都是千篇一律的，经常可以看到的画面是：在一座富丽堂皇的庭院前，一群衣衫翩翩的家庭成员，簇拥在一辆高贵豪华的轿车旁。这样的画面看起来赏心悦目，标题和文案也是辞藻华丽，但感觉起来却空洞而没有意义。然而，1960年却出现了直至今天仍让人称奇的大众金龟车广告，被广告专家称为广告史上最好的作品。抛弃传统的以豪华设施、漂亮外形、高贵气质作为轿车的诉求方式，金龟车的系列广告通常在画面上只是单纯的金龟车，未经修饰也不修整，通常是黑白两色，最重要的，像"想想小的好处"（Think Small）这样的标题和文案却创造了视阅（听）率最高的纪录。单纯简洁的画面却蕴涵着无限的说服力，非常有效。第二次世界大战后金龟车刚在美国面世的时候，底特律的汽车业者对之不屑一顾，认为它又丑又小难以成大器。然而，在伯恩巴克的精心创意下，金龟车让人刮目相看，金龟车不讳言其丑，但在广告表现上，却能以幽默比喻的方式，转弱点为优点，使消费者认知其性能好、经济、省油的特点。

图6-9是伯恩巴克为德国大众金龟车所创作的另一则平面广告，标题为"柠檬"（Lemon）的金龟车平面广告最为脍炙人口。"柠檬"为俚语，意思是指不合格而被剔除的车子，但画面上出现的车子却看不出有任何瑕疵。文案中描述："这辆金龟车未赶上船装运……仪器板上放置杂物处的镀铬受到损伤，这是一定要更换掉的。你或者不可能注意到；但检查员克朗诺注意到了。"文案最后说："我们剔除了不合格的车（Lemon）；你们得到十全十美的车（Plum）。"

图 6-9 德国大众（Volkswagen）金龟车的平面广告

威廉·伯恩巴克为德国大众金龟车所做的这一则广告"Lemon"（不合格的车），"柠檬"为俚语，意思是指不合格而被剔除的车子，但画面上出现的车子却看不出有任何瑕疵。广告的最后说："我们剔除了不合格的车（Lemon）；你们得到十全十美的车（Plum）。"

资料来源：David Ocilvy. 欧格威谈广告［M］. 洪良浩，官如玉，译. 台北：哈佛企业管理顾问公司，1984：73.

 广告译文

Lemon（不合格的车）

作者：威廉·伯恩巴克

产品：德国大众（Volkswagen）金龟车

标题："Lemon"（不合格的车）

正文：

这辆金龟车未赶上船装运。

仪器板上放置杂物处的镀铬受到损伤,这是一定要更换掉的。你或者不可能注意到;但检查员克朗诺注意到了。

在我们设在渥福斯堡的工厂中有3 389位工作人员,其唯一的任务就是在生产过程中的每一阶段都去检查金龟车(每天生产3 000辆金龟车;而检查员比生产的车还多)。

每辆车的避震器都要测验(绝不做抽查),每辆车的风窗玻璃也经过详细的检查。我们的车经常会因肉眼所看不出来的表面划痕而无法通过。

最后的检查实在了不起?检查员们把每辆车像流水般地送上车辆检查台,通过总计189处的查验点,再飞快地直开自动煞车台,这样50辆车中总会有一辆被人说"不通过"。

对一切细节如此全神贯注的结果,大体上讲我们的车比其他的车子耐用而不大需要维护(其结果也使其折旧较其他车子为少)。

我们剔除了不合格的车(Lemon);你们得到十全十美的车(Plum)。

6.4.5 艾·里斯和杰克·特劳特的定位法

定位(positioning)原理是融合了市场学、商标学、心理学、传播学、公共关系学等学科内容而形成的广告创作理论与手段。艾·里斯(Al Reis)和杰克·特劳特(Jack Trout)将定位法引入了营销、广告战略。20世纪70年代初,他们在《工业市场营销》和《广告时代》中发表了一系列的文章,奠定了"定位"理论的基础。他们认为创作广告的目的应当是为处于竞争中的产品树立一些便于记忆、新颖别致的东西,从而在消费者心中确立起一个独一无二的位置。

为了证明自己的方法,他们引用了艾维斯(Avis)的"我们第二,但更努力"的主题以及米歇罗伯(Michelob)的"第一家美国造特佳啤酒"承诺作为广告可以带来有效感知定位的证据。与李奥·贝纳、罗瑟·瑞夫斯以及大卫·奥格威的方法一样,定位法也是以"应当说什么"为其根本,一旦确定下来,便广为宣传,消费者便会在需要这种利益或需要产品解决某种困难时回忆起来。

被里斯和特劳特引为证据的艾维斯租车公司广告,并不是他们两人创作的,而是前面提到的威廉·伯恩巴克的大作。提到艾维斯,在今日广告界几乎没有人不知道它最成功的"No.2定位策略"。20世纪60年代之前,艾维斯的经营一直很不景气,甚至到了快破产的地步,直到1962年聘任了罗伯特·陶先德(Robert Townsend)担任总裁后才有了转机。当时,在租车业赫兹(Hertz)是第一位,资本是艾维斯的5倍,年营业额是它的3.5倍。一个弱势品牌要想对抗一个强势品牌当然要有一套创新有效的营销策略和广告创意。

1963年,伯恩巴克为艾维斯做的广告标题是:"艾维斯在租车业只是第二位。那为何与我们同行?"(Avis is only No.2 in renting cars. So why go with us?)内文是:"我们更努力,(当你不是最大时,你就必须如此)我们不会提供肮脏的烟盒,或不满的油箱,或用坏的雨刷,或没有清洗的车子,或没气的车胎,或任何像无法调整的座椅、不热的暖气、无法除雾的除雾器等。很明显,我们如此卖力就是力求最好,为了给你提供一部新车,像一部神气活现、马力十足的福特汽车和一个愉快的微笑……下次我们同行,我们的柜台排队的人比较少(意味着不会让你久候)。"这个广告坦诚自己在租车业中不是老大,因此,不能像老大一样凡事都不在乎。在这一则广告中"我们更努力"的表白唤起了读者同情弱者的心理,给人们留下了极为深刻的印象(见图6-10)。

图 6-10　艾维斯关于"第二位"的平面广告

伯恩巴克为艾维斯做的广告:"艾维斯在租车业只是第二位。那为何与我们同行?"这一则广告中"我们更努力"的表白唤起了读者同情弱者的心理,给人们留下了极为深刻的印象。

资料来源:Juliann Sivulka. A Cultural History of American Advertising(美国广告文化[英文影印版]). 沈阳:东北财经大学出版社,1998:307.

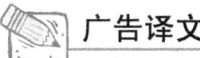 **广告译文**

艾维斯在租车业只是第二位，那为何与我们同行

作者：威廉·伯恩巴克
产品：艾维斯（Avis）租车
广告标题：艾维斯在租车业只是第二位。那为何与我们同行？
广告正文：

我们更努力，（当你不是最大时，你就必须如此）我们不会提供肮脏的烟盒，或不满的油箱，或用坏的雨刷，或没有清洗的车子，或没气的车胎，或任何像无法调整的座椅、不热的暖气、无法除雾的除雾器等。很明显，我们如此卖力就是力求最好，为了给你提供一部新车，像一部神气活现、马力十足的福特汽车和一个愉快的微笑……下次我们同行，我们的柜台排队的人比较少（意味着不会让你久候）。

在广告史上，从来不曾出现过这样的广告。将自己的公司在同业界里定位为第二位，这可以说是第一次。另一则广告，标题直接说：《老二主义——艾维斯的宣言》（No. 2ism. The avis manifesto），内文是这样的："我们在租车业，面对业界巨人只能做个老二。最重要的是，我们必须要学会如何生存。"

在挣扎中，我们也学会在这个世界里做个老大和老二有什么基本不同。做老大的态度是：不要做错事，不要犯错，那就对了。做老二的态度却是：做对事情，找寻新方法，比别人更努力。老二主义是艾维斯的教条，它很管用。艾维斯的顾客租到的车子都是干净的、崭新的。雨刷完好，烟盒干净，油箱加满，而且艾维斯各处的服务小姐都是笑容可掬的。结果艾维斯本身就转亏为盈了。艾维斯并没有发明老二主义。任何人都可采用它。"全世界的老二们，奋起吧！"有效的定位策略，使艾维斯租车公司从弱势品牌翻身并获得好的利润。

里斯和特劳特在归纳、总结了许多成功模式而提出定位法后，引起了众人的注意。定位法最关键的问题是究竟哪种定位更有可能成功，可行的定位方法可以从以下几个方面入手。

（1）以产品特征或顾客利益来定位，如美国美乐啤酒以冷过滤过程来定位。
（2）以价格—质量关系来定位，如西尔斯总是与家用的、质量上乘的东西联系在一起。
（3）以使用或运用方式来定位。
（4）以产品实用者来定位，如巴士奇（Busch）啤酒的定位为酒量大的体力劳动者的啤酒。
（5）以产品种类来定位，如将国酒定位为进口酒的替代品。
（6）以文化象征来定位。
（7）以竞争对手来定位，如艾维斯将自己定位为第二位的租车公司。

定位法有时会和品牌形象法混淆起来，实际上，定位法是一个更广泛的概念。定位法与明确竞争、相关属性、竞争对手以及市场有关系。其实，定位法是形象分析的逻辑发展，因为它涉及运用所知的品牌形象、竞争、广告主准确触及的受众以及受众个人受刺激后如何做出反应。

6.4.6 理查德·伍甘的信息模式法

1979~1980年，由FCB（Foote, Cone & Belding）广告公司的理查德·伍甘（Richard

Vaughn）研究出一种复合传播模型，称为 FCB 策略模式。多年来，经过不断完善，目前有不少广告主和广告公司运用这种方法。这种模式由建立在两个连续集群——思维与感觉、重要性的强与弱上的"信息模式"组成。之所以将这种模式称作信息模式法，是因为它迫使创意者在创意时，使产品特征信息与消费方式信息相符合。

这种模式有四个象限，见图 6-11，每个象限都把产品类型与消费者参与联系起来，指出广告应如何处理，并提出创意、媒介和测定的含义。按照伍甘的观念，这种方法的目的在于识别某一产品的信息、感情或行为水准，为广告活动创造一个适宜的模式，然后加以实施。

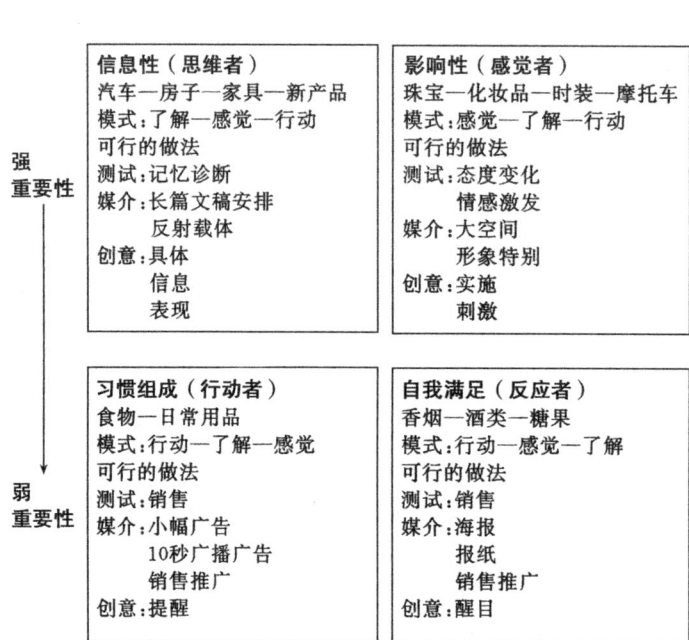

图 6-11 理查德·伍甘的信息模式法

1979~1980 年，理查德·伍甘总结了一种叫作 FCB 的策略模式。这种模式由建立在两个连续集群——思维与感觉、重要性的强与弱上的"信息模式"组成。之所以将这种模式称作信息模式法，是因为它迫使创意者在做创意时，使产品特征信息与消费方式信息相符。

本章小结

1. 广告创意是广告人对广告的创作对象，进行想象、加工、组合和创造的过程，它是使商品潜在的现实美升华为消费者能感受到的艺术美的一种创造性的劳动。
2. 广告创意有以下几个特点：① 立足商品属性；② 迎合消费心理；③ 运用形象策略；④ 借助丰富想象。
3. 在广告创意中，应该遵循的原则是：① 准确性；② 新颖性；③ 简洁性；④ 特色性。
4. 广告创意的前提是产品定位。
5. 广告创意所涉及的基本范畴有：① 广告创意的形象；② 广告创意的意象；③ 广告创意的意境；④ 广告创意的意念；⑤ 广告创意的联想。
6. 广告学中的形象有两层含义：一是指广告作品中的产品形象或企业形象；二是指反映和塑造企业产品、形象或文化的艺术手段。形象思维，又称"艺术思维"，即运用形象所进行的思维活动。

7. 形象与形象思维在广告创意中有以下几个作用：① 强化产品定位；② 构思广告内容；③ 安排广告形式；④ 塑造企业整体形象。

8. 意象为意中之象，是在人的心目之中营造的形象。运用意象理论来进行广告创意时，力求做到两点：一是有鲜明的形象；二是有一定的寓意。

9. 意境是文艺作品中所描绘的生活图景和表现的思想感情融合一致而形成的一种艺术境界。

10. 意念，即有一定意志倾向的意识或观念。广告意念的功能如下：① 揭示动机；② 克服困难；③ 反映意念的基本品格。要表现广告创意的意念，应该反映广告对象的自觉性、果断性、坚持性、自制性等基本品格。

11. 联想，是由一事物想到另一事物的心理过程。联想的4个基本形态是：① 接近联想；② 对比联想；③ 类似联想；④ 因果联想。

12. 詹姆斯·韦伯·扬提出了广告创意的两项重要原则：第一，创意完全是把原来的许多旧的要素作新的组合；第二，涉及把旧的要素予以新的组合之能力，此能力大部分在于对（事物间）相互关系的了解。在心理上养成寻求各事物之间关系的习惯，是产生创意过程中最为重要的事情。

13. 詹姆斯·韦伯·扬认为产生创意的过程大致有5个阶段：① 收集原始资料；② 用心审查资料；③ 深思熟虑；④ 实际产生创意；⑤ 实际应用。

14. 过去的半个世纪以来，广告一直受到6种不同的广告创意方法的影响，它们分别是：① 李奥·贝纳的固有刺激法；② 罗瑟·瑞夫斯的独特销售建议法；③ 大卫·奥格威的品牌形象法；④ 威廉·伯恩巴克的实施重心法；⑤ 艾·里斯和杰克·特劳特的定位法；⑥ 理查德·伍甘的信息模式法（或称为FCB的模式）。

15. 李奥·贝纳认为，成功的创意广告秘诀就在于找出产品本身固有的刺激。"固有的刺激"也称为"产品与生俱来的戏剧性"。

16. 罗瑟·瑞夫斯认为，要想让广告活动获得成功，就必须依靠产品的独特销售建议（unique selling proposition，USP）。USP包含以下三部分内容：① 每一条广告都必须给消费者提出一条建议；② 提出的建议必须是竞争对手没有或无法提出的；③ 提出的建议必须要有足够的力量感动消费者。

17. 大卫·奥格威认为，任何产品的品牌形象都可以依靠广告建立起来。他信奉品牌形象并不是产品固有的，而是消费者联系产品的质量、价格、历史等，在外在因素的诱导、辅助下生成的。

18. 威廉·伯恩巴克提出了实施重心法，他认为，实施（广告信息战略的"如何表达"部分）完全可以独立成为自己的内容。广告的技巧不是在于"说什么"而是"如何说"。实施重心法应注意以下4点：① 尊重受众；② 手法必须干净、直接；③ 广告作品必须出众；④ 不要忽视幽默的作用。

19. 艾·里斯和杰克·特劳特在20世纪70年代初提出了"定位"理论。他们认为创作广告的目的应当是为产品树立一些便于记忆、新颖别致的东西，从而在消费者心中确立起一个独一无二的位置。

20. 可行的定位方法可以从以下几个方面入手：① 以产品特征或顾客利益来定位；② 以价格——质量关系来定位；③ 以使用或运用方式来定位；④ 以产品实用者来定位；

⑤以产品种类来定位；⑥以文化象征来定位；⑦以竞争对手来定位。
21. 1979年，理查德·伍甘总结了一些创意方法，综合出一种叫作FCB的模式。这种模式由建立在两个连续集群——思维与感觉、重要性的强与弱上的"信息模式"组成。

测试题

一、单项选择题

（在每小题备选答案中只有一个是正确的，请将其选出并把选项前的字母填在题后括号内）

1. 广告创意的前提是（　　）。
   A. 价格定位　　　　　　　　　　B. 产品定位
   C. 渠道定位　　　　　　　　　　D. 形象定位
2. 形象思维，又称（　　）。
   A. "具象思维"　　　　　　　　　B. "艺术思维"
   C. "逻辑思维"　　　　　　　　　D. "直觉思维"
3. 运用意象理论来进行广告创意时，力求做到两点：一是有鲜明的形象；二是有（　　）。
   A. 一定的形式　　　　　　　　　B. 简洁的内涵
   C. 一定的寓意　　　　　　　　　D. 丰富的外延
4. 广告创意"固有刺激法"的提出者是（　　）。
   A. 李奥·贝纳　　　　　　　　　B. 罗瑟·瑞夫斯
   C. 大卫·奥格威　　　　　　　　D. 威廉·伯恩巴克
5. 广告创意"信息模式法"（FCB模式）的提出者是（　　）。
   A. 大卫·奥格威　　　　　　　　B. 威廉·伯恩巴克
   C. 艾·里斯和杰克·特劳特　　　D. 理查德·伍甘
6. USP的具体含义是（　　）。
   A. Unlike Selling Promotion　　　B. Unique Selling Promotion
   C. United State Proposition　　　 D. Unique Selling Proposition

二、多项选择题

（在每小题备选答案中有2～5个正确答案，请将正确选项前的字母填在题后括号内）

1. 广告创意有以下几个特点：（　　）。
   A. 立足商品属性　　　　　　　　B. 迎合消费心理
   C. 运用形象策略　　　　　　　　D. 借助丰富想象
   E. 启动营销运作
2. 在广告创意中，应该遵循的原则是：（　　）。
   A. 准确性　　　　　　　　　　　B. 新颖性
   C. 稳定性　　　　　　　　　　　D. 简洁性
   E. 特色性
3. 形象与形象思维在广告创意中有以下几个作用：（　　）。
   A. 强化产品定位　　　　　　　　B. 构思广告内容
   C. 安排广告形式　　　　　　　　D. 影响产品定价
   E. 塑造企业整体形象

4. 实施重心法应注意以下几点：(　　　)。
   A. 尊重受众　　　　　　　　　B. 富裕的预算
   C. 手法必须干净、直接　　　　D. 广告作品必须出众
   E. 不要忽视幽默的作用
5. 联想的基本形态有：(　　　)。
   A. 接近联想　　　　　　　　　B. 对比联想
   C. 类似联想　　　　　　　　　D. 因果联想
   E. 直觉联想
6. 詹姆斯·韦伯·扬认为产生创意的过程大致有以下几个阶段：(　　　)。
   A. 收集原始资料　　　　　　　B. 用心审查资料
   C. 深思熟虑　　　　　　　　　D. 实际产生创意
   E. 实际应用

三、名词解释题
1. 创意
2. 联想
3. 意念

四、简答题
1. 简述形象与形象思维在广告创意中的作用。
2. 简述联想的4个基本形态。
3. 简述USP的核心内容。

五、论述题
1. 联系实际谈谈广告创意所涉及的基本范畴。
2. 试运用詹姆斯·韦伯·扬的观点，描述产生创意的5个阶段。

六、案例分析讨论题
仔细阅读本章的"开篇案例"，然后回答以下问题：
1. 试结合本章所介绍的8种广告创意策略，分析一下smart的"Offroad"广告运用了哪些策略？
2. 试选择另一支创意广告，与smart的"Offroad"比较并分析其策略的不同。
3. 试思考创意的产生有哪些方法？

第7章
广告文案写作

开篇案例

新百伦 《致匠心》

新百伦（New Balance），1906年威廉姆J. 赖利（William J. Riley）先生在美国马拉松之城波士顿成立，现已成为众多成功企业家和政治领袖爱用的品牌，在美国及许多国家被誉为"总统慢跑鞋""慢跑鞋之王"。新百伦自创立以来，一直秉着制造卓越产品的精神，不断地在科技材质、产品外观与舒适感方面持续进步。唯一不变的是新百伦以高标准道德规范、100%顾客满意度、团队合作的精神来经营。新百伦是全球唯一在欧美拥有专属工厂的国际化运动品牌，它拥有固执到偏执的品牌美学，并始终引以为傲，有着对品牌精益求精的慢工态度。

新百伦近日全球热播的英美系列宣传视频由音乐教父李宗盛担纲主演，视频以近乎白描的手法，通过李宗盛的口述，将他亲手制作木吉他的过程与远在地球另一边的鞋匠制作新百伦990的步骤温暖地关联在一起⊖。两个素未谋面的匠人，天各一方地执着于各自的热爱和信仰。在如王家卫电影般流光溢彩的长镜头下，这位音乐界的老大哥，用3.5分钟的时间把我们带入手艺人的世界。他引出了《山丘》中想说未说的话"一辈子总是还得让一些善意执念推着往前，我们因此也能愿意听从内心的安排。"的确，每件事未必一定有意义，但总有热爱它的人去赋予其生命，这就是执着于本心，顺信仰而前行的匠人之心。

新百伦视频广告《致匠心》文案：

人生很多事急不得，你得等他自己熟。
我二十出头入行，
三十年写了不到300首歌，
当然算是量少的。
我想一个人有多少天分，
跟出什么样的作品，并无太大的关联。
天分我还是有的，我有能耐住性子的天分。
人不能孤独地活着，之所以有作品是为了沟通。
透过作品去告诉人家，心里的想法、眼中看世界的样子、所在意的、所珍惜的。
所以，作品就是自己。

⊖ 新百伦《致匠心》视频观赏网址 http://www.iqiyi.com/w_19rso78219.html

所有精工制作的物件，最珍贵、不能替代的，就只有一个字——"人"。

人有情怀、有信念、有态度，

所以，没有理所当然，

就是要在各种变数可能之中，仍然做到最好。

世界再嘈杂，匠人的内心绝对必须是安静安定的。

面对大自然赠予的素材，我得先成就它，它才有可能成就我。

我知道手艺人往往意味着固执、缓慢、少量、劳作，

但是这些背后所隐含的是专注、技艺、对完美的追求。

所以我们宁愿这样，也必须这样，也一直这样。

为什么我们要保留我们最珍贵的、最引以为傲的？

一辈子总是还得让一些善意执念推着往前，

我们因此能愿意去听从内心的安排。

专注做点东西，至少，对得起光阴岁月。

其他的，就留给时间去说吧。

从音乐人向制琴师跨界，李宗盛翻越了一座人生的山丘。早在1997年，暂别一线歌坛的李宗盛前往因制作顶级手工吉他而闻名世界的加拿大，在那里，他遍访顶级手工制琴师，从设计到选料再到后期制作，潜心学习每一道工序。十多年来，他为了梦想一路坚持，就像一把原木吉他，任凭时光打磨，始终保持演奏最本色的音符。2015年伊始，再次开唱的李宗盛演唱会依旧火爆，一票难求。乐迷们带着对大师的膜拜到现场朝圣，以45°角抬头仰望着舞台上的李宗盛，泪流满面，而李宗盛也成为万千文艺中青年心目中情怀般的存在。李宗盛说，乐坛30年，写歌不到300首。在音乐人中是不算多产，但是他对于音乐的专注，对于细节的把控，对于完美的追求，却是音乐人最珍贵的品质。这表明他要做的绝对不是粗制滥造的音乐，而是要对得起光阴岁月的艺术作品。这与新百伦偏执的品牌精神——百年制鞋修行只为追求极度舒适的穿鞋感受——不谋而合。在轻柔的音乐中，他穿着New Balance 990踩着节拍，弹奏着亲手制作的木吉他。这是对远在美国的鞋匠最好的致敬！

这部《致匠心》是Verawom上海创始人、副总裁涂晓明带领的团队为新百伦英美产系列打造的Campaign，它也成为近来业界中少有的得到消费者和网民们发自内心的自发性传播案例。整个活动的执行也非常尊重"匠心"这个主题，单单是提炼出《致匠心》这三个字的核心策略，就几乎用了2~3个月来确定。这部广告文案扎根于品牌特质和消费心理：新百伦英美产系列从外形设计到价格，吸引的用户从年龄到经历，都偏向成熟。于是向每个拥有"匠心"的行业者致敬就像一根针，戳到了消费者的痛点。而且广告文案紧扣主题，既不直白又不过于晦涩——李宗盛对于人与作品间的关系进行了准确的表达，包括需要平静专注的心境、情怀与坚守，人与作品的相互成就、情感沟通等。而本广告有个副标题：李宗盛的人生哲学——将匠心上升到人生哲学高度，很好地诠释了新百伦的制鞋匠人与鞋子之间的情感勾连以及匠人精神与历史传承。

本章将介绍广告文案写作。首先介绍广告文案的写作过程，即从立意、构思到修改、完稿的过程；然后进入广告文案的结构，分别介绍广告标题、正文、广告语与广告随文的写作；最后介绍广告文案的体式，它们分别是公告体、说明体、议论体、抒情体、诗歌与散文、故事体、戏剧体与曲艺体等。

7.1 广告文案的写作过程

广告文案是广告写作的产品,又叫广告文稿,它是广告作品不可缺少的组成部分。文学创作是广告作品设计与表现的基础。广告文案的写作过程大致会经历立意、构思、修改及完稿4个关键的环节。

7.1.1 立意

你的广告文案准备写什么?自己要心中有数。通常我们写文章的立意大致有3个方面的内容:一是确定文章的主旨;二是找好写作的角度;三是确定文章的风格。广告文案的写作过程也大致如此。然而,它又有自己的特点,我们可以将广告文案的立意概括为以下几个方面。

1. 广告文案的写作目的

(1)为了什么样的广告目的而写作,是为了商品或服务的促销,还是为了企业或是品牌的形象?

(2)如果有量化的促销目标,那么具体是多少?

(3)文案将在什么样的媒介上发布?

(4)文案是写给谁看的?

(5)它将传达什么样的信息?

2. 广告文案的主题

(1)整体广告策划的主题是什么?

(2)具体广告活动的主题是什么?

(3)每一则广告作品的主题是什么?

(4)该文案的主题是什么?

3. 广告文案的内容

(1)整体广告活动要传达哪些广告信息?

(2)具体的广告活动要传达哪些信息?

(3)每一则广告作品要传达哪些信息?

(4)该文案要传达哪些信息?

(5)哪些广告信息是主要的?哪些广告信息是次要的?

(6)哪些广告信息是与主题关系密切的?哪些广告信息是与主题无关的?

4. 广告文案的表现方法

(1)采取什么样的诉求策略?是感性诉求、理性诉求还是情理结合诉求?是产品情报诉求还是生活情报诉求?

(2)需要使用形象吗?使用什么样的形象?

(3)用什么样的方式传达广告信息?是新闻式、宣言式、故事式、证言式还是其他形式?

(4)广告文体用什么样的文体来写作?是公告体、说明体、议论体、抒情体、诗歌与散文还是故事体、戏剧体与曲艺体?

5. 广告文案的表现风格

(1)文案的整体风格应是什么样的?

（2）使用什么风格的文字？

（3）创造什么样的意境和意象？

如果你对这些问题都有了明确的认识，那么你就完成了广告文案的立意过程，现在你可以开始动手写作了。

7.1.2 构思

关于广告文案的构思，你需要想一想以下几个方面的事。

1. 如何写好广告的标题

如果你要写的是印刷广告文案，那么按照一般的规律，你应该为它写一个能吸引人的标题，因为它可以帮助你"抓住"受众。

有的人习惯于先写正文，后写标题。有的人则习惯于先写标题后写正文和其他部分。我们建议在开始广告文案的写作时，最好还是先写标题。

2. 广告正文的结构如何安排

首先，你需要确定正文需要传达什么信息，最好弄清各个信息之间的关系，以决定在正文中哪些信息先出现，哪些信息后出现，哪些信息应该详写，哪些信息可以略写。其次，根据你对信息传达次序和篇幅的大致安排，决定正文需要多少段落，这些段落如何联系，是否要由几个段落组成相对独立的信息单元，是否需要小标题。如果你要写的文案只允许很短的篇幅，那么在结构的安排上更应该慎重。

3. 构思文案的方法

如何构思文案，每一个撰稿人都有自己的方法，个体差异很大。下面我们将介绍几种广告文案写作的构思方法。

（1）**顺向思考与逆向思考**。顺向思考是人们思考问题的常规方法，在这里不再赘述。而逆向思考法实际上是一种颠倒思考法，对广告写作来说，有时把自己想法颠倒一下，也许能够发现一些新的写作思路。逆向思考法有意识地脱离人们习惯的思维轨道，往相反的方向探索。运用反向思维来构思广告文案的技巧在于，如何打破消费者的心理定式，以达到出乎意料的效果。

（2）**分析法与综合法**。分析思考法要求我们凡事都要深入细节，综合思考法的核心是"见树先见林"。广告文案在整体构思上要"大胆地假设"——用好综合法，广告文案诉求过程要"细心地考证"——用好分析法。

（3）**巧布疑阵法**。巧布疑阵法，又称悬念法或解决难题法，我们可以利用广告标题来设置"悬念""难题""关联"与"迷宫"，以此引起消费者的兴趣。巧布疑阵法的心理学依据是人们的求异心理与求知欲望：对于一个"悬念"，你想知道它的结果；对于一个"难题"，你想立刻得到答案；对于某种"关联"，你想搞清它们的逻辑关系；当你的思维陷入"迷宫"时，你想急于摆脱它……用这种方法来进行广告写作，巧妙地设置一个"美丽的陷阱"，往往可以达到引人入胜的效果。

（4）**自由发挥法**。自由发挥法大多源于直觉思维，在广告文案写作中，自由发挥法常常用来冲击传统观念、突破心理定式、打乱逻辑规则，它运用想象、幻想、猜想、联想、灵感等方法，其表现手法往往是荒诞、离奇、怪异、幻视、变形等。这类创意虽然会有一些风险，但往往能够达到标新立异、出奇制胜的效果。

联想也属于直觉思维,它是广告文案构思过程中的一个重要方法,所以我们将它单列出来,在下面做专门介绍。

(5) **联想思维法**。在文案构思的过程中,我们可以朝着以下几个方向进行联想。

1) 接近联想。这是指由一个意象联想到与它在时间或空间上相似的意象,从而将广告信息转化为与它接近的、更有吸引力的意象表达出来。

2) 相似联想。这是指由一个意象联想到另一个与它相似的意象,从而将广告信息转化成与它相似的、更容易为受众所接受的意象表达出来。

3) 对比联想。即由某一意象联想到与它对立的意象,从而将广告信息与与其相对立的意象进行对比,加深受众对广告信息的印象。

通过联想而写进文案的意象,一定要与广告信息有明确的、易于理解的联系,千万不要"天马行空",让其"风马牛不相及",使受众读起来不知所云。

7.1.3 修改

1. 自我检核

仔细地将你写好的文案再阅读一遍,注意在以下几个方面是否做到了无懈可击。

(1) **文案的内容也即广告信息传达方面**。应当考虑以下几方面:
1) 是否准确地传达了广告信息?
2) 信息的主次是否与广告策略的规定完全吻合?
3) 信息的内在逻辑关系是否清楚?
4) 是否有些必要的信息被忽略了?
5) 是否有不必要的信息被添加进去了?

(2) **文案的结构方面**。应当考虑以下几方面:
1) 结构是否完整?
2) 标题有无必要?标题是否与正文贯通?
3) 正文的结构是否合理?是否有利于广告信息的准确传达?
4) 随文的结构是否合理?随文是否有效地补充了标题、正文、广告语没有涉及而又非常必要的信息?
5) 广告语写进文案了吗?广告语是否放在了恰当的位置?

(3) **文案的篇幅方面**。应当考虑以下几方面:
1) 如果是印刷广告文案,与媒介计划中确定的广告版面相比,文案的篇幅是否适当?是否过长或过短?
2) 如果是广播广告文案,与媒介计划中确定的广告时间长度相比,文案的篇幅是否适当?是否过长或过短?按照文案要求的语气和语速默读一遍,以检验在规定的时间内能否读完?
3) 如果是电视广告文案,与媒介计划中确定的广告时间长度相比,文案的篇幅是否适当?是否过长或过短?按照文案在广告中出现的时间和位置,按照文案要求的语气和语速默读一遍,以检验在规定的时间内能否读完?

(4) **文案与媒介特性的配合方面**。应当考虑以下几方面:
1) 写作文案时是否考虑到了在什么媒介上刊播?是否考虑到了媒介的特性?

2）如果是广播广告文案，是否考虑到了文案与音乐、音响的配合？语言是否适合媒介传播的特性和受众收听的习惯？

3）如果是电视广告文案，是否考虑到了文案与音乐、音响、画面的配合？语言是否适合电视媒介传播的特性和受众收视的习惯？

（5）**语言文字方面**。应当考虑以下几方面：

1）文案中所使用的语言和文字是否恰当地表达了广告信息？

2）是否存在用词不当或词不达意的现象？

3）是否有病句？是否有语意不清的句子？是否有语意不连贯的句子？

4）是否恰当地使用了标点符号？断句是否恰当？

（6）**文案的风格方面**。应当考虑以下几方面：

1）文案的风格是否适合广告的主题？是否适合广告文案所传达的信息？

2）文案的风格是否适合受众的欣赏习惯？是否适合广告发布地区的文化背景？

3）文案在风格方面有无受众难于接受的因素？

（7）**文案写作的技巧方面**。应当考虑以下几方面：

1）是否过多地使用了写作的技巧？

2）是否过于缺乏技巧性？

3）是否使用了受众难于接受的技巧？

4）是否因为技巧的使用掩盖了广告文案本身需要传达的信息？

2. 找出毛病，修改它

广告文案撰稿人经常会犯的错误有以下几种类型：

- 内容庞杂，重点模糊。
- 空话、大话连篇。
- 用词不当或词不达意。
- 标点符号不准确。
- 枯燥、冷淡，缺乏感染力。

3. 请其他人员协助修改

作为文案撰稿人，我们并非在广告创作的所有方面都是内行，所以在自己对广告文案进行了修改之后，最好还要请其他方面的专业人员来协助修改。

如果是印刷广告文案，最好请平面广告设计人员参与修改；如果是电视广告文案或广播广告文案，最好请广告录制或拍摄的导演、制作人员来协助修改。广告策划小组的人员、市场调查人员，尤其是你的广告诉求对象，都是帮助你修改文案的合适人选。经过这一番修改，广告文案可以初步定稿，准备征求客户的意见。

7.1.4 完稿

广告作品主要是通过语言与形象来表现广告的主题与创意。调查表明，虽然在表达能力上广告的图形占据了近85%的优势，但在广告效果上有50%~75%的效果源于文字的力量。广告文案的写作水平，直接影响着广告效果。因此，广告文案必须精益求精，写好之后还要反复修改，并经过一定的测试程序，才能最后定稿。优秀的广告文案很少是一蹴而就的，多数是通过集体反复讨论修改后才诞生的。

7.2 广告文案的结构与写作

说到广告文案的写作,美国广告大师乔治·葛里宾曾经做过这样的描述:"……标题是否能让你想去读文案的第一句话?而文案的第一句话是否能让你想去读文案的第二句话?……一定要做到让读者看完广告的最后一个字才想去睡觉。"

7.2.1 标题

标题,是广告的题目。它标明广告的宗旨,又是区分不同广告内容的标志。多数广告都有标题,但有些广告如广播广告与电视广告,一般没有标题,它们常常是直接展示广告信息。

标题在广告中主要的作用是:点明主题、引人注目、激发兴趣、诱读正文、加深印象、促进购买。

在大卫·奥格威看来,标题是大多数平面广告中最重要的部分,它是决定读者是不是去读正文的关键所在。读标题的人数平均为读正文的人数的 5 倍。换句话说,标题占用了近 80% 的广告费。奥格威说:"如果你在广告标题里没有写点什么有推销力的东西,那你就把人家客户 80% 的广告费给浪费掉了。"他还说:"换一换标题,十有八九会导致不同的销售效果。"

广告标题的形式有直接标题、间接标题与复合标题 3 种形式。

1. 直接标题

直接标题,是以写实形式、简明的文字表明广告的主要内容,使人们一读就清楚广告说些什么。这种标题要简明、确切。直接标题的写作方式主要有下述几种:

(1) **宣事式**。在标题中直接宣布广告的主要内容。

(2) **新闻式**。在标题中直接公布近日发生的事物。

(3) **颂扬式**。在标题中直接赞颂商品。

(4) **号召式**。在标题中直接鼓动人们去购买。

(5) **对比式**。在标题中通过将广告的商品与同类商品比较来突出商品特点。

(6) **祈求式**。标题用劝勉、叮咛、希望等较婉转的口吻来动员购买。

(7) **问答式**。标题用一问一答的形式传递广告信息。

(8) **夸张式**。标题用明显自夸自赞的词句赞美商品。例如"京华音响,人人赞赏"。

2. 间接标题

间接标题,不是直接介绍商品或直接点明广告宗旨,而是通过中介环节,耐人寻味的词句,诱导人们饶有兴趣地转读广告正文。间接标题的写作方式主要有以下几种:

(1) **悬念式**。用有情趣性而又令人去猜想的词句来写标题。

(2) **寓意式**。用格言式、哲理性的词句来暗示某种意义。

(3) **提问式**。标题只问不答,诱读正文。

(4) **幽默式**。用风趣而又令人深思的词句来写标题。

(5) **比喻式**。用打比方的词句来写标题。

3. 复合标题

复合标题是用 2~3 条较短的标题组合而成的标题群。复合标题中由于各标题所起的作用不同,划分为正题、副题、引题 3 种类型标题。

其中引题说明广告商品的背景，正题点明广告主旨，副题补充说明正题。

 案　例

奥格威关于广告标题写作的原则

奥格威写广告标题的原则是：

1. 标题好比商品的价码标签，用它来和你的潜在顾客打招呼。

反之，不要在你的标题里说那些排斥你的潜在顾客的话。

2. 每个标题都应带出给潜在顾客自身利益的承诺，即讲明能够给他带来什么好处。

3. 始终注意在标题中加进新信息，因为消费者总是在寻找新产品、老产品的新用法或是老产品的新改进。

4. 其他会产生良好效果的字眼诸如：如何、突然、引进、新到、奇迹、魔力、奉献、挑战、快捷、简易、了不起、划时代、轰动一时、最后机会……这些字眼听起来似乎是老生常谈，但在广告上却很起作用。

5. 加进一些充满感情的词，可以起到强化的作用。

6. 标题中应该写进品牌名称，至少要告诉浏览者，你的广告宣传的是什么品牌。

7. 在标题中写进你的销售承诺。

测试表明，10 个字或 10 个字以上带有新信息的标题比短的更能推销商品。

8. 能激发读者的好奇心，吸引他们去读广告的正文，在标题的结尾前你应该写点诱人继续往下读的东西进去。

9. 你的标题必须以电报文体讲清你要讲的东西，文字要简洁明了，不要和读者捉迷藏。

有些撰稿人常写一些故意卖弄的标题：双关语、引经据典或用晦涩难懂的词句，这是错误的。

10. 调查表明，在标题中写否定词是很危险的。因为读者很可能漏掉这个"不"字，从而产生错误的印象。

11. 避免使用有字无实的瞎标题，就是那种不读后面的正文就不明其意的标题，而大多数人遇到这种标题时恰恰又不愿意去读后面的正文。

 案　例

广告标题写作的经典范例

1. 大卫·奥格威

● 劳斯莱斯汽车：

"At 60 mikes an hour the loudest noise in this new Rolls-Royce come from the electric clock."

What makes Rolls-Royce the best car in the world? "There is really no magic about it-it is merely patient attention to detail," says a n eminent Rolls-Royce engineer.

标题："这部新型的劳斯莱斯汽车在以每小时 60 英里⊖的速度行驶时，最大声响来自它的电子钟。"

⊖　1 英里 = 1609.34 米。

副标题：是什么原因使得劳斯莱斯成为世界上最好的车子？一位知名的劳斯莱斯工程师回答道："根本没什么真正的戏法——这只不过是耐心地注意到细节而已。"

- 哈萨维衬衫：

The man in the Hathaway shirt

标题：穿哈萨维衬衫的人

- 多芬（DOVE）香皂：

Darling, I'm having the most extraordinary experience⋯

I'm head over heels in DOVE！

DOVE creams your skin while you bathe

标题：亲爱的，我现在正有着一种特别的感受……

副标题：我深深地沉浸在多芬里边！

广告语：多芬，滋润你的肌肤。

- 舒味思（Schweppes）奎宁柠檬水：

The man from Schweppes is here

标题：舒味思的人来到此地。

2. 威廉·伯恩巴克

- 奥尔巴克（Ohrbach's）百货公司1：

LIBERAL TRADE-IN

bring in your wife

　　　　and just a few dollars

　　　…… we will give you a new woman

标题：慷慨的旧货换新

副标题：带来你的太太

　　　　只要几块钱

　　　……我们将给你一位新的女人

广告语：做千百万生意　赚几分钱利润

- 奥尔巴克百货公司2：

I found out about Joan

标题：我发现了琼的底细

广告语：做千百万生意　赚几分钱利润

- 奥尔巴克百货公司3：

If you are over or under 35'... you need

　　　　　SNIAGRAB

标题：如果你超过35岁……你需要

　　　　"西东的价廉"㊀

- 来味牌犹太麦饼：

NEW YORK

㊀ 在这一则广告中，伯恩巴克将"BARGAINS"（廉价的东西）倒写成"SNIAGRAB"以吸引读者。——编者注

IS EATING
IT UP!
REAL JEWISH RYE

标题：纽约
　　　正在把它
　　　吃光！
广告语：真正的犹太裸麦
对这一则广告来讲，标题就是正文，就是它的全部。

3. 李奥·贝纳

- 美国肉类研究所：

MEAT
Make it fun to get the proteins you need.

标题：肉
副标题：使得你所需要的蛋白质成为一种乐趣

- 绿巨人（Green giant）豌豆：

Harvested in the Moonlight

标题：月光下的收成

- 凯洛格（Kellog's）玉米片：

Here's a single-minded young man who's eating Kellog's with his hat on.
这个戴着帽子的小男孩正一心一意地吃着他的凯洛格玉米片。

4. 乔治·葛里宾：

- 箭牌（Arrow）衬衫：

My friend, Joe Homes,
　　is now a horse

标题：我的朋友乔·霍姆斯，
　　　他现在是一匹马了。

- 旅行者保险公司：

When I was twenty years old...
当我 20 岁时……
葛里宾说：这是"我写过的最好的广告"。然而，它并没有标题。

5. 罗瑟·瑞夫斯

- 头痛药安乃近（Anacin）：

ANACIN
标题：安乃近

7.2.2　正文

广告正文，是广告文案的躯体。广告的目标和内容，主要是通过广告正文去传递的。它起着介绍商品、树立印象和推动购买的作用。它与标题的关系是：标题吸引注意，正文进行说服；标题提出问题，正文回答问题。

广告正文，在不同媒介的广告中有不同的表现形式。

（1）在印刷广告中，正文以文字语言叙述，一般称作"文稿"。

（2）在广播广告中，正文以口头语言报道，叫作"脚本"。

（3）在电视广告中，正文以语言（包括文字语言与口头语言）结合活动画面来叙述，叫作"故事板"。

另外，在实物广告中，以文字语言结合商品实体来叙述，如橱窗广告、商品展销。至于其他广告，如交通广告和路牌、灯箱、幻灯广告等的正文创作方式，与印刷广告正文创作方式基本相同。

怎样写好广告正文，并无固定的写作公式，写作体裁也是多种多样的。大卫·奥格威描述道："当你坐下来写广告正文的时候，不妨设想你是在晚宴上和坐在你右手边的那位女士交谈。她问你：'我想买一部新车，您看哪个牌子好？'你呢，就好像在回答这个问题那样写你的广告文案"。

广告写作人员，除了熟悉所写的商品、劳务、企业，理解广告策略要求，掌握好消费者心理需求，了解市场变化动向等外，在写作技巧上还要注意掌握如下基本要求：

（1）**重点突出**。广告正文的主要任务是表现广告主题，说服消费者购买。

（2）**简明易懂**。广告正文的内容要尽可能精简扼要，交代明白。

（3）**生动有趣**。广告正文不但要说理，而且要说情。如用概括性的语言说明要购买广告商品的道理，往往还结合生活情趣以艺术性语言来引发人们的购买要求。

（4）**有号召力**。广告的目的，是通过告知，进行说服和动员，促成购买行为。

 案　例

奥格威关于广告正文写作的建议

谈到广告正文的写作，大卫·奥格威提出了以下几点建议：

（1）不要旁敲侧击，要直截了当。避免那些"差不多""也可以"之类的语言，模棱两可、含糊其辞的话常常会被人误解。

（2）不要用形容词的最高级、一般化字眼及陈词滥调。要有所指，要实事求是。要热忱、友善并且使人难以忘怀。不要惹人厌烦。讲事实，但要讲得引人入胜。你介绍得越详细，你销售得越多。你讲的事实越多，你销售得也越多。长文广告总是比短文广告更具有促销力。

（3）你应该在你的文案中采纳用户经验谈。读者们更易于相信消费者的现身说法。知名人士们的现身佐证，最能吸引读者。名人的知名度越高，吸引的读者也就越多。

（4）另外一种很有用的窍门是向读者提供有用的咨询或服务。以这种办法写成的文案可以比单纯讲产品本身的文案多招75%的读者。

（5）文学派们的那些华而不实的散文式的广告很无聊。高雅的文字对广告是明显的不利因素。它们喧宾夺主，把读者对广告主题的注意力给分散了。

（6）不要唱高调。避免自吹自擂、自我炫耀。任何产品的无价要素是这种产品生产者的诚实和正直。

（7）除非有特别的原因要在广告里使用严肃、庄重的字，通常应该用顾客在日常生活中的通俗语言写文案。一则好广告和戏剧、演讲一样有一个共同点，那就是一看便知，一听即晓，直接打动人心。

（8）不要贪图写那种获奖文案。事实上，好的广告并不需要把注意力引向自身。

（9）不要单从文字娱乐角度去讨好读者，衡量广告文案好坏的标准是看它们能使多少新产品在市场上腾飞。

7.2.3 广告语

广告语，又叫广告口号。它是广告在一定时期内反复使用的特定宣传语句，是使公众理解和记牢的一个确定的观念。

1. 广告语的写作类型

（1）**功效型**。反映商品的功效、性能好或服务效率高。

（2）**优质型**。反映商品质量优胜或服务质量好。

（3）**双关型**。用双关词句来反映双重意思。

（4）**好感型**。用吉祥言词来反映人们追求美满幸福的愿望。

（5）**号召型**。直接推动顾客响应号召，采取购买行动。

2. 广告语的创作要求

对广告语创作的要求是：

（1）**简短易记**。广告语使用的目的，在于通过反复宣传，使消费者留下对商品、劳务或企业的印象。因此，标语字句一定要简短易懂、易记。特别是电视与广播广告，稍纵即逝，标语太长，就听不清、听不明、难于理解和记忆。

（2）**突出特点**。广告语要起到鼓动人心，加深印象的作用。广告语必须结合广告主题，突出商品、劳务或企业的独特之处，尽量用视觉化语言，加深印象。

（3）**号召力强**。广告语要有鼓动性，文字要尽可能口语化，押韵动听，形象生动，富于情感。

（4）**适应需求**。广告语虽然是一种在较长时期内反复使用的商业口号，但不是不可以更改的。广告语在人们对这个口号已有深刻印象，商品知名度又很高时，可以适当地更改标语，突出新的特点，给人以新的印象，但这种更改不宜过于频繁。

 案 例

经典广告语500条

好的广告语朗朗上口，好的广告语真的是让人一生难忘。由于本书篇幅所限，我们只精选了500条。为了充分运用这有限的空间资源，像雀巢咖啡的"味道好极了!"、麦氏的"滴滴香浓，意犹未尽!"、IBM的"四海一家的解决之道"、南方黑芝麻糊的"一听到……我就再也坐不住了!"、耐克的"Just do it!"、百威的"What's up?"、广州好迪的"大家好才是真的好!"等大家耳熟能详的广告语我们就不再收录其中了。

1. 食品、饮料、酒类

（1）每一粒都在向你致意!（大米，本大叔粮食公司）

（2）纯洁得好似雪花。（诺沃蒂面粉厂）
（3）支撑面团的力量。（发酵粉，杰克斯食品厂）
（4）手艺不到没关系，只要比斯奎特面粉到了家。（比斯奎特面粉公司）
（5）新鲜——大自然食物法则的第一条。（辛可面制品公司）
（6）紧跟在美味后面的是健康。（廉舍尔肉制品公司）
（7）牌子虽然是"魔鬼"，但它却是给天使们享用的。（魔鬼牌火腿）
（8）以卫生命名，也以卫生著称于世。（卫生肉食品公司）
（9）每个罐头里都有一个新鲜的菜园。（维格拉森蔬菜制品公司）
（10）还从来没有哪一个打开罐头的人表示过失望。（罐头，哈斯洛特食品公司）
（11）有了它晚宴才算完美。（水果蛋糕，全国饼干公司）
（12）你别把它称作饼干，把它称作薄雪花也许更合适。（太平洋饼干公司）
（13）你会把最后一粒面包屑也放进嘴里。（斯坦莫尔面包公司）
（14）为了上帝的缘故，请你尝尝里根牌面包。（里根牌面包）
（15）信誉在食品业是何等重要，而这正是我们所拥有的。（普劳克特食品公司）
（16）砸开一只只好核桃，不也是一种享受吗？（加利福尼亚核桃生产联合会）
（17）封入罐中的是新鲜与健康。（大陆罐装食品公司）
（18）新鲜得就像清晨的露珠。（太平洋禽蛋公司）
（19）杯中留着一片温馨的回忆。（切克尼尔咖啡公司）
（20）麦氏咖啡屋早已是美国风景的组成部分。（麦氏咖啡公司）
（21）喝上一杯，让烦恼随香而去。（贝克咖啡公司）
（22）它的苦更甜美。（福尔吉咖啡公司）
（23）你准会喝尽最后一滴。（麦氏咖啡公司）
（24）我们烘焙它，人们赞美它。（大角咖啡公司）
（25）绝不会影响你的睡眠。（海格牌咖啡）
（26）上帝喝的也是埃德牌咖啡。（埃德牌咖啡）
（27）赞叹不已——从第一口到最后一口。（麦氏咖啡公司）
（28）你无法在品尝了"弗莱切"之后不露出微笑。（弗莱切牌咖啡）
（29）咖啡的味道能有多好，它就有多好。（哈利·金斯利咖啡公司）
（30）营养和口味一样好。（劳拉糖果公司）
（31）与你的口味最相宜。（吐温糖果公司）
（32）怎么每个人的嘴都在动？（奥蒙德口香糖公司）
（33）你得到的肯定超过你想到的。（三枪牌巧克力）
（34）纯化你的呼吸。（坦汀牌口香糖）
（35）姑娘再不会对你皱眉头了。（坦汀牌口香糖）
（36）为了每一个吻都更完美。（BYS口香糖）
（37）为你的牙床按摩一会儿吧！（佳莱姆牌口香糖）
（38）并不仅仅是甜蜜。（苏格兰蜂蜜糖果公司）
（39）一天一只苹果，你会让医生失业的。（太平洋果品公司）
（40）苹果吃得多，药就吃得少。（弗吉尼亚果品公司）
（41）剥开皮，里面是美味和健康。（美国水果批发公司）

（42）如果你感冒了，那就吃几只柠檬。（桑克斯特果品公司）
（43）我们批发健康。（美国水果批发公司）
（44）昨天在果园里，今天在餐桌上。（弥尔顿水果公司）
（45）你含着的是月光般的韵味。（沃更糖果公司）
（46）只溶于口，不溶于手。（巧克力豆，玛尔斯糖果公司）
（47）将它倒入杯中，杯子也会发出欢呼声。（莱恰特巧克力公司）
（48）并不成倍的多，但却成倍的好。（莱恩可乐公司）
（49）无法超越的品味。（百事可乐公司）
（50）为任何饮料注入生机。（霍夫曼牌苏打水）
（51）你喝的不仅是饮料，它还是一种能量。（韦尔切葡萄汁公司）
（52）健康是你的幸福，我们的事业。（山谷牌矿泉水）
（53）在这纯净的水中有着水果的全部魅力。（戴尔蒙特牌加利福尼亚饮料公司）
（54）美国最有名的花束。（四玫瑰酿酒公司）
（55）雨后的彩虹。（鸡尾酒，海伦·沃克酿酒公司）
（56）独一无二的体验。（姜汁酒，索姆塞特进出口公司）
（57）与平庸彻底决裂。（混合威士忌西格）
（58）清爽平和地穿过你的喉咙。（威士忌，大陆酿酒公司）
（59）它是液体的狂欢！（榛子酒，艾文酿酒公司）
（60）醇而又醇。（J&B 苏格兰威士忌）
（61）比别的酒稍好一些。（索普酿酒公司）
（62）只会温暖你的心，不会冲昏你的头。（凯思勒牌混合威士忌）
（63）喝上一口你就准会买上一箱。（太平洋啤酒公司）
（64）当你第一次喝我们的啤酒时就应该警告自己，别为它使自己破产。（太平洋啤酒公司）
（65）有好口味，但不会有大腰围。（雷布黑啤酒美国酿造公司）
（66）全美国都泛起"加拿大"的泡沫。（加拿大牌啤酒）
（67）酿制的乐趣与品尝的乐趣相等。（布拉茨啤酒）
（68）天堂里的酒也不过如此。（海姆牌啤酒）
（69）此刻你才会知道什么叫其味无穷。（教师牌威士忌，巴卡蒂进口公司）
（70）在它 7 岁之前，一滴也不会出售。（威士忌，杰梅森父子酿酒公司）
（71）多付几分钱……可是天壤之别啊！（JB 苏格兰威士忌，詹姆士酿酒公司）
（72）当你愿意拿出最好的酒招待客人时……（尼沃克威士忌）
（73）唯有品尝才能告诉你一切。（美国酿酒公司）
（74）任何时代都是"标准"的时代。（标准酿酒公司）
（75）"只要我口袋里还有钱……"（格兰维特牌苏格兰威士忌）
（76）你不妨尝一口 12 岁的苏格兰威士忌。（格兰维特牌苏格兰威士忌）

2. 服装、鞋业、纺织品

（77）在每一件美人牌内衣的里面都有一个真正的美人。（美人内衣公司）
（78）帮你保持体型但不会妨碍你的自由。（玛莱特内衣公司）
（79）会让你的腰身变小，但不会让你的钱包变小。（莱维内衣公司）

（80）我们最理解青春无价的含义。（胸衣，佛梅德内衣公司）
（81）绅士口袋里都有一块"邦德"。（邦德牌手帕）
（82）睡在春之气息席梦思上，你便能充分享受春的温馨。（春之气息床上用品公司）
（83）经过73年的考验，证明它是休息时的最佳选择。（奥斯特摩尔公司）
（84）你会吸引更多的目光。（克鲁埃特纺织品公司）
（85）比别的更好些，因为它们出自"克罗西奥"。（克罗西奥纺织品公司）
（86）我们的纺织品总是在被人仿制。（维依拉纺织品国际公司）
（87）只要是达布鲁克牌的，那就一定是最美的。（达布鲁克丝绸公司）
（88）让你在浴室中的故事有一个圆满的结局。（浴巾，佳能纺织品公司）
（89）为了所有最漂亮的腿。（伯克夏编织公司）
（90）用整整一英里长的丝线织成，但每一英寸都严守职责。（伯克希尔编织公司）
（91）把美套在你的腿上。（卡麦隆织袜公司）
（92）行千里路，双脚轻松依旧。（阿尔特·威廉逊制鞋公司）
（93）会穿不下，但不会穿破。（童鞋，华莱士制鞋公司）
（94）为你双脚的未来保了险。（朱利安制鞋公司）
（95）无论走路还是休息，它都不会使你为难。（合众制鞋公司）
（96）踏着青春的脚步走向未来。（布代特制鞋公司）
（97）像你的丝袜一样合脚。（肖特巴克制鞋公司）
（98）漂亮的鞋衬托漂亮的脚。（格劳伯父子制鞋公司）
（99）质量比价格高得多。（青年制鞋公司）
（100）在质量上我们决不妥协。（斯苔弗里制鞋公司）
（101）你总是比别人先迈一步。（康纳利制鞋公司）
（102）休息时请让你的脚也休息。（罗尔牌拖鞋）
（103）鞋子也是有感情的——制鞋人所赋予的感情。（法士顿人牌皮鞋）
（104）这是最后使你满意的，也是使你满意到最后的鞋子。（戈定制鞋公司）
（105）我们能用新款式来开始你的一天，就能让你用微笑来结束一天。（弗劳西姆制鞋公司）
（106）我们只出售舒适。（罗斯曼制鞋公司）

3. 家用电器

（107）进步是我们的产品，解决困难是我们的拿手好戏，人类生活幸福是我们的唯一目标。（通用电气公司）
（108）我们希望你百般挑剔。（汽车收音机，舒尔汽车公司）
（109）你将和乐队融为一体。（EPI音响公司）
（110）这一个才是唯一的一个。（索尼公司）
（111）无论款式还是音色都美妙绝伦。（本迪克斯电子公司）
（112）在所有的性能上再加一个"+"。（通用电气公司）
（113）不会再有更真实的声音了。（本迪克斯电子公司）
（114）距离决不会影响收听效果。（佩莱曼收音机公司）
（115）记录下一去不复返的时光。（格拉夫录音机公司）
（116）寒冬里的热带风情。（取暖器，克斯·伊万斯制造公司）

（117）窗外地冻天寒，窗内春意盎然。（全美取暖公司）
（118）从每一个美之中得到最多的热量。（燃油取暖器，吉尔伯特工业公司）
（119）像阳光般寂静无声。（寂静的阳光燃气取暖器公司）
（120）为美国驱赶黑暗和寒冷。（美国燃气具公司）
（121）太阳的接班人。（科尔曼炉具公司）
（122）它加热的是整个房间，而不再是那根烟囱。（多福牌取暖器）
（123）永远坐在电视机王国的王座上。（松下电器公司）
（124）索尼——这一台也是唯一的一台。（索尼电器公司）
（125）十年之后你会说："到底还是'诺尔吉'"（诺尔吉电器公司）
（126）你应该买质量而不是买数量。（密森电器公司）
（127）我们为整个世界制造气候。（卡莱空调器公司）
（128）比北极更寒冷。（铁山冰箱制造公司）
（129）它永远保持沉默。（寒诺尔牌冰箱）
（130）区别就在于部分干净和彻底干净。（胡佛牌吸尘器）
（131）肮脏不应该是家庭的特征。（汉密尔顿牌吸尘器）
（132）既然你买得起洗衣机，为何不买最好的呢？（本涅克斯牌洗衣机）
（133）眼睛一眨，冰块已经制成。（制冰机，印第安纳冰箱公司）
（134）保持食物新鲜必须雪上加霜。（白霜牌冰箱）
（135）装在口袋里的能源。（索诺顿电池公司）
（136）它灵敏得可以感受到一片羽毛的触碰。（触摸式开关，阿克米电器公司）

4．家居、钟表及生活用品

（137）价值与时间同步增长的艺术杰作。（凯尔家具公司）
（138）它的美符合任何时代的标准。（罗恩韦伯家具公司）
（139）充满内在的价值，绝无内在的危险。（辛迪勒家具公司）
（140）家具领域的第一个名字，质量方面的最终发言权。（克拉马克家具公司）
（141）只有最好的房子才配放置"金色的勋章"。（金色勋章牌家具）
（142）为休息投资就是为健康投资。（美国床业联合会）
（143）我们向大自然的暴力挑战。（S.弗里德曼父子油漆公司）
（144）当你刷下一道时，前面一道已经干透。（海罗油漆公司）
（145）家具的贴身保镖。（理查逊·麦里奥油漆公司）
（146）它从不畏惧阳光。（西伯利油漆公司）
（147）烹调因此而成为艺术。（烹调用具罗马制造公司）
（148）将烦琐的烹调简化到极限——只需轻轻一按。（微波炉，埃斯迪特）
（149）凡是能吃的它都能搅拌或磨碎。（家庭助手牌搅拌器）
（150）我们是从不作声的仆人，但却有着一百双手。（霍泽尔厨房用具公司）
（151）烹调已变得像游戏一般轻松。（标准电气炉公司）
（152）"我最讨厌的事就是洗碗碟？"（康诺弗牌洗碟机）
（153）"588"一点一滴把家发。（"588"牌燃气，助燃节能炉嘴）
（154）太阳下山，"莱托里奥斯"该登场了。（莱托里奥斯灯具公司）

（155）它能在厚厚的夜幕上钻出一个300英尺①长的洞来。（探照灯纳加拉灯具公司）
（156）设计时考虑的是宫殿，定价时考虑的是茅舍。（摩尔·布里吉灯具公司）
（157）太阳唯一的对手。（修弗格鲁灯具公司）
（158）它对眼睛是那么宽厚仁慈。（台灯，麦克法顿灯具公司）
（159）今日"星光"灿烂，明日万事如意。（星光灯具公司）
（160）我们愚弄了太阳。（印第安纳波利斯灯具公司）
（161）不仅让你看得清，还为你平添风采。（柯斯坦父子眼镜公司）
（162）12小时内不必再为你的鼻子担心。（迪雷新牌滴鼻液）
（163）烫伤后的第一个念头。（恩奎汀牌烫伤油膏）
（164）任何国家都不欣赏迟到者。（闹钟，大本钟表公司）
（165）最幸福的时刻肯定是"博鲁瓦"的时刻。（手表，博鲁瓦钟表公司）
（166）为了所有时间的主人。（西科钟表公司）
（167）你忘记了没关系，它全都记着！（詹姆士钟表公司）

5. 美容化妆

（168）今年20，明年18。（白丽美容香皂）
（169）假如你的头发不美，我们也脸上无光。（洗发香波，利多化学品公司）
（170）每一位新娘的秘密武器。（欧文斯梳子公司）
（171）使梳子上的头发更少，使你头上的头发更多。（格娄佛牌生发水）
（172）婚礼前你还需要什么？（克里蒙牌洗发香波）
（173）在你的指尖上逗留得最长久。（指甲油萝尔化妆品公司）
（174）谁会留意无生气的嘴唇呢？（唇膏，布莱思顿化妆品公司）
（175）光洁滋润的肌肤是永远讨人喜欢的。（努阿特化妆品公司）
（176）是它拯救了我们国家的脸。（法尔英化妆品公司）
（177）让今天的脸柔媚，将明天的脸珍藏。（多罗茜·格蕾化妆品公司）
（178）为美和青春构思。（海伦·柯蒂丝化妆品公司）
（179）"剃"是不能解决问题的！（维特牌脱毛膏）
（180）时间只能使它变得更艳丽。（唐璜牌唇膏）
（181）用不着羡慕别人，"庞贝"会使你容貌出众。（庞贝化妆品公司）
（182）女人总该有一丁点儿虚荣心。（虚荣心牌化妆品）
（183）每一道目光的焦点。（天使牌唇膏）
（184）一双开裂的手最不适宜出现在社交场合。（护肤霜，海因茨化妆品公司）
（185）你希望在50岁时依然年轻吗？（太阳少女牌化妆品）
（186）留得清香在，不愁没人爱。（科尔盖特牙膏公司）
（187）小心，别让你呼出的气息冒犯别人。（五月牌漱口水）
（188）往身上洒一点，任何事情都可能发生。（派费姆·科迪香水公司）
（189）正如你不同于其他的女人，"达娜"也不同于其他的香水。（达娜香水公司）
（190）注意：它会产生太大的诱惑力。（埃维恩香水公司）

---

① 1英尺 = 0.3048米。

（191）美国女性全部魅力所在。（**特莱施瓦香水公司**）
（192）任何抵抗在它面前都会瓦解。（**特勒·尤尔香水公司**）
（193）浪漫史每分钟都可能开始。（**钱诺香水公司**）
（194）高贵而浪漫的"巴黎之夜"帮助你赢得生活。（**巴黎之夜牌香水**）
（195）一滴是为了美，两滴是为了情人，三滴便足以招致一次风流韵事。（**弗劳里克牌香水**）
（196）当你需要与人竞争时。（**危险牌香水**）
（197）被一个世纪的新年所爱戴。（**戒指阿特卡鲁首饰公司**）
（198）与时尚手携手。（**手提包，戴维斯皮件公司**）
（199）"表面"价值最高。（**剃须油膏，凡丁公司**）
（200）看上去锋利无比，摸上去锋利无比，它确实锋利无比。（**剃须刀公司**）
（201）从此开始了脸部的舒适。（**剃须油膏，J.B.威廉斯公司**）
（202）你不可能剃得更干净了。（**剃须刀，北美菲利普公司**）
（203）原来荆棘丛生，现在平坦光整。（**剃须刀，本迪克斯电子公司**）

6. 电脑、通信、办公

（204）我们的电脑在任何方面都是一流的，除了价格。（**阿尔法电脑公司**）
（205）今天你就能拥有明天的软件。（**霍根软件公司**）
（206）我们能帮你削减办公费用。（**格拉夫办公用品公司**）
（207）英雄牌电脑会帮你成为英雄。（**莫赫克电脑公司**）
（208）效率能够说明一切。（**IBM 公司**）
（209）只要是纸上的东西，它都能再现。（**美国复印机公司**）
（210）永远不会向你请假的得力助手。（**电脑，日本佳能公司**）
（211）人类失去联想，世界将会怎样（**联想电脑**）
（212）长途电话是回家最短的路程。（**贝尔电话公司**）
（213）同一个体系服务于全球每一位用户。（**贝尔电话公司**）
（214）电话就是你的高速公路。（**贝尔电话公司**）
（215）无论何时何地何人何事，只要有了电话。（**贝尔电话公司**）
（216）你想到的，对方立刻就能看到。（**德克特电传公司**）
（217）谨防伪钞——彩色复印机。（**切思·布鲁宁公司**）
（218）你一定会比别人先得到答案。（**佩克林·艾莫电脑公司**）
（219）它将告诉你智慧和速度究竟是什么。（**IBM 公司**）
（220）它从不会忘记什么。（**象牌储存器公司**）
（221）出口成章。（**美国口述记录仪公司**）
（222）它们的寿命将和你的企业一样长。（**蒙罗计算机公司**）
（223）将错误从办公室统统驱除。（**维克多计算机公司**）
（224）像阳光照耀一般容易。（**蓝牌复印机**）
（225）一切都变得更小，除了它的功能。（**东芝复印机**）
（226）用"爱好"来写作，写作就会成为你的爱好。（**爱好牌铅笔**）
（227）像绸缎般柔软，又像钢铁般坚硬。（**迪克逊牌铅笔**）
（228）唯有漂亮的笔才能写出漂亮的字。（**沃特曼制笔公司**）

(229）书写也是一种艺术。（诺尔制笔公司）
(230）用来描绘未来的铅笔。（埃伯哈德·法珀制笔公司）
(231）使你的签名更流畅。（签名笔，西芬钢笔公司）
(232）写遍整个世界。（卡特钢笔公司）
(233）说到底，留在纸上的还是墨水。（西格蒙墨水公司）
(234）用沃特曼理想牌钢笔，一切都是理想的。（沃特曼理想制笔公司）
(235）灌进去的是水，写出来的是墨水。（骆驼牌钢笔）
(236）你能说出来，我们就能记下来。（卡特钢笔公司）
(237）在每一支铅笔后面都有一只翘起的大拇指。（斯奎特制笔公司）
(238）大事业中的小铅笔。（迪克逊牌铅笔）
(239）问一问出版商们，你就会知道什么纸张最好。（莱辛纸品公司）
(240）让思想成型。（沃克纸品公司）
(241）漂亮的信封会使人浮想联翩。（怀特纸品公司）
(242）每一位拿笔的人都认识我们。（标准纸品公司）
(243）高质量的表格有助于企业的发展。（巴尔的摩纸品公司）
(244）纸张能显示你的风格。（冠军纸品公司）
(245）它能为你带来丰厚的利润。（玻璃纸，塞洛风纸品公司）

7．新闻、出版、广告

(246）在家中紧随变化的世界。（WJZ电视台）
(247）你最想知道的东西你肯定能最先知道。（CBS（哥伦比亚广播公司））
(248）为了每一个准备写作或正在写作的人。（《作家月刊》）
(249）热爱家庭的人所热爱的杂志。（《家庭圈子周刊》）
(250）不输的赌注。（《新闻邮报》）
(251）巴尔的摩的一切都围绕着"太阳"旋转。（《巴尔的摩太阳报》）
(252）为了所有愿意独立思考的企业家。（《企业家杂志》）
(253）千万别低估女性的力量。（《妇女之家杂志》）
(254）一百年的年轻。（《青年之友杂志》）
(255）阅读"时代"就能理解时代。（《时代杂志》）
(256）在决策的水平线上。（《企业家杂志》）
(257）这一张张报纸铺就了成功之路。（《纽约商业报》）
(258）什么地方有"生活"，什么地方就有希望。（《生活杂志》）
(259）不将它一口气看完，你是不会罢休的。（《辛辛那提探索者报》）
(260）世界上唯一的完全为农民妻子们编辑的杂志。（《农民妻子杂志》）
(261）为了所有不安于现状的人。（《幸运杂志》）
(262）就像在后花园里说的悄悄话。（《妇女家庭伴侣杂志》）
(263）生活杂志是美国人生活的一部分。（《生活杂志》）
(264）博学多才的捷径。（《韦伯斯特国际辞典》，麦里思出版公司）
(265）好好地对待你的衣袋和衣袋里的书。（书籍出版公司）
(266）经过几代人的手才编撰成功。（《美国大百科全书》）

（267）更好的产品理应有更好的商标。（美国商标印刷公司）
（268）有了《世界手册》，世界就属于你。（《世界手册》跨刊出版公司）
（269）所有教育的最终标准。（《康普顿百科全书》）
（270）寄走思念几分，收到欢乐无限。（圣诞卡贺卡协会）
（271）怀有最真挚情感的人才会选择最好的贺卡。（赫尔马克贺卡公司）
（272）爱的另一种语言。（普费法礼品公司）
（273）用欢乐代替忧虑，用温情驱逐孤独。（装潢装具贺卡协会）
（274）行动从广告开始。（AT 广告公司）
（275）一家公司最好的广告就是它所拥有的客户。（亨福勒广告公司）
（276）这里不创造产品，但创造产品的灵魂。（马丁·艾曼广告公告）
（277）巧妙地陈列商品就等于售出了一半。（罗素广告公司）
（278）我们提供的服务永远超出契约。（哈斯豪威尔广告公司）
（279）我们所说的每一句话都会常驻人们的脑海。（广告公司）
（280）这里才是两点间最短的距离。（阿诺德广告公司）
（281）三思后的选择。（三思广告公司）
（282）唯有我们才能干预每个人的思想。（联盟广告公司）

8. 航空、旅游、娱乐

（283）在你登上比切克拉夫特飞机的那一瞬间，世界已经变小了。（比切克拉夫特航空公司）
（284）"泛美"让你享受的舒适甚于天堂。（泛美航空公司）
（285）"奥斯卡"以分钟来测量大西洋。（奥斯卡航空公司）
（286）在安静美妙的氛围中享受声音的速度。（日本航空公司）
（287）假如以快乐为赌本，等你下飞机时航空公司肯定已输得精光。（环球航空公司）
（288）与"泛美"同在的是你的好运飞。（泛美航空公司）
（289）我们已习惯于最好的服务了。（比彻·克拉夫特飞机制造公司）
（290）在尘世和天堂之间，没有我们干不了的事。（美国宇航局）
（291）照片将向你叙述一切。（美国摄影家协会）
（292）你只需按动快门，其余的一切都交给我们。（照相机柯达公司）
（293）如果你能挑出毛病，我们将送你一卷胶卷。（阿克法胶片公司）
（294）图片已经把一切都讲清楚了。（商业摄影服务公司）
（295）质量领先，其余的一切紧随其后。（富士胶卷公司）
（296）节假日是"柯达"的日子。（柯达公司）
（297）大自然有多少色彩，"柯达"就有多少。（柯达公司）
（298）它的声音传遍世界每个角落。（S. 海涅斯钢琴公司）
（299）只需一根琴弦便抵得上一千句赞美之词。（索尔门钢琴公司）
（300）在夏日的阳光下享受冬季的欢乐。（太阳谷）
（301）没到过阿拉斯加就等于没到过美国。（阿拉斯加旅游开发署）
（302）我们促使人们成双成对。（阿莎·玛莉舞厅）
（303）灌入其中的是抹不去的美。（水星唱片公司）
（304）艺术家们最完美声音的再现。（布兰斯维克唱片公司）

9. 商店、酒店、服务业

（305）你永远不会在贝斯特商店多付一分钱。（贝斯特商店）
（306）我们确实知道你需要什么。（贝尔蒙超级市场）
（307）妻子们绝不会空手而归。（霍夫里奇餐具商店）
（308）我们只有一个顾客——那就是你。（杰西超级市场）
（309）美国商界的共同住址。（希尔顿饭店集团）
（310）为度假的愉快再添一分愉快。（美国假日旅馆集团）
（311）大饭店照样记得住所有的小事情。（纽约大饭店）
（312）在这里麻烦不属于你。（阿姆法克饭店）
（313）除了天堂，也许只有"希尔顿"了。（希尔顿饭店集团）
（314）除了人情味，这里没有丝毫旧的东西（纽约斯戴拉饭店）
（315）除了人以外，我们出租一切。（艾克出租公司）
（316）我们只有一个标准：让你百分之一百地满意。（凯利家庭服务公司）
（317）活力与年龄无关。（艾贝老年康复中心）
（318）粗心大意可能会使你丧失一切。（哈特福德消防局）
（319）我们从不需为质量而道歉。（红头公司）
（320）出租美国！（泰勒房产出租公司）
（321）我们是只说"是"的公司。（个人金融公司）
（322）客户才是我们的竞争对手。（MAI 管理公司）
（323）我们的公司大得足以满足你的一切要求，同时又小得能记住你们每一个人。（E. 凯恩父子公司）
（324）为了你的货架永远琳琅满目。（HON 批发公司）
（325）我们的厨师知道你的口味。（印第安纳克兰特餐馆）
（326）味道好得忍不住舔手指。（肯德基家乡鸡餐馆）
（327）大自然奉送的绝妙佳品。（密思茶叶公司）
（328）为惊恐万状的世界提供一帖安神剂。（茶叶公司）

10. 银行、信用、保险

（329）你可以在一个屋顶之下完成所有的金融业务。（麦伦国家银行）
（330）除了你自己以外，你可以在这里储存一切。（联合储蓄银行）
（331）比现款更方便。（银行支票，第一国家城市银行）
（332）距离一点也不是障碍。（公民信托公司）
（333）这里绝对安全，不存在任何"假如"。（美国国家银行）
（334）街上所有的汽车都在我们门前汇合。（尤的卡信托投资公司）
（335）没有它你就不要出门。（美国旅行信用卡）
（336）一切事业的开端。（佛特韦恩国家银行）
（337）做决定之前先去问一下"巴克莱"。（巴克莱国际银行）
（338）你在何处遇到障碍，我们就在何处开辟道路。（德累斯顿银行）
（339）我们能和最难相处的人打交道。（波士顿第一银行）
（340）金融舰队的旗舰。（第一国家银行）

（341）萧条对真正的投资者来说也是一种机遇。（斯盖伦投资公司）

（342）用帮助他人和企业来促使他们帮助你。（商业信贷公司）

（343）你想尝试一下拥有美国企业股票的滋味吗？（纽约股票交易市场）

（344）像美利坚合众国一样安全。（美国国家储蓄银行）

（345）你的美元在这里会更努力地工作，也会增长得更多更快。（储蓄贷款联合会）

（346）让你的钱生养出更多的钱来。（联合信托投资公司）

（347）不妨向我们的客户打听一下。（道芬信托投资公司）

（348）和领袖在一起绝无后顾之忧。（罗尔斯金融信托公司）

（349）把明天握在你自己手中。（西克投资公司）

（350）忠实地信守诺言。（富达信托投资公司）

（351）你唯一失去的是那些高额附加税。（富达信托投资公司）

（352）通向利润的捷径。（美国投资公司）

（353）烈火见真情。（法尔曼火灾保险公司）

（354）盗贼可是从不管春夏秋冬的！（标准意外事件保险公司）

（355）人人都需要阳光。（阳光保险公司）

（356）幸亏当初找了"依特纳"！（依特纳人寿保险公司）

（357）额外的服务，但无须额外的支出。（W.C.乔伊斯保险公司）

（358）请为你的明天着想！（美国保险公司）

（359）你只需想一想医生开出的账单。（蓝盾医疗保险公司）

（360）科学让梦想成真，保险使噩梦不再。（法尔曼火灾保险公司）

（361）付了钱你就知道什么才是真正的无忧无虑。（都市人寿保险公司）

（362）你将不再会有债务问题。（计划保险公司）

（363）我们的事业就是让更多的人实现梦想。（泛美保险公司）

（364）我们的储蓄就是你的利润。（美国互惠保险公司）

（365）我们的保险单是用黄金制的。（伦敦人寿保险公司）

（366）时刻守护着你所拥有的一切。（北美保险公司）

（367）未来属于为未来做好准备的人们。（保诚保险公司）

（368）在世界的任何角落你都是最安全的。（旅行保险公司）

（369）除了对你所关心的人和财产之外，你没有任何义务。（都市人寿保险公司）

（370）每一位保险单持有者请注意：你身后是61亿美元的坚强靠山。（西方保险公司）

（371）将不幸变成万幸。（美国火险公司）

（372）当你的头上有了白发时，我们每年都会把钱放入你的口袋。（公平人寿保险公司）

（373）第四种生活必需品。（都市人寿保险公司）

（374）"辛克"的承诺是无价的。（辛克人寿保险公司）

11. 汽车、交通、物流

（375）总是在你最需要的地方。（邓思出租汽车公司）

（376）上千英里的航行有着上千种奇趣。（加拿大航运公司）

（377）你可以到阳光照耀到的任何地方去。（美国总统航运公司）

（378）我们运送的是你的成功。（东部快车公司）

（379）每一辆"雅克逊"都会恪尽职守的。（雅克逊汽车公司）
（380）今天购买最好的卡车，明天拥有最辉煌的事业。（哈斯特牌卡车）
（381）最吃重也最耐磨。（吉列特轮胎公司）
（382）为"米其林"做证的是你车上的里程表。（米其林轮胎公司）
（383）谁跑到最后，谁笑得最好。（F. B. 古德里希轮胎公司）
（384）承受住整个世界的重托。（法尔斯通轮胎公司）
（385）同样花一美元，却能跑更多的路。（法尔斯通轮胎公司）
（386）在成功之路上一往无前。（阿特拉斯轮胎公司）
（387）赛车选手的最后选择。（法尔斯通轮胎公司）
（388）在一切之下却高于一切。（多佛轮胎公司）
（389）我们跑得更远，因此结识的朋友也更多。（哥伦比亚轮胎公司）
（390）要想磨损法尔斯通轮胎可不是件容易的事。（法尔斯通轮胎公司）
（391）你一定不愿意打滑吧？（菲斯克轮胎公司）
（392）它开始跑第二个一万英里。（通用轮胎公司）
（393）与其他轮胎的最小区别是价格。（通用轮胎公司）
（394）为每一个选择都准备好了答案。（通用汽车公司）
（395）即使将外壳全部卸去，它依然是最美妙的。（别克汽车公司）
（396）将你的双手放在"丰田"的方向盘上……你就再也舍不得离开它了。（丰田汽车公司）
（397）车到山前必有路，有路必有丰田车。（丰田汽车公司）
（398）我们将你放在第一，你也会将我们放在第一。（雪佛龙牌轿车，通用汽车公司）
（399）坐在里面你就够神气了，假如买一辆你就更神气了。（斯图德贝克汽车公司）
（400）"本田"永远行驶在未来的道路上。（本田汽车公司）
（401）今天制造明天的汽车。（福特汽车公司）
（402）你不妨数一下身边驶过了多少辆福特汽车。（福特汽车公司）
（403）当朋友相聚时，我们也见面了。（雪佛龙牌汽车，通用汽车公司）
（404）一只眼睛盯着未来，一只耳朵紧贴大地。（通用汽车公司）
（405）没有好的刹车，你还是不要发动。（美国刹车制造公司）
（406）这是神奇的火花，驶上一万英里后你就能意识到。（冠军牌火花塞）
（407）你的选择应该和专家们一致。（冠军牌火花塞）
（408）装上去容易，取下来简单。（哥伦布防滑链公司）
（409）像驾驶它的人一样独一无二。（多伦多奥斯拜尔汽车公司）
（410）机械领域的艺术家。（奥迪牌轿车）
（411）即使你把它拆得七零八落，它依然是一位美人。（宝马轿车）
（412）无论你用什么速度行驶，发动机总是悄然无声地工作。（别克汽车公司）
（413）质量正带领着我们奔驰。（日产汽车公司）
（414）它能追赶上最矫健的羚羊。（道奇越野车）
（415）它有着奇妙的新价值和充满传奇的旧名字。（邦迪亚克牌轿车）
（416）这是按飞行要求设计的汽车。（帕克牌汽车）
（417）生命安全的保护神。（罗伯克斯刹车制造公司）
（418）如果你不会停止，那你千万不要开始。（美国刹车制造公司）

（419）安全中的高速，高速中的安全。（丰田汽车公司）
（420）出门旅行前，你先来问问我们。（美国加油站）

12. 工业、农业、建筑、药品及化工产品

（421）我们制造你所需要的一切，其中包括利润。（潘尔沃特联合制造公司）
（422）除了雨露，就数它了。（鲁特勒旋转喷射器公司）
（423）波音飞机有一千张面孔。（波音飞机制造公司）
（424）无论在大气层内还是大气层外，"道格拉斯"总是使飞行完美无缺。（道格拉斯飞机制造公司）
（425）没人能在价格上击败我们，同样也没人能在质量上击败我们。（休斯飞机制造公司）
（426）领先几英里。（铺路机械，加里恩机械制造公司）
（427）一人操纵便可完成一切工作。（耶斯起重机公司）
（428）"奎恩"能举起一切，因为支撑它的是高新技术。（奎恩起重机械公司）
（429）看到这奇妙的三角形，你就知道什么是正确的选择了。（三角形牌，美国机械制造公司）
（430）质量不断提高，价格一动不动。（法纳轴承公司）
（431）把最艰难的事交给"红带"去做吧。（红带牌机床）
（432）奇迹般的压力。（美国水压机公司）
（433）好天气的朋友，坏天气的敌人。（窗户，拉斯戈公司）
（434）我们将美和实惠一起烧进砖块里去了。（康曼制砖公司）
（435）我们拥有建造一切建筑的一切材料。（达沃尔建筑材料公司）
（436）它能抵御火焰，也能抵御腐蚀。（加州红木公司）
（437）为发大财做一些小小的投资。（埃尔戈玛标牌公司）
（438）任何材料中总有一种最好的。（琼斯玛尔康建筑材料公司）
（439）唯有我们敢嘲弄阳光。（印第安纳普利斯篷帆公司）
（440）透进阳光却挡住热量。（欧文斯玻璃制造公司）
（441）既然你建造了它，为何又让它被焚毁呢？（杰克洛牌防水墙板）
（442）只要和建筑有关，"莫勒克"就是第一选择。（莫勒克建筑材料公司）
（443）美国最坚强的支柱。（美国钢铁公司）
（444）哈德将明天引入今天。（哈德金属制品公司）
（445）在不锈钢上面体能触摸到"共和国"进步的脉搏。（共和国钢制品公司）
（446）它能将整个世界粘在一起。（H.B. 福勒公司）
（447）它能黏合一切，除了一颗破碎的心。（通用液体水泥公司）
（448）地板是房屋主人的另一张脸。（法诺地板打磨机公司）
（449）我们继承的遗产是质量、手艺和服务。（弗吉尼亚制镜公司）
（450）货物最安全的"家"。（H&D 纸箱公司）
（451）如果"佩利纳"还不能使你的鸡下蛋，那它们一定是公鸡。（佩利纳饲料公司）
（452）将田野托付给它吧！（国际联合收割机公司）
（453）不要低估它的能力，当然你也无法高估它的能力。（韦思抽水机公司）
（454）区别在收获时节显现。（拉索化肥公司）
（455）模样像侏儒，力量赛巨人。（格里维牌小型拖拉机）

（456）你的成功需要得心应手的工具。（布希纳尔工具公司）
（457）"汉迪"的工具有一千零一种用途。（汉迪工具公司）
（458）波顿工具从来不说"这我干不了"。（波顿工具公司）
（459）你只要花一个工具间的价格，便能得到一个设备精良的实验室。（伯莱特·惠特尼仪表公司）
（460）只有斩尽杀绝方能高枕无忧。（杀虫药，福隆化学品公司）
（461）帮助你的朋友，消灭你的敌人。（杀虫药，埃克森化学品公司）
（462）既能杀死跳蚤，又能使它们不敢再来。（防跳蚤粉，威廉·古伯化学品公司）
（463）"我真担心它们会长疯了。"（鸡饲料，美国农业化学品公司）
（464）一倍的效果，一半的价格。（清洁剂，斯威夫特化学品公司）
（465）对油污毫不留情，对你的双手却爱护备至。（洗涤剂，布劳克特化学品公司）
（466）当心，这窗户上是安了玻璃的！（玻璃清洁剂，德拉凯特化学品公司）
（467）除了脏东西之外，它不会伤害任何东西。（厨房清洗剂，帕特里克化学品公司）
（468）使旧的变新，使新的发光。（上光剂，布里特列公司）
（469）出售时以卡车论，使用时以点滴论。（清洁剂，路德福特化学品公司）
（470）所有肥皂都失败时，该由"弗莱希"大显身手了。（弗莱希化学品公司）
（471）闪光的并不一定都是新东西。（老荷兰牌清洁剂）
（472）与污迹不共戴天，和珐琅亲密无间。（清洁剂，邦美化学品公司）
（473）蒙桑图公司专做表面文章。（蒙桑图镀层公司）
（474）我们的产品能帮助其他产品臻于完美。（田纳西化学品公司）
（475）经验和探索在这里已融为一体。（达康林化学品公司）
（476）对"奥林"而言没有干不成的事。（奥林化学品公司）
（477）我们能将一切东西炸成粉末。（阿特拉斯炸药公司）
（478）小心别把你自己粘住。（梅斯迪克黏合剂公司）
（479）对新车是完美，对旧车是保护。（盖蒂石油公司）
（480）将流畅注入你的发动机。（奥尼尔石油公司）
（481）质量——最根本的节约。（太阳石油公司）
（482）纯净得像经过蒸馏一般。（太阳石油公司）
（483）多跑的那几公里完全是免费的。（狮牌石油公司）
（484）任何滤器都无法滤出一丁点杂质。（皇冠牌汽油）
（485）发动机的确热了，不过没关系。（哈弗林牌润滑油）
（486）让你的汽车来做法官——因为它最清楚。（汽油，尼古拉斯石油公司）
（487）开口一"笑"，痛苦全消。（止痛片，欢笑制药公司）
（488）"格兰布鲁克"买进的是病痛，卖出的是健康。（格兰布鲁克制药公司）
（489）全世界医生的处方里都有我们的药。（埃勒制药公司）

7.2.4 随文

随文是广告的必要附加说明，一般放在广告文案最后部分。随文的作用是用来告诉顾客怎样购买。例如写明企业名称、地址、电话、电挂、购买手续、银行账号、经销部门等。

如何写好随文？首先要确定随文写什么，然后再为随文寻找到合适的表达方式。随文应与正文和标题贯通，而不应成为与广告主题无关的东西。

7.3 广告文案的体式

广告文案的体式指的是广告的文体，即广告文案的表达方式。文章一般分为文学作品、应用文与普通文章。文学作品的表达方式分为诗歌、散文、小说与戏剧。普通文章的表达方式又分为记事文、抒情文、说明文、议论文。广告属应用文类，但它的文体却是多种多样，几乎涉及上述文学作品、应用文与普通文章所包含的各种表达方式。

广告文体的类型主要有8种，下面将逐一介绍。

7.3.1 公告体

广告的公告体是应用文体形式，用于企业招聘广告、学校招生广告、企业更改商号启事、迁址公告、道歉声明、对假冒商标的声明等。应用文体的广告，要以事实为依据，事由要交代清楚，文句简明扼要，具有新闻性。

7.3.2 说明体

说明体广告以简明文句介绍商品、劳务的好处，怎样使用，要注意些什么，使消费者获得商品、劳务的知识，指导消费者购买和使用。大多数的生产资料广告、药品广告、滋补食品广告、高档耐用消费品广告、美容广告、化妆品广告，都有详细的说明。说明型广告的表达方式可以为划分为应用性说明、介绍性说明、记叙性说明与描绘性说明等多种形式。

7.3.3 议论体

证实广告的商品、劳务的优点，以辩论的姿态，运用充分的论据来说服消费者选购。这种类型的广告文多数针对消费者采取购买行动前的思想疑虑，摆事实、说道理，以强有力的论证来消除消费者顾虑，促使他们下决心购买。

议论体文章在整体结构上，分为引论、正文、结论三部分。广告文案的议论体有的用其完整的结构，有的只运用其中的一部分。

7.3.4 抒情体

以情感诉求为主，即以抒发感情为主要表达方式，以情动人。抒情型广告并不是文学作品的抒情，它只是借用了文学抒情的方式。抒情型广告的表达方式又可细分为记叙式、描绘式、人情式与象征式等。

7.3.5 诗歌与散文

诗歌体的广告文，一般要求句子整齐，长短合适，合辙押韵，节奏明显，读来朗朗上口，听来和谐悦耳，诗歌体的广告一般有以下表现方式：自由式、顺口溜词与叙事式。

散文式的广告文体，是指广告文稿采用散文体写作形式。印刷广告、户外广告常用散文式文体来报道信息。散文体广告文稿往往没有完整的结构，有时用多个独立句子并列说明商品的品质、性能、使用方法等。

7.3.6 故事体

故事体广告即是采用讲述故事的办法来传递广告信息,以故事情节引发人们阅读广告的兴趣。故事是文学中的一种体裁,它侧重叙述事件的过程,而不关注刻画与描绘,它比较注重情节的连贯性、生动性和通俗性,以故事内容来显示商品特性。故事型广告的表现形式一般有生活型、传说型、漫画型几种形式。

7.3.7 戏剧体

戏剧是由演员扮演角色,当众表演故事情节的一种舞台艺术形式。在中国,戏剧是戏曲、话剧、歌剧等的总称。电视广告与广播广告较多地运用戏剧形式。戏剧的特点是人、时、景高度集中,要求有尖锐、紧张的戏剧冲突,要求人物语言口语化、动作化、个性化。而戏剧体的广告,人物一般是两三人,剧情发生的时距较短,戏剧情节较简单,多数采用戏剧式小品。戏剧型广告的地方特色一般比较浓,宜用于地方性广告的创作。

7.3.8 曲艺体

曲艺是以文学为主,包含有说、诵、弹、唱的一种表演艺术,又叫"说唱艺术"。广告也常用这种说唱体裁来进行表演,它是广告艺术形式之一。

曲艺的特点是灵活轻便,易编易演。通常是一个或几个演员,几件简单的道具,就可以进行演出,不受舞台、场地的限制,有说有唱,形式活泼。

曲艺的种类繁多,都可以用以广告创作,它们分别是:① 唱类:鼓词、单弦、琴书、坠子、渔鼓;② 说类:评话、评书、相声;③ 诵类:快板、弹词等。

本章小结

1. 广告文案是广告写作的产品,又叫广告文稿,它是广告作品不可缺少的组成部分。文字创作是广告作品设计与表现的基础。
2. 广告文案的写作过程大致会经历立意、构思、修改及完稿4个关键的环节。
3. 广告文案的立意概括为以下几个方面:① 广告文案的写作目的;② 广告文案的主题;③ 广告文案的内容;④ 广告文案的表现方法;⑤ 广告文案的表现风格。
4. 关于广告文案的构思,需要考虑以下几个方面的事情:① 如何写好广告的标题?② 广告正文的结构如何安排?③ 构思文案的方法。
5. 结合广告文案写作的特点,广告文案的构思方法主要有:① 顺向思考与逆向思考;② 分析法与综合法;③ 巧布疑阵法;④ 自由发挥法;⑤ 联想思维法。
6. 广告文案修改中的自我检核,侧重于以下几个方面:① 文案的内容;② 文案的结构;③ 文案的篇幅;④ 文案与媒介特性的配合;⑤ 语言文字;⑥ 文案的风格;⑦ 文案写作的技巧。
7. 广告文案撰稿人经常会犯的错误有以下几种类型:① 内容庞杂,重点模糊;② 空话、大话连篇;③ 用词不当或词不达意;④ 标点符号不准确;⑤ 枯燥、冷淡,缺乏感染力。
8. 标题是广告的题目。它标明广告的宗旨,又是区分不同广告内容的标志。广告标题的形式有直接标题、间接标题与复合标题3种形式。

9. 直接标题是以写实形式、简明的文字表明广告的主要内容，使人们一读就清楚广告说些什么。直接标题的写作方式主要有下述几种：① 宣事式；② 新闻式；③ 颂扬式；④ 号召式；⑤ 对比式；⑥ 祈求式；⑦ 问答式；⑧ 夸张式。

10. 间接标题不是直接介绍商品或直接点明广告宗旨，而是通过中介环节，耐人寻味的词句，诱导人们饶有兴趣地转读广告正文。间接标题的写作方式主要有以下几种：① 悬念式；② 寓意式；③ 提问式；④ 幽默式；⑤ 比喻式。

11. 复合标题是用2~3条较短的标题组合而成的标题群。复合标题中由于各标题所起的作用不同，划分为正题、副题、引题3种类型标题。

12. 广告正文是广告文案的躯体。广告的目标和内容，主要是通过广告正文去传递的。它起着介绍商品、树立印象和推动购买的作用。它与标题的关系是：标题吸引注意，正文进行说服；标题提出问题，正文回答问题。

13. 广告正文在写作技巧上还要注意掌握如下基本要求：① 重点突出；② 简明易懂；③ 生动有趣；④ 有号召力。

14. 广告语又叫广告口号。它是广告在一定时期内反复使用的特定宣传语句，是使公众理解和记牢的一个确定的观念。

15. 广告语的写作类型主要有：① 功效型；② 优质型；③ 双关型；④ 好感型；⑤ 号召型。

16. 对广告语创作的要求是：① 简短易记；② 突出特点；③ 号召力强；④ 适应需求。

17. 随文是广告的必要附加说明，一般放在广告文案最后部分。随文的作用是用来告诉顾客怎样购买。例如写明企业名称、地址、电话、电挂、购买手续、银行账号、经销部门等。

18. 广告文案的体式指的是广告的文体，即广告文案的表达方式。广告文体的类型主要有公告体、说明体、议论体、抒情体、诗歌与散文、故事体、戏剧体、曲艺体等形式。

测试题

一、单项选择题

（在每小题备选答案中只有一个是正确的，请将其选出并把选项前的字母填在题后括号内）

1. 广告文案的写作过程大致会经历（　　）。
   A. 调查、规划、决策及实施4个关键的环节
   B. 研究、讨论及沟通3个关键的环节
   C. 调研、设计及发布3个关键的环节
   D. 立意、构思、修改及完稿4个关键的环节

2. 通常我们写文章的立意大致有3个方面的内容：一是确定文章的主旨；二是找好写作的角度；三是（　　）。
   A. 确定文章的字数　　　　　　　　B. 确定文章的风格
   C. 确定文章的体例　　　　　　　　D. 确定文章的格式

3. 广告标题的形式有直接标题、间接标题与（　　）。

A. 复合标题 3 种形式　　　　　　B. 简单标题 3 种形式
C. 复杂标题 3 种形式　　　　　　D. 综合标题 3 种形式

4. 随文是广告的必要附加说明，一般放在广告文案的（　　）。
   A. 导语部分　　　　　　　　　　B. 中间部分
   C. 夹在正文中间　　　　　　　　D. 最后部分

5. 通常来讲，读标题的人数平均为读正文的人数的（　　）。
   A. 3 倍　　　　　　　　　　　　B. 4 倍
   C. 5 倍　　　　　　　　　　　　D. 6 倍

二、多项选择题

（在每小题备选答案中有 2~5 个正确答案，请将正确选项前的字母填在题后括号内）

1. 我们可以将广告文案的立意概括为以下几个方面：（　　）。
   A. 广告文案的写作目的　　　　　B. 广告文案的主题
   C. 广告文案的内容　　　　　　　D. 广告文案的表现方法
   E. 广告文案的表现风格

2. 在文案构思的过程中，我们可以朝着以下几个方向进行联想（　　）。
   A. 接近联想　　　　　　　　　　B. 突发联想
   C. 相似联想　　　　　　　　　　D. 对比联想
   E. 间断联想

3. 在广告文案的自我检核中，在文案的内容也就是广告信息传达方面应该从以下几个方面入手：（　　）。
   A. 是否准确地传达了广告信息
   B. 信息的主次是否与广告策略的规定完全吻合
   C. 信息的内在逻辑关系是否清楚
   D. 是否有些必要的信息被忽略了
   E. 是否有不必要的信息被添加进去了

4. 间接标题的写作方式主要有以下几种：（　　）。
   A. 悬念式　　　　　　　　　　　B. 寓意式
   C. 提问式　　　　　　　　　　　D. 幽默式
   E. 比喻式

5. 对广告语创作的要求是：（　　）。
   A. 简短易记　　　　　　　　　　B. 突出特点
   C. 号召力强　　　　　　　　　　D. 适应需求
   E. 迎合世俗

三、名词解释题

1. 广告文案
2. 逆向思考法
3. 巧布疑阵法
4. 随文

四、简答题

1. 简述广告文案构思的联想思维法。

2. 简述广告文案的自我检核。
3. 简述广告语的写作类型。
4. 简述对广告语的创作要求。

五、论述题

1. 联系实际，谈谈构思广告文案的方法。
2. 试述广告文案的体式。

六、案例分析讨论题

仔细阅读本章的"开篇案例"，然后回答以下问题：

1. 《致匠心》文案如何体现广告文案的立意过程，特别是表现方法和表现风格，试运用本章的知识进行分析。
2. 请结合本章知识分析"致匠心"这句广告语属于何种类型，在传播功能和广告效果上有何特色？
3. 在当前移动互联网时代，你认为《致匠心》文案的传播优势和局限分别在哪里？

第 8 章
广告媒体策划

开篇案例

可口可乐中国广告的"因时而变"

成立于 1892 年的可口可乐公司（Coca-cola Company），是全球最大的饮料厂商，拥有 500 多个汽水和不含气饮料品牌，每天为全球的人们提供约 19 亿杯怡神畅爽的饮品。在中国，可口可乐作为家喻户晓的国际品牌，其系列产品在中国市场上深受欢迎。可口可乐为中国消费者提供超过 15 个品牌 50 多种口味的饮料选择，可口可乐自 1979 年重返中国市场至 2014 年年底，已累计投资超过 90 亿美元。目前在华建有 43 家工厂。

拥有百年历史的可口可乐，在广告与推广营销上始终走在时代前列。在不同时期，可口可乐对广告媒体的选择与投放策略都有其鲜明的特点。接下来，让我们走近可口可乐在中国的历程，感受一下它对广告媒体"因时而变"的选择。

1927 年，可口可乐首次进入中国并在上海设厂生产装瓶，中文译名为"蝌蚪啃蜡"，但因独特的口味和拗口的名字，产品销量并不理想。20 年代 30 年代，可口可乐公司登报重新征集中文译名，旅英学者蒋彝以译名"可口可乐"一举得奖。"可口可乐"四字简单明了，朗朗上口，易于传诵，同时它既保持了英文的音节，又体现了品牌核心概念"美味与快乐"，成为广告界公认最好的品牌中文译名。

到了 1933 年，上海厂已经是可口可乐在美国之外的最大装瓶厂，可口可乐开始在报纸、杂志上陆续投放广告（见图 8-1）。

1948 年，可口可乐在上海的销量一路高歌，上海成为第一个年销量超过 2 400 万瓶的美国境外市场。那时的上海滩，在百乐门、仙乐斯这些高级舞厅和中上流社会的娱乐场所里，可口可乐的时尚身影不可或缺。

伴随着改革开放政策的春风，可口可乐把握住先机，于 1979 年开始重返中国市场，先后在北京、广州开设装瓶厂，并在上海建成了装瓶厂和浓缩液厂。1984 年 4 月 30 日，一个普通中国人面带微笑，手持一瓶可口可乐站在长城上的照片登上美国《时代周刊》封面（见图 8-2），向世界宣告可口可乐在中国的回归。

投放在杂志上的广告，一般而言时效性长，记录性好，印刷精美，表现力强，且杂志的读者群相对稳定，针对性强。此外，在当时的社会时代背景下，阅读杂志的读者一般生活水准较高，对于新产品和服务的反应较为敏锐，消费能力也相对较高，是可口可乐非常重视的一批可发展的潜在客户。

图 8-1　可口可乐在上海某杂志的明星广告

图 8-2　美国《时代周刊》刊登封面:"中国的新面貌,里根将会看到什么"

　　1986 年 10 月,以中央电视台为代表的主流电视媒体播出了第一个属于可口可乐的广告。1986 年 10 月的某天夜里,在《新闻联播》播出之后,中央电视台及全国 18 家电视台同时响起了可口可乐广告旋律,各行各业的中国消费者用可口可乐庆祝自己快乐的"可口可乐时刻",并以"我有我的'可口可乐',挡不住的感觉"为结束。

这是中国改革开放后,第一条在中央电视台播出的可口可乐广告,具有划时代的意义。当时,像中央电视台这样的权威电视媒体不允许播放外资企业的广告,而可口可乐抓住为中央电视台赞助的机会,打破了这个默认的规矩。时长1分钟的广告登上以中央电视台为代表的主流电视媒体平台,标志着可口可乐公司从此力排众议,获得了在中国经营的合法性,可以放开手脚大胆地推广销售。广告在中央电视台和全国18家地方电视台的循环播放,传播迅速,影响面广,使得可口可乐逐渐走进千家万户,融入上亿普通百姓的生活,成为老百姓们熟悉和喜爱的饮品。此后,可口可乐中国既在报纸、杂志、电视等媒体上播放大量广告,也在户外大型广告牌、地铁公交等地投放广告资源,可口可乐的品牌形象在人们的日常生活中随处可见。

近年来,随着社会进入互联网时代,可口可乐越来越重视在互联网上的广告投入与发展。它不仅建立了自己的官方网站(见图8-3),及时向所有的消费者传递品牌的最新资讯,不断塑造可口可乐的品牌形象;而且通过在视频网站投放结合品牌活动、时事热点制作大量创意十足、耐人寻味的广告(见图8-4),赢得人们的关注与喜爱,增强消费者对可口可乐的品牌信赖度和忠诚度。

图8-3 可口可乐官方网站(http://www.coca-cola.com.cn/)

图8-4 视频网站的可口可乐新年广告

在移动互联网时代,可口可乐依然保持它一贯的风格,敢于做第一个"吃螃蟹的人"。可口可乐公司积极通过微信、微博、QQ空间等一系列渠道,结合新技术实现其广告营销与推广。作为率先在微信朋友圈植入广告的一波品牌,可口可乐将农历新年的团圆喜庆主题与可口可乐的美味分享概念有机结合(见图8-5),并在新年前夕推出了可口可乐的微信专属表情包(见图8-6)。

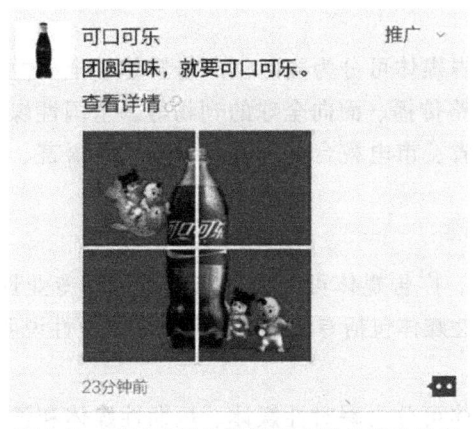 

图 8-5　可口可乐在微信朋友圈的广告推广　　　　图 8-6　可口可乐微信表情包

可口可乐在用户量数以亿计的微信平台上的大胆尝试，得到了业界和社会的广泛好评，可谓一个快速拥抱新广告媒体平台的典型成功案例。其相关负责人也表示，未来会加大对移动互联网的广告投入，2015～2016年，可口可乐75%以上的广告将转向社交媒体平台。

回顾过往，我们可以看到，可口可乐在中国的广告媒体策略不断地"因时而变"。或许，勇于拥抱变化，面对新挑战，"因时而变"的广告媒体投放策略正是可口可乐得以一直生生不息的制胜之道。

本章将介绍广告媒体策划。首先引入广告媒体概述，大致勾画出各类广告媒体如报纸与杂志、广播与电视、国际互联网与其他广告媒体的特点与功能；然后进入广告媒体的选择程序，具体有调查研究、广告媒体的评价指标、确立媒体目标、选择媒体方案、媒体方案评估与媒体策略的组织实施等几个重要环节；最后介绍广告媒体的选择策略，具体内容有影响媒体选择的因素、广告媒体选择的原则、广告媒体选择的方法与步骤、如何选择最佳媒体组合及广告发布时间明细表等。

8.1　广告媒体概述

媒体也称媒介，是大众传播媒体和广告媒体的统称。媒体本质上就是能把信息传递给社会大众的一种工具。在广告学里，凡能在广告主与广告对象之间起传递作用的物质都可以称为广告媒体。

8.1.1　广告媒体的分类

1. 按表现形式分类

按其表现形式进行分类，广告媒体可分为印刷媒体、电子媒体等。印刷媒体包括报纸、杂志、说明书、挂历等。电子媒体包括电视、广播、电动广告牌、电话等。

2. 按功能分类

按其功能进行分类，广告媒体可分为视觉媒体、听觉媒体和视听两用媒体。视觉媒体包括报纸、杂志、邮递、海报、传单、招贴、日历、户外广告、橱窗布置、实物和交通等媒体形式。听觉媒体包括无线电广播、有线广播、宣传车、录音和电话等媒体形式。视听两用媒体主要包括电视、电影、戏剧、小品及其他表演形式。

3. 按影响范围分类

按广告媒体影响范围的大小进行分类，广告媒体可分为国际性广告媒体、全国性广告媒体和地方性广告媒体。世界性媒体，如卫星电路传播、面向全球的刊物等。全国性媒体，如国家电视台、全国性报刊等，地方性媒体，如省、市电视台、报刊、少数民族语言、文字的电台、电视台、报纸、杂志等。

4. 按接受类型分类

按广告媒体所接触的视、听、读者的不同，广告媒体可分为大众化媒体和专业性媒体。大众媒体包括报纸、杂志、广播、电视，专业性媒体包括专业报纸、杂志、专业性说明书等。

5. 按时间分类

按媒体传播信息的长短进行分类，广告媒体可分为瞬时性媒体、短期性媒体和长期性媒体。瞬时性媒体，如广播、电视、幻灯、电影等。短期性媒体，如海报、橱窗、广告牌、报纸等。长期性媒体，如产品说明书、产品包装、厂牌、商标、挂历等。

6. 按可统计程度分类

按对广告发布数量和广告收费标准的统计程度来划分，广告媒体可分为计量媒体和非计量媒体。计量媒体，如报纸、杂志、广播、电视等；非计量媒体，如路牌、橱窗等。

7. 按传播内容分类

按其传播内容来分类，广告媒体可分为综合性媒体和单一性媒体。综合性媒体是指能够同时传播多种广告信息内容的媒体，如报纸、杂志、广播、电视等。单一性媒体是指只能传播某一种或某一方面的广告信息内容的媒体，如包装、橱窗、霓虹灯等。

8. 按照与广告主的关系分类

按照与广告主的关系来分类，广告媒体又可分为间接媒体和专用媒体（或称租用媒体与自用媒体）。间接媒体（或租用媒体）是指广告主通过租赁、购买等方式间接利用的媒体，如报纸、杂志、广播、电视、公共设施等。专用媒体（或自用媒体）是指属广告主所有并能为广告主直接使用的媒体，如产品包装、邮寄、传单、橱窗、霓虹灯、挂历、展销会、宣传车等。

8.1.2 报纸与杂志

报纸、杂志通过印刷文字将大量的信息和意见传递给公众属于印刷类大众传播媒介。广告传播工作是离不开报纸、杂志的。报纸作为一种印刷媒介，是以刊登新闻为主的面向公众发行的定期出版物。杂志也是一种印刷媒介，它是定期或不定期成册连续出版的印刷品。

1. 报纸传播信息的优势和弱点

（1）报纸的优势

1）传播面广。报纸发行量大，触及面广，遍及城市、乡村、机关、厂矿、企业、家庭，有些报纸甚至发行至海外。

2）传播迅速。报纸一般都有自己的发行网和发行对象，因而投递迅速准确。

3）具有新闻性，阅读率较高。报纸能较充分地处理信息资料，使报道的内容更为深入细致。

4）文字表现力强。报纸版面由文字构成，文字表现多种多样，可大可小，可多可简，图文并茂，又可套色，引人注目。

5)便于保存和查找。报纸信息便于保存和查找,基本上无阅读时间限制。

6)传播费用较低。相对于其他传统媒体,报纸的价格相对较低。

(2) **报纸的弱点**

1)时效性短。报纸的新闻性极强,因而隔日的报纸容易被人弃置一旁,传播效果会大打折扣。

2)传播信息易被读者忽略。报纸的幅面大、版面多、内容杂,读者经常随意挑选自己所感兴趣的内容,因此报纸对读者阅读的强制性小。

3)理解能力受限。受读者文化水平的限制,更无法对文盲产生传播效果。

4)色泽较差,缺乏动感。报纸媒体因纸质和印刷关系,大都颜色单调,插图和摄影不如杂志精美,更不能与视听结合的电视相比了。

2. 杂志传播信息的优势和弱点

(1) **杂志的优势**

1)时效性长。杂志的阅读有效时间较长,可重复阅读,它在相当一段时间内具有保留价值,因而在某种程度上扩大和深化了广告的传播效果。

2)针对性强。每种杂志都有自己的特定读者群,传播者可以面对明确的目标公众制定传播策略,做到"对症下药"。

3)印刷精美,表现力强。杂志由于出版周期较长,因此装帧较为精美,同时还有很多杂志彩色印刷,这为杂志广告提供了较大的发挥空间。

(2) **杂志的弱点**

1)出版周期长。杂志的出版周期大都在一个月以上,因而即效性强的广告信息不宜在杂志媒体上刊登。

2)声势小。杂志媒体无法像报纸和电视那样造成铺天盖地般的宣传效果。

3)理解能力受限。像报纸一样,杂志不如广播电视那么形象、生动、直观和口语化,特别是在文化水平低的读者群中,传播的效果受到制约。

8.1.3 广播与电视

广播与电视同属于电子媒介。广告经常要运用广播、电视去播发新闻、广告,以便及时、有效地影响公众,是非常重要的广告传播手段。

1. 广播在传播信息中的优势和弱点

广播这里是指通过无线电电波或导线传送声音节目,供大众收听的传播工具。广播分无线广播和有线广播。通过无线电波传送声音符号称无线广播,通过导线传送声音符号称有线广播。

(1) **广播的优势**

1)传播面广。广播使用语言做工具,用声音传播内容,听众对象不受年龄、性别、职业、文化、空间、地点、条件的限制。

2)传播迅速。广播传播速度快,能把刚刚发生和正在发生的事情告诉听众。

3)感染力强。广播依靠声音传播内容,声音的优势在于具有传真感,听其声能如临其境、如见其人,能唤起听众的视觉形象,有很强的吸引力。

4)多种功能。广播是一种多功能的传播工具,可以用来传播信息、普及知识、开展教育、提供娱乐的服务,能满足不同阶层、不同年龄、不同文化程度、不同职业分工的听众多方面的需要。

(2) **广播的弱点**

1) 传播效果稍纵即逝,信息的储存性差,难以查询和记录。

2) 线性的传播方式,即广播内容按时间顺序依次排列,听众受节目顺序限制,只能被动接受既定的内容,选择性差。

3) 广播只有声音,没在文字和图像,听众对广播信息的注意力容易分散。

2. 电视在传播信息中的优势和弱点

电视是用电子技术传送活动图像的通信方式。它应用电子技术把静止或活动景物的影像进行光电转换,然后将电信号传送出去使远方能即时重现影像。

(1) **电视传播的优势**

1) 视听结合传达效果好。它用图像和声音表达思想,这比报纸只靠文字符号和广播只靠声音来表达要直观得多。

2) 纪实性强、有现场感。电视能让观众直接看到事物的情境,能使观众产生亲临其境的现场感和参与感,时间上的同时性、空间上的同位性。

3) 传播迅速、影响面大。它与广播一样,用电波传送信号,向四面八方发射,把信号直接送到观众家里。传播速度快,收视观众多,影响面大。

4) 多种功能、娱乐性强。由于直接用图像和声音来传播信息,因此观众完全不受文化程度的限制,适应面最广泛。

(2) **电视传播的弱点**

1) 和广播一样,传播效果稍纵即逝,信息的储存性差,记录不便也难以查询。

2) 电视广告同样受时间顺序的限制,加上受场地、设备条件的限制,使信息的传送和接收都不如报刊、广播那样具有灵活性。

3) 电视广告的制作、传送、接收和保存的成本较高。

8.1.4 国际互联网

国际互联网即"Internet",它是指全球最大的、开放的、由众多网络互联而成的主要采用 TCP/IP 协议的计算机网络以及这个网络所包含的巨大的国际性信息资源。

互联网是现代电脑技术、通信技术的硬件和软件一体化的产物,代表了现代传播科技的最高水平。互联网这种全新的媒介科技,具有与传统的大众媒介和其他电子媒体不同的传播特征,主要表现在下述几个方面:

(1) **范围广泛**。互联网实际上是一个由无数的局域网(如政府网、企业网、学校网、公众网等)联结起来的世界性的信息传输网络,因此,它又被称为"无边界的媒介"。

(2) **超越时空**。互联网的传播沟通是在电子空间进行的,能够突破现实时空的许多客观的限制和障碍,真正全天候地开放和运转,实现超越时空的异步通信。

(3) **高度开放**。互联网是一个高度开放的系统,在这个电子空间中,没有红灯,不设障碍;不分制度,不分国界,不分种族。任何人都可以利用这个网络平等地获取信息和传递信息。

(4) **双向互动**。电脑互联网成功地融合了大众传播和人际传播的优势,实现了大范围和远距离的双向互动。

（5）**个性化**。在互联网上，无论信息内容的制作、媒体的运用和控制，还是传播和接收信息的方式、信息的消费行为，都具有鲜明的个性，非常符合信息消费个性化的时代潮流，使人际传播在高科技的基础上重放光彩。

（6）**多媒体，超文本**。互联网以超文本的形式，使文字、数据、声音、图像等信息均转化为计算机语言进行传递，不同形式的信息可以在同一个网上同时传送，使互联网综合了各种传播媒介（报纸、杂志、书籍、广播、电视、电话、传真等）的特征和优势。

（7）**低成本**。相对其巨大的功能来说，互联网的使用是比较便宜的。

由于互联网具有以上与传统的大众媒介和其他电子媒体不同的传播特征，政府与企业为了与自己的相关公众进行有效的沟通，不约而同地选择了互联网这个双向交流与沟通的渠道。如今，"网上公关""网上广告"对于大多数组织与公众来讲，已经不再是一个陌生的词语了。作为广告策划人员，如果不懂得如何运用互联网的强大功能来从事广告活动的话，就可能成为信息化社会的落伍者。

8.1.5 其他广告媒体

1. 户外广告

户外广告与我们的经济与社会生活密切相关，它从一个侧面代表着一个国家经济发展与社会文明的水平。常见的户外广告大致有如下几种形式：① 路牌广告；② 电动或电子户外广告；③ 灯箱广告；④ 交通广告；⑤ 海报与招贴；⑥ 运动场地广告；⑦ 节日广告；⑧ 民墙广告。

另外，由于科学技术的飞速发展以及现代人思维方式的宽松解放，户外广告在其表现形式上也有许多重大的突破。例如卫星发射现场广告、空中广告（如飞行表演、跳伞表演、热气球球身广告）、活人（模特）活动广告、实物放大（缩小）模型广告、充气放大模型广告、自动翻转（多面）广告、激光投射广告（或利用建筑物反射，或利用空中飞行物，或利用云层反射）等。这些全新的户外广告形式，在视觉外观上富有强烈的表现力与冲击力，因而在传达效果上比其他传统形式的户外广告更胜一筹。

2. POP——销售现场广告

POP 广告是英文"Point of Purchase Advertising"的缩写，是指在商品进行销售和购买活动的场所所做的广告，它属于销售现场媒体广告。

销售现场媒体是一种综合性的媒体形式，从内容上大致可分为室内媒体和室外媒体。室内媒体主要指货架陈列、柜台、模特、四周墙上、圆柱、空中悬挂物等。销售现场的室外媒介主要指销售场所如商店、百货公司、超级市场门前和周围的一切广告形式。譬如广告牌、灯箱、霓虹灯、电子显示广告牌、招贴画、商店招牌、门联、门面装饰、橱窗等。

3. DM——直接邮寄广告

DM 是英文"Direct Mail"的缩写，是直接邮寄的意思。在我国，邮寄广告的发展较为迅速，已不再局限于征订单之类的初级邮寄函件了。邮寄广告分为一次性邮寄和数次性邮寄两类，主要是根据邮寄的目的和产品（或服务）的性质而定。

4. 包装广告

包装广告，可以说是无声的推销员。包装广告是与产品贴得最近的广告宣传。包装有小包装、中包装、大包装；内包装、外包装；软包装、硬包装。大包装、外包装、硬包装又称为运输包装，而小包装、内包装、软包装则都附带产品说明的性质，产品的详尽信息或企业观念的宣传大都体现在上面。

5. 展览、电影及礼品广告

（1）**展览广告**。展览的形式多样，有博览会、展销会、交易会、洽谈会、交流会、新产品发布会，以及固定场所的产品陈列等。因而展览广告的形式也是综合的、多种多样的。

（2）**电影广告**。因为制作、费用等多方面原因，电影广告在我国还未普及，电影院这一比较有效的媒体还未为厂家和广告主广为利用。电影广告大都较短，1～5分钟不等，在正式电影开映前加映。

（3）**礼品广告**。以小型礼品或纪念品的馈赠为手段，博取用户对企业的好感和记忆。

8.2 广告媒体的选择程序

8.2.1 调查研究

调查研究是广告媒体选择的首要环节，是拟定广告媒体计划的必要前提。这一阶段包括了解与分析各个广告媒体的覆盖面、收视（听）率、触及率、频繁率、广告成本及其他方面的情况，以明确广告计划的目标与广告媒体之间存在的差距，其中心是分析广告媒体的数量与质量问题。

广告媒体调查研究分为4个具体步骤：① 分析媒体的性质、特点、地位、作用；② 分析媒体传播的数量与质量；③ 分析受众对媒体的态度；④ 分析媒体的广告成本。

在媒体调查研究的诸多方面中，媒体传播的数量和质量是最紧要的问题，因此，应将其列为重点，格外予以重视。

（1）**媒体的量**。媒体的量或称数量，是指媒体的量的价值，也就是媒体所能传播的受众的数字与广告成本的比例关系。

（2）**媒体的质**。广告媒体的质或称质量，是指媒体的质的价值，是某种媒体已经确立起来的影响力和声誉，以及它在表现形式上的心理效能。

8.2.2 广告媒体的评价指标

对广告媒体评价指标主要有以下8个方面的内容。

（1）**权威性**。权威性是衡量广告媒体本身带给广告的影响力大小的指标。媒体的权威性指标为广告带来的影响举足轻重，不可忽视。

（2）**覆盖面**。覆盖面是指广告媒体在传播信息时主要到达并发挥影响的地域范围。在选择广告媒体时，首先应考虑的就是这个媒体的覆盖区域有多大和在什么位置。

（3）**触及率**。触及率是指一则广告借助某一媒体推出后，可能只会让部分受众接收到，媒体的触及率就是用来衡量这一比率的。触及率表征一则广告推出一段时间后，接收到的人数占覆盖区域内总人数的百分比。

（4）**毛感点**。毛感点是各项广告推出后触及人数占总人数比例之和。该指标表征的是广告在某一媒体上能够达成的总效果。

（5）**重复率**。重复率表征每一接收到广告信息者平均可以重复接收此项广告多少次。以重复率衡量广告媒体是基于两个原因：一是细分媒体效果，研究广告产生影响的可能性；二是借以研究媒体使用方法，制定广告的推出形式。

（6）**连续性**。连续性是指同一则广告多次借助同一媒体推出所产生效果的相互联系与影响；此外，又可用来衡量在不同媒体上推出同一广告，或者同一媒体与不同时期广告活动间的联系与影响。

（7）**针对性**。针对性是表征媒体的主要受众群体构成情况的指标。针对性指标通常包括两项内容：一项是媒体受众的组成情况；另一项是媒体受众的消费水平与购买力情况。

（8）**效益**。效益是指衡量采用某一媒体可以得到的利益同所投入的经费之间关系的指标，是对媒体经济效益的度量。评价的方法应以广告活动的需求为基点，比较购买这一媒体的时间与空间的所需费用。

8.2.3 确立媒体目标

确立目标，就是明确媒体计划的具体目标对象。确定目标就是要明确以下4个因素。

1. 明确传播对象

明确传播对象就是明确谁是广告媒体的传播对象。这是决定广告效果的重要因素，广告主或广告策划者必须将传播对象弄得清清楚楚，把握准确。

2. 明确传播时间

明确传播时间，也就是选择恰当合适的时间作为广告推出的时间。消费者购买商品往往具有一定时间性和季节性。

3. 明确传播区域

明确传播区域，是指确定市场的位置，并按照市场的位置选择广告媒体。例如目标市场消费者究竟居于何处？是在城市还是在乡村？是在江南还是在北国？

4. 明确传播方法

明确传播方法，涉及选定广告推出的次数及广告推出的方法这两个问题。

（1）**广告推出的次数**。这是一个受众率和频率的问题。一般说来，广告推出的次数越多，对受众的影响当然也就越大。

（2）**广告推出的方法**。广告推出的方法是指广告形式的选择。广告的表现形式与体裁是多种多样的。不同的广告形式具有不同的感染力与吸引力，因此，其形式的选择不仅影响受众的态度，而且影响广告目标的达成。

8.2.4 选择媒体方案

一般说来，可供选择的媒体方案有以下几种：

（1）**单一媒体方案**。单一媒体方案，是指只选择运用某一种媒体作为传播广告信息通道的方案。例如只运用杂志媒体，或者单独运用电视或广播媒体，等等。

（2）**多媒体组合方案**。多媒体组合方案，是指在同一时期内，选用两种或两种以上的媒体，传播基本相同广告信息的方法。

同单一媒体运用相比，两种或多种媒体交错配合使用，同时展开广告宣传，可以产生出乎意料的良好效果。

（3）**综合性媒体方案**。这种方案是指充分发挥各式各样的众多媒体的优势与特长，科学有效地构成多层次、全方位、立体式的广告宣传网络。这种媒体组合气势恢宏，耗资巨大，效果最佳，符合整合营销的传播理念。

8.2.5 媒体方案评估

为了精心选择广告媒体，减少广告计划制订过程中的偏差失误，必须对广告媒体方案进行充分严格的分析与评价。媒体方案评估的主要内容包括以下 3 个方面。

1. 效益分析

确定媒体方案前，必须充分考虑方案的可行性。所谓可行，也就是符合广告的最终目标，取得最理想的经济效益与社会效益。对经济效益的分析，应从广告投资额度与促销效果彼此间的比较中得出结论。

2. 危害性分析

广告是超越时间与空间的信息传播，是一种负有责任的信息传播，对社会有着重大的影响。对媒体方案进行评估，必须具有风险意识，着力分析评价方案实施后可能造成的危害与不良影响。

3. 实施条件分析

实施条件分析，主要是指对实施媒体方案时可能遇到的麻烦或阻碍等客观棘手情况的分析。发生类似问题大致有两种可能：一是媒体经营单位的广告制作水平或传播信息的能力低下，并不具备圆满完成媒体方案传播任务的能力；二是客户（或广告代理）与媒体经营单位的关系紧张，媒体经营单位不愿意承担客户委托的任务。

8.2.6 组织实施

组织实施，这是对前面广告媒体方案的具体落实，是媒体选择程序的最后一个阶段。这一过程包括 4 个具体步骤：① 与广告主签订媒体费用支付合同；② 购买广告媒体的版位、时间与空间；③ 推出广告，并监督实施；④ 搜集信息反馈，并对传播效果做出及时的评价。

8.3 广告媒体的选择策略

正确选择广告媒体，是广告活动取得成功的重要因素。为了减少广告媒体选择决策中的偏差失误，必须善于灵活巧妙地运用广告媒体选择的方法，遵循广告媒体选择的原则。

8.3.1 影响媒体选择的因素

1. 基于营销与广告的因素

（1）**产品个性**。产品的个性特点会影响到广告表现的创作形式，也会影响到广告媒体的选择。有些媒体是不适于宣传若干种产品的，制订媒体计划时必须留意。

（2）**目标市场**。这是进行媒体选择与确定广告推出方式时需要重点考虑的。要根据目标市场的特点将目标消费者分类，以适合各类媒体的传播。

（3）**经销系统**。产品究竟以何种形式销售：是批发给经销商或代理商，还是采用推销员直接向用户或消费者推销？实际经销范围有多大？经销的各个环节如何配合？

（4）**竞争对手**。广告竞争是在几乎所有的市场领域展开的。广告主（或广告代理）必须充分调查了解竞争对手的广告战略与策略等问题，以便在选择广告媒体和推出方式时发挥己之所长。

（5）**广告文本**。广告文本创作与媒体选择、确定推出方式虽然是分头进行的，然而这两者之间必须非常自然地协调一致。应当明确的是，什么样的文本适合什么样的媒体发布？或者反过来，什么样的媒体适合发布什么样的文本？

（6）**广告预算**。广告主对广告运动形式进行控制的一个最大的制约因素就是广告预算。因此，在选择媒体时，要在广告预算的许可范围内，对广告媒体做出最佳的选择与有效的组合。

2. 基于媒体本身的因素

（1）**媒体的成本**。广告媒体的成本是必须考虑的硬性指标。在媒体选择中，可能会有多个媒体颇为适合广告信息传播，但由于费用过高而并不符合广告预算的要求。面临如此情况则只能忍痛放弃，另选符合广告预算要求的媒介。

（2）**媒体的效益因素**。这是对媒体提出的综合要求。选择媒体时，要将一系列重要的媒体评价指示加以综合，以媒体效益为标准进行权衡。

（3）**媒体的可行性**。每种媒体都有一定的限制，有的媒体对某些广告文本及推出方式就不太适用，因而选择媒体就必须对广告媒体的可行性做充分的了解与把握。

（4）**媒体的寿命**。媒体寿命，即广告宣传持续触及受众的时间长短。播放类媒体寿命最短；印刷类媒体寿命长短不一。例如，报纸媒体的寿命为3~5天，杂志为一两个月，电话号码簿上的广告寿命为一两年。媒体寿命一过，受众便难以或很少再触及这一媒体上的广告了。

（5）**媒体的灵活性**。广告在某一媒体上推出可做调整或修正，这是媒体灵活性的体现。若在广告推出前，可较容易地修改广告文本，调整推出的时间与形式，则此媒体的灵活性就高；若在某一媒体上确定广告，推出之前不太容易修改文本或调整推出时间、形式，则此媒体的灵活性就差。电视广告，其媒体灵活性最差；广播广告的灵活性较强。凡是促进短期销售、推销产品多样化、推销产品多变、广告文本中需标示可能调整的价格等情况，就应选择灵活性较强的媒体。

（6）**媒体同其他营销环节的协调性**。有些媒体与某些营销方法配合较为协调，而与另外一些营销方法的配合就不尽如人意，这是选择媒体时需要考虑的。例如，赠品广告就可与推销员直接登门推销彼此配合，电视广告可与大范围的公关活动相互协调。反之，电视广告对特定用户或消费者的推销帮助不大，电话号码簿广告则不宜针对短期销售活动。

8.3.2 广告媒体选择的原则

进行广告媒体的选择时，必须遵循如下5项原则。

1. 目标原则

现代广告媒体策划的根本原则，就是必须使选择的广告媒体同广告目标、广告战略协调一致，不能与之背离，广告目标和广告战略是影响媒体选择的首要因素。

2. 适应性原则

环境总是在不断地发展变化，对于广告媒体的选择来说，对其能够产生影响的诸多情况（例如市场竞争、广告法规、受众心理、媒体经营方式与广告媒体价格等）都是不断发展变化的。对此我们要保持媒介策略的弹性，以适应相应的变化。

3. 优化原则

在众多广告传播媒体中，对广告信息的传播也会"寸有所长，尺有所短"，传播的效果也不尽相同。正因为如此，我们就应该认真分析了解各种媒体的性能与特征，做出最优的选择。优化原则对于单一媒体策略来讲，就是要选择传播效果最好的广告媒体。对于多种媒体策略来讲，就是要选择最佳的媒体组合。

4. 同一原则

在广告活动中，媒体的选择要与广告内容的表达相一致。同一原则在媒体选择上提出了两方面的要求：① 媒体的选择要有利于广告内容的统一表达；② 同一媒体在不同时期的广告内容要前后一致。

5. 效益原则

无论选择何种广告媒体都应该将广告效益放在重要的位置上，在广告主费用投入能力的范围之内，尽力争取获得理想效益的广告媒体。从同一份报纸来看，广告版面的大小、版位的划定不同；从同一家电视台来看，播放时间的长短、占据的是一般时段还是"黄金时段"的不同；所有这些都会涉及成本的高低与效益好坏的问题。

8.3.3 广告媒体选择的方法与步骤

1. 媒体选择的方法

广告媒体选择的方法很多，通常有如下几种方法：

（1）**按目标市场选择的方法**。无论任何产品，均有其自身特定的目标市场，因此，在目标市场已经明确后，广告媒体的选择即可紧紧瞄准这个确定的目标市场进行分析。若以全国范围为目标市场，就应在全国范围内展开广告宣传，媒体的选择应寻求覆盖面大、影响面广的传播媒体。若以特定细分市场为目标市场，则此时考虑的重点是传播媒体能否有效地覆盖与影响这一特定的目标市场。

（2）**按产品特性选择的方法**。不同产品适用于不同的广告媒体，因此，应按产品的特性慎重选择广告媒体。一般说来，印刷类媒体适用于规格繁多、结构复杂的产品；色彩鲜艳并需要进行产品性能演示的产品最好运用电视媒体。硬性产品（工业产品）多属于理智型购买品，若技术性较强，则宜选择专业杂志、专业报纸等；若技术性一般，可选择电视和一般报刊。软性产品（生活消费品）多属于情感型购买品，那么，它就适宜选择广播、电视、报纸杂志等媒体。

（3）**按产品消费者层选择的方法**。一般说来，软性产品均有其较为固定的消费者层，即特定的使用对象，因此，广告媒体选择应根据其目标指向性，确定消费者层喜欢的媒体。例如一种新型美容系列化妆品的广告，其使用对象是女性，主要购买者是青年女性。根据这一特性，就可以选择年轻女性最喜欢的传播媒体来发布该产品的广告。

（4）**按记忆规律选择的方法**。广告是间接推销，人们接受了广告，由于时间与空间的原因，一般不会听了广告就去立刻购买，而需经过一定时间之后才付诸行动。因此，广告应该按照记忆原理，不断加深与强化消费者对广告产品的记忆与印象，并起到指导购买的作用。如果广告产品在全国范围内销售，那么，不仅要选择全国最有影响的报刊、广播与电视媒体，还应认真考虑其传播广告信息的连续性，达到强化消费者对广告产品记忆的目的。

（5）**按广告预算选择的方法**。这种方法，就是按照广告主投入广告成本的额度进行媒体的选择。每一广告主的广告预算都是不同的，这就决定了对广告媒体选择必须量力而行。广告主在推出广告前，必须对选择的媒体价格进行精确的测算：如果广告价格高于广告后取得的经济效益，当然就不要选择高价格的广告媒体了。

（6）**按广告效果选择的方法**。广告效果问题是一个相当复杂的问题。一般说来，在选择媒体时应坚持选择投资少而效果好的广告媒体。例如，在发行量为75万份的报纸上做广告，广告价格为15 000元，经计算可知，广告主在每张报纸上只花2分钱，即可将自己的产品信息传播给一个受众。如果在接受此信息的75万人中，只需有10%的人对广告做出反应，广告主在每张报纸上花费就是2角钱。即使如此，也比邮寄信件要便宜得多。

（7）**按提高知名度目标选择的方法**。提高企业或产品的知名度与影响力，不在乎产品在一朝一夕销售了多少，而在于产品未来的影响力。它并不要求广告即刻促使消费者购买商品，而是要求广告能使消费者对企业或产品产生好感，树立起对企业或产品的信任感。这种选择方法可以考虑在中心城市的广播电视、大型报刊、户外广告及公益赞助活动等形式，以此引起公众的注意，提高企业的知名度与影响力。

2. 媒体选择的步骤

明确了广告媒体的选择方法后，还涉及一个运用此法怎样进行选择的程序步骤问题。具体选择媒体一般要经过4个步骤。

（1）**确定媒体级别**。确定媒体级别就是确定应采用哪类媒体，如究竟应在广播、电视上做广告，还是在报纸、杂志上做广告等。这是具体选择媒体的第一步。

在这一步，主要从4个方面进行分析：① 各类媒体的费用档次，凡是广告预算支付不起的媒体就应该从考虑的范围中划掉；② 同类媒体的优缺点比较，根据广告活动的需要看媒体各自的优劣长短；③ 与以前广告的衔接问题，若本次广告活动所采用的媒体同前几次一致，则容易产生积累的效果；④ 广告竞争问题，考虑所采用的媒体能否同竞争对手的广告攻势相抗衡，以配合企业的整体竞争战略。

（2）**确定具体媒体**。在已选定的媒体类别中，选择一个或几个适合本次广告活动需要的具体媒体，进一步落实媒体计划。例如，已经确定将要采用报纸类的媒体推出广告，需要在这一步中做的工作，就是应该确定是在一般性报纸还是专业性报纸上推出广告；若是一般报纸，那么，是全国性的还是地区性的，等等。在这里应格外注意媒体的针对性、覆盖率及可行性。

（3）**确定媒体组合原则**。一般说来，一次广告活动都不会只在单一的媒体上推出广告，而应利用多种媒体推出。由于广告活动的目标是统一的，因此，在每一媒体上推出的广告必须相互协调，其效果可以配合起来。在协调不同媒体时需要有一套媒体组合原则，制定媒体组合原则时需考虑的问题有二：一是"面"，即如何包括所有的目标市场消费者；二是"点"，即媒体影响力集中点的恰当选取。

（4）**进行媒体试验**。一套媒体方案一旦确定下来，很可能就在几个月甚至几年内保持不变，以便积累对消费者的持续影响力。因此，为了保证所采用的媒体方案行之有效，最好是在正式启用之前，先对其进行一次试验。试验方法是：在选定并做好组合的媒体上，小规模地推出广告，然后调查目标市场消费者的反应，由此判断此套广告媒体方案的成败得失。

8.3.4　选择最佳媒体组合

广告媒体组合运用是广告传播中经常采用的一种方法。广告媒体组合是在同一时期内，运用两种或两种以上媒体发出内容大致相同的广告。媒体组合的方式多种多样，可以在同类媒体中进行组合，也可以用不同类型的媒体进行组合，每种组合方式均有其独特的长处，而最佳媒体组合是使各种媒体科学地相互协调、配合。效果较佳的媒体组合形式，主要有如下几种：

（1）**报纸与广播媒体搭配**。这种组合可使各种不同文化的消费者都能接受广告信息。

（2）**报纸与杂志媒体搭配**。这种组合可利用报纸广告做强力推销，而借助杂志广告稳定市场；或者利用报纸广告进行地区性信息传播；而借助杂志广告做全国性大范围的信息传播。

（3）**报纸与电视媒体搭配**。这种组合可以用报纸广告先行，先将广告信息传播给广大受众，使之通过文字对产品先有个较为全面详细的了解，再运用电视媒体通过视频图像进行大规模的广告宣传，制造声势，逐步扩大产品销售市场，此方法特别适用于强力推销。

（4）**报纸或电视与销售现场媒体搭配**。这种组合方法有利于提醒消费者购买已有印象或已有购买欲望的商品。

（5）**报纸或电视与邮政媒体搭配**。这种组合应以邮政广告为开路先锋，做试探性的广告宣传，然后利用报纸或电视广告做强力推销。这样，先弱后强，分步推出广告，可以取得大面积成效。

（6）**电视与广播媒体搭配**。这种组合有利于城市与乡村的消费者能够普遍地接收广告信息。

（7）**邮政广告与销售现场广告或海报搭配**。这种组合可以对某一特定地区进行广告宣传，以利于巩固与发展市场。

8.3.5 广告发布时间明细表

广告推出时机一经选择确定下来，接着需要解决的问题是具体安排广告推出时间明细。这主要从两大方面加以考虑：一是集中与分散的程度，即广告是连续的还是间断的？二是广告推出的频率是保持一贯还是起伏变化的？

在图 8-7 的"广告时间排表模式"中，横三行表示广告宣传可集中在每个月份中的一部分时间，分别有集中式、连续式与间断式 3 种形式。纵四列分别表示广告宣传可以以水平式、上升式、下降式与交替式 4 种形式出现。行列纵横交叉，分别构成 12 种不同的时间排表模式。例如（2）就叫作"集中上升式"，而（8）就叫作"连续交替式"。

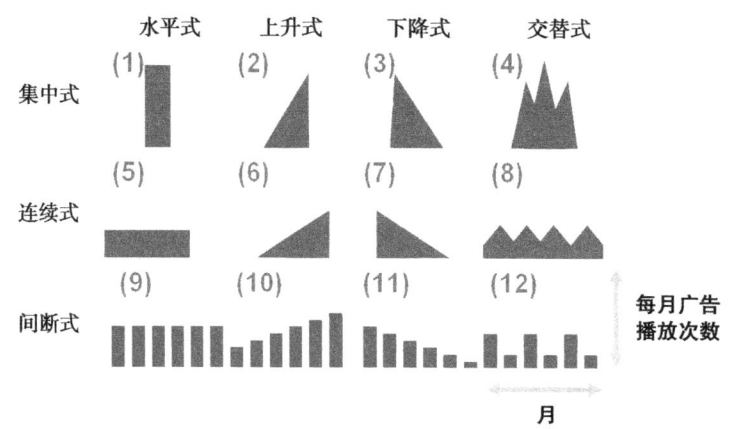

图 8-7　广告时间排表模式

这里具体排出了广告推出时间明细。这主要从两个方面加以考虑：其一是集中与分散的程度，即广告是连续的还是间断的？其二是广告推出的频率是保持一贯还是起伏变化的？

本章小结

1. 媒体也称媒介，媒体是大众传播媒体和广告媒体的统称。媒体本质上就是能把信息传递给社会大众的一种工具。在广告学里，凡能在广告主与广告对象之间起传递作用的物质都可以称之为广告媒体。
2. 广告媒体的分类方法主要有：① 按表现形式分类；② 按功能分类；③ 按影响范围分类；④ 按接受类型分类；⑤ 按时间分类；⑥ 按可统计程度分类；⑦ 按传播内容分类；⑧ 按照与广告主的关系分类。
3. 报纸传播信息的优势主要有：① 传播面广；② 传播迅速；③ 具有新闻性，阅读率较高；④ 文字表现力强；⑤ 便于保存和查找；⑥ 传播费用较低。
4. 报纸传播信息的弱点是：① 时效性短；② 传播信息易被读者忽略；③ 理解能力受限；④ 色泽较差，缺乏动感。
5. 杂志传播信息的优势有：① 时效性长；② 针对性强；③ 印刷精美，表现力强。
6. 杂志传播信息的弱点是：① 出版周期长；② 声势小；③ 理解能力受限。
7. 广播传播的优势有：① 传播面广；② 传播迅速；③ 感染力强；④ 多种功能。
8. 广播传播的弱点是：① 传播效果稍纵即逝，信息的储存性差；② 听众受节目顺序限制，只能被动接受既定的内容，选择性差；③ 广播只有声音，没有文字和图像，听众的注意力容易分散。
9. 电视传播信息的优势有：① 视听结合传播效果好；② 纪实性强、有现场感；③ 传播迅速、影响面大；④ 多种功能、娱乐性强。
10. 电视传播的弱点是：① 传播效果稍纵即逝，信息的储存性差，记录不便也难以查询；② 受时间顺序的限制，加上受场地、设备条件的限制，使信息的传送和接收都不如报刊、广播那样具有灵活性；③ 电视广告的制作、传送、接收和保存的成本较高。
11. 国际互联网即"Internet"，它是指全球最大的、开放的、由众多网络互联而成的主要采用 TCP/IP 协议的计算机网络以及这个网络所包含的巨大的国际性信息资源。
12. 互联网具有与传统不同于大众媒介和其他电子媒体的传播特征，主要表现在下述几个方面：① 范围广泛；② 超越时空；③ 高度开放；④ 双向互动；⑤ 个性化；⑥ 多媒体；⑦ 超文本；⑧ 低成本。
13. 常见的户外广告大致有如下几种形式：① 路牌广告；② 电动或电子户外广告；③ 灯箱广告；④ 交通广告；⑤ 海报与招贴；⑥ 运动场地广告；⑦ 节日广告与民墙广告。
14. POP 广告是英文"Point of Purchase Advertising"的缩写，是指在商品进行销售和购买活动的场所所做的广告，它属于销售现场媒体广告。
15. DM 是英文"Direct Mail"的缩写，是直接邮寄的意思。
16. 包装广告，可以说是无声的推销员。包装广告是与产品贴得最近的广告宣传。
17. 广告媒体调查研究分为 4 个具体步骤：① 分析媒体的性质、特点、地位、作用；② 分析媒体传播的数量与质量；③ 分析受众对媒体的态度；④ 分析媒体的广告成本。
18. 在媒体调查研究的诸多方面中，媒体传播的数量和质量是最紧要的问题。
19. 对广告媒体评价指标主要有权威性、覆盖面、触及率、毛感点、重复率、连续性、针对性与效益 8 个方面的内容。
20. 一般说来，可供选择的媒体方案有以下几种：① 单一媒体方案；② 多媒体组合方案；③ 综合性媒体方案。
21. 媒体方案评估的主要内容包括效益分析、危害性分析与实施条件分析3个方面。
22. 广告媒体的组织实施，是对广告媒体方案的具体落实，这一过程包括4个具体步骤：① 与广告主签订媒体费用支付合同；② 购买广告媒体的版位、时间与空间；③ 推出广告并监督实施；④ 搜集信息反馈并对传播效果做出及时的评价。
23. 在影响媒体选择的因素中，基于营销与广告的因素有：① 产品个性；② 目标市场；③ 经销系统；④ 竞争对手；⑤ 广告文本；⑥ 广告预算。
24. 在影响媒体选择的因素中，基于媒体本身的因素有：① 媒体的成本；② 媒体的效益因素；③ 媒体的可行性；④ 媒体的寿命；⑤ 媒体的灵活性；⑥ 媒体同其他营销环节的协调性。
25. 进行广告媒体的选择时，必须遵循如下5项原则：① 目标原则；② 适应性原则；③ 优化原则；④ 同一原则；⑤ 效益原则。
26. 广告媒体选择的方法很多，通常有如下几种方法：① 按目标市场选择的方法；② 按产品特性选择的方法；③ 按产品消费者层选择的方法；④ 按记忆规律选择的方法；⑤ 按广告预算选择的方法；⑥ 按广告效果选择的方法；⑦ 按提高知名度目标选择的方法。
27. 具体选择媒体一般要经过以下4个步骤：① 确定媒体级别；② 确定具体媒体；③ 确定媒体组合原则；④ 进行媒体试验。
28. 效果较佳的媒体组合形式，主要有如下几种：① 报纸与广播媒体搭配；② 报纸与杂志媒体搭配；③ 报纸与电视媒体搭配；④ 报纸或电视与销售现场媒体搭配；⑤ 报纸或电视与邮政媒体搭配；⑥ 电视与广播媒体搭配；⑦ 邮政广告与销售现场广告或海报搭配。
29. 具体安排广告推出时间明细主要从两大方面加以考虑：一是集中与分散的程度，即连续的还是间断的？二是广告推出的频率是保持一贯，还是起伏变化的？

测试题

一、单项选择题

（在每小题备选答案中只有一个是正确的，请将其选出并把选项前的字母填在题后括号内）

1. 电视、广播、电动广告牌、电话等属于（　　）。
   A. 印刷媒体　　　　B. 电子媒体　　　　C. 短期性媒体　　　　D. 专业性媒体
2. POP广告就是（　　）。
   A. 销售现场媒体广告　B. 顶级媒体广告　　C. 户外广告　　　　D. 公共媒体广告
3. DM是（　　）。
   A. 户外广告的一种特殊形式　　　　　　B. 通过互联网发行的广告
   C. 企业自主发布的广告　　　　　　　　D. 直接邮寄的广告
4. 按其传播内容来分类，广告媒体可分为（　　）。
   A. 计量媒体和非计量媒体　　　　　　　B. 间接媒体和专用媒体
   C. 综合性媒体和单一性媒体　　　　　　D. 大众化媒体和专业性媒体
5. 按其功能进行分类，广告媒体可分为（　　）。
   A. 视觉媒体、听觉媒体和视听两用媒体　B. 大众化媒体和专业性媒体
   C. 计量媒体和非计量媒体　　　　　　　D. 印刷媒体和电子媒体等

二、多项选择题

（在每小题备选答案中有 2~5 个正确答案，请将正确选项前的字母填在题后括号内）

1. 报纸传播的弱点有：（　　）。
   A. 时效性短　　　　　　　　　　B. 传播信息易被读者忽略
   C. 理解能力受限　　　　　　　　D. 色泽较差，缺乏动感
   E. 过于通俗

2. 杂志的优势有：（　　）。
   A. 时效性长　　　　　　　　　　B. 针对性强
   C. 出版周期短　　　　　　　　　D. 信息传达及时
   E. 印刷精美，表现力强

3. 广告媒体调查研究分为以下几个具体步骤：（　　）。
   A. 分析媒体的性质、特点、地位、作用　　B. 分析媒体传播的数量与质量
   C. 分析受众对媒体的态度　　　　　　　　D. 分析各类媒体的技术设施
   E. 分析媒体的广告成本

4. 确立媒体目标，就是要明确以下几个因素：（　　）。
   A. 传播对象　　　B. 传播时间　　　C. 传播区域
   D. 传播方法　　　E. 传播费用

5. 媒体方案评估的主要内容包括以下几个方面：（　　）。
   A. 效益分析　　　B. 受众分析　　　C. 客户分析
   D. 危害性分析　　E. 实施条件分析

三、名词解释题

1. 专用媒体
2. POP 广告
3. 触及率
4. 毛感点

四、简答题

1. 简述广播传播的优势。
2. 互联网与传统的大众媒介和其他电子媒体不同的传播特征有哪些？
3. 简述选择媒体方案。
4. 简述媒体方案评估。

五、论述题

1. 试述广告媒体的评价指标。
2. 联系实际谈谈广告媒体选择的原则。
3. 试述媒体选择的步骤。

六、案例分析讨论题

仔细阅读本章的"开篇案例"，然后回答以下问题：

1. 结合电视传播的优缺点，谈谈你对 20 世纪 80 年代可口可乐中国的广告投放策略的看法。
2. 结合对广告媒体的 8 个评价指标，分析一下微信朋友圈上可口可乐中国第一波广告的效果。
3. 试运用媒体方案评估的方法，分析可口可乐中国未来打算将 75% 或以上的广告投放到社交媒体上的这一设想。

第 9 章
广告效果评估

开篇案例

IBM "关键时刻"：广告效果测评的神奇力量[一]

"我的广告费哪儿去了呢？""我的广告有效吗？""做广告难道真的只能是雾里看花凭直觉靠运气？"——我们经常听到这样充满迷惑的追问。其实，如果在广告运作过程中遵循科学性原则、理性的数据分析，我们完全可以减少许多不必要的广告浪费现象。

来自美国费城的商人约翰·沃纳梅克曾说过这样一句话："我知道我的广告费有一半被浪费掉了，但我不知道是哪一半。"冷静地审视我们身边的企业，浪费掉的广告费何止一半！但如果能对广告效果进行经常性的评估，我们会发现，这种浪费并非不可抗拒。

在广告效果评估这一方面，IBM 为我们做出了很好的榜样。

随着电子商务的快速发展，经理们渐渐发现，企业的"后台"，即网上业务以及公司处理客户的订单所需要的硬件或软件非常容易影响自己业务的成功或失败。事实上，管理这种信息基础设施是个非常复杂的过程，不仅要关心客户的业务，还要让现有的许多系统协同运行并共享信息，这样才能获取成功。

互联网的出现为企业缔造了一个充满商机的新世界，这使得 IBM 必须不断地去构建和完善自己的信息基础设施。IBM 的电子商务基础设施广告是由奥美广告公司亲自操刀设计的，着重向公众强调他们所面临的电子商务问题及其解决方案。这系列广告的主题被命名为"关键时刻"（critical moment），旨在对解决顾客的信息基础设施问题产生最大的作用和影响。

在 IBM 公司有这样一条原则——广告在播出或印刷之前，必须经过广告效果的事前测定和评估来证明其效果，并且测定值要达到一定标准之后才能面世。而"关键时刻"系列广告的效果测定就交由位于美国新墨西哥州最大的城市——阿尔布开克的 Ameritest 调查公司来执行。Ameritest 公司要做的就是对电视广告和印刷广告进行调查，诊断其中存在的问题，并估计它对战略的潜在影响。

Ameritest 公司具体是怎么做的呢？奥美广告公司曾为这项基础设施广告活动开发了一个名为"坠落地点"的广告原型，而 Ameitest 调查公司使用了两种调查方法——注意力流量法和情感流量法，对这则广告进行瞬间相互分析，从而实现对"坠落地点"广告原型的诊断，并揭示了如何使用这些调查方法来解析这则商业广告。

[一] 伯奈特. 广告学原理与实务 [M]. 桂世河, 王长征, 译. 北京：中国人民大学出版社, 2009；邱颖. 现代广告学 [M]. 北京：清华大学出版社, 北京交通大学出版社, 2011.9, p293.

对这则"坠落地点"广告原型的诊断后，IBM 另外 16 则商业广告应运而生。这 16 则广告根据 Ameritest 调查公司的标准进行了 9 次测试，这远远超过了 IBM 公司的历史平均水平，而这些诊断结果被用于对那些得分值低的广告进行改进上，直到得分值达到标准后才予以投放。

这项效果测评活动对 IBM 产生了巨大的影响，经过 Ameritest 调查公司测试后的广告相较 IBM 以往的广告，总体增加了 6 点动机（说服）得分。在品牌跟踪调查中，IBM 品牌与"电子商务基础设施"这一关键词的直接联系程度分值上升到 113 分（高于平均水平 13 分）。而这项活动在过去短短 9 个月内，使得营业收入比 IBM 的销售目标高出了 354%。

鉴于广告效果测评调查在这次成功的"关键时刻"广告活动中所扮演的重要角色，广告研究基金（Advertising Research Foundation）授予 IBM 公司以大卫奥格威奖的全场奖。

正如上文所描述的那样，约翰·沃纳梅克[⊖]曾说："我知道我的广告费有一半被浪费掉了，但我不知道是哪一半。"冷静地审视我们身边的企业，浪费掉的广告费何止一半！但如果能对广告效果进行科学的评估，我们会发现，这种浪费并非不可避免。

本章将介绍广告效果评估。首先介绍广告效果具有间接、迟效、累积、耗散与复合 5 个特性；然后进入评估广告效果的几个重要指标，它们分别是销售额、到达率、注意率、记忆程度、购买唤起与 AEI（广告效果指数）等；最后介绍广告评估的实施与分析，主要内容有广告的事前、同步及事后评估，广告的评估方法与对广告效果的分析等。

9.1 广告效果的特性

9.1.1 间接

广告效果最直接的表现就是受众通过接触广告而产生欲望最终产生购买行为。然而，在许多情况下受众虽然已经接触到广告信息，并对广告建立了一定的认识，但没有实现购买行为，他们的表现可能是以后购买，也可能是介绍他人购买，这是广告效果的间接表现。

9.1.2 迟效

广告效果的产生不是一个立竿见影的过程，由于受到多种因素的影响，许多广告往往是经过一段时间后才会发挥作用。从一般产品的销售曲线来看，销售量的峰值在广告投入量的峰值之后。如果把销售量的增加看成是广告效果的话，相对于广告的投入，效果的出现总是要滞后一个时段。

9.1.3 累积

广告活动是一个动态的过程，消费者接受信息的过程也是一个动态的过程。某一广告给

⊖ 约翰·沃纳梅克（John Wanamaker），美国第一家百货商店的创始人，同时也是第一个投放现代广告的商人。1875 年他购买了一个废弃的铁路仓库，改建成一个大商场——"沃纳梅克氏"。他说的这句："我知道我的广告费有一半被浪费掉了，但我不知道是哪一半。"成为营销广告界的名言。

消费者以深刻印象，并对其产生影响，往往是该广告信息传播的累积结果。

9.1.4 耗散

现代市场竞争极为激烈，众多同类产品为占领市场，都纷纷展开大规模的广告活动。这种广告大战，导致广告信息的膨胀，消费者对此会产生拒斥心理，从而造成广告效果的损耗。

9.1.5 复合

广告活动的最终效果离不开企业市场营销的整体战略，因为广告活动只不过是企业营销体系的一个环节而已。产品销售业绩的好坏，离不开企业的产品开发策略、产品定价策略、销售渠道策略以及其他推广策略等。从市场的情况来看，同类产品的竞争状况、消费者的消费习惯都将会影响到广告的效果。因此，广告活动的效果是由多种因素复合作用的结果。

9.2 广告效果的评估指标

9.2.1 销售额

1. 广告效果比率法

广告效果比率法，即用销售量的增量与广告费的增量之间的比率关系来测定广告的效果。其公式为

广告效果比率 = (销售量的增量/广告费的增量) ×100%，即广告效果比率 = $\Delta Q/\Delta P \times 100\%$

由此可见，在广告费的增量不变的前提下，销售量的增量越大，广告的效果越好。在销售量增量不变的前提下，广告费的增量越小，广告的效果越好。

2. 广告效益法

广告效益法，即用每元广告费所对应的销售量增量来衡量广告的效果。显而易见，这个数值越大，广告的效果就越好。

3. 广告费比率法

广告费比率法，即用每百元销售额所支出的广告费来衡量广告的效果。这个数值越小，广告效果越好。

9.2.2 到达率

广告到达，是广告产生效果的前提条件。广告公司或企业可以委托专门的调查机构，负责电视、广播的收视率，报纸、杂志的订阅情况等项调查，从这些调查的结果中可以测量出广告的到达效果。

9.2.3 注意率

关于注意率的测定，有以下两种计算公式。

（1）电视、广播等电子媒介中的认知率公式。

$$认知率 = (b/a) \times 100\%$$

式中，a 为广告节目收视（听）人数；b 为认知广告的人数。

由此可见，认知率含义就是，认知广告的人数占广告节目收视（听）人数的百分比。

（2）**报纸、杂志等印刷媒介中的注意率公式**。

$$注意率 = [(b+c)/a] \times 100\%$$

式中，a 为阅读报纸的总人数；b 为似乎看过报纸广告的人数；c 为确实看过报纸广告的人数。

由此可见，注意率含义就是，似乎看过报纸广告的人数与确实看过报纸广告的人数之和占阅读报纸的总人数的百分比。

9.2.4 记忆程度

对广告回忆的评估主要有两种方法：一是提示回忆法；二是无提示回忆法。提示回忆法是指给受测者某些提示以帮助其回忆的评估方法。无提示回忆法是指不给受测者以任何有关品牌、商品信息的提示，只是询问他们是否记得曾经看到或听到有关某产品类别中的广告的评估方法，从而使他们自然而然地回忆起某产品类别中的某一品牌。

在以上两种回忆法中，无提示回忆法更能评估广告的影响力和穿透力，它表示有关某一品牌的广告活动已在被测者心目中形成了持续较长、较深的印象。

9.2.5 购买唤起

广告传播的最后效果是唤起消费者对某品牌产品所做出的实际购买。对消费者购买行为的唤起被认为是评估广告效果的最强有力的指标之一。作为广告效果的一种评估形式，购买行为又是一个较难测定的概念，因为影响消费者购买行为的主要因素除了广告本身以外，还包括消费者的个人特性、心理需求因素、社会文化因素和市场因素等。虽然如此，在许多情况下，消费者的购买行为还是与广告的唤起有直接关系的。

9.2.6 AEI——广告效果指数

AEI 是以"类型比较法"做调查：把同性质的被检测者分成看过广告的和没有看过广告的两种类型，通过事后测定所得知的各个类型的差，把握广告效果差异。实施广告之后，调查消费者：① 对广告有无认知；② 有没有购买广告的商品。而后按"2×2"分割表，将检测的数字结果用频数分配技术进行计算。

假定结果如表 9-1 所示。

表 9-1　广告效果类型比较

购买	认知	广告认知		合计人数
		有	无	
购买	有	a	b	$a+b$
	无	c	d	$c+d$
合计人数		$a+c$	$b+d$	n

注：表中 a 为看了广告以后购买的人数；b 为未看广告而购买的人数；c 为看了广告未购买的人数；d 为未看广告亦未买的人数；n 为 a、b、c、d 之和，即总人数。

广告效果指数（advertising effectiveness index，AEI）的计算公式如下：

$$AEI = 1/n\{a - (a+c) \times [b/(b+d)]\} \times 100\%$$

9.3 评估实施与分析

9.3.1 事前同步及事后评估

1. 广告效果的事前评估

为了确定广告是否传播了销售信息和提高了产品的认知度，对整个广告活动及相关广告要素做出事前测试与评估。广告的事前测试通常都在广告投放之前进行。广告事前测试评估的内容主要有：① 知觉效果；② 理解效果；③ 消费者对新广告的反应。

2. 广告效果的同步评估

当今广告媒体费用昂贵，营销状况变化不易预测，再加上同业之间竞争的激烈，广告制作者在广告执行过程中对其活动加以测定、评估与修正就显得十分重要了。

同步评估广告活动过程的效果主要有两种测定方法：① 同步性研究，其研究的目的在于广告刊播时测定与评估消费者对广告的注意、理解和反应；② 追踪性研究，为了测量广告在其活动过程中所达到的即时或近期效果，可以在广告执行期间对消费者进行追踪调查与访问。

3. 广告效果的事后评估

事后分析评估是一种传统的广告评估理论，一般在广告活动结束之后才做。它通常采取固定样本、消费者日记、电话访问或其他方式收集资料，以了解消费者对有关广告与销售信息的意见、态度及行为，并将调查的结果与广告活动事前所定的广告目标相比较，并依此来评估广告投资的最后效果。

9.3.2 评估方法

下面的方法在本书第 2 章中已有详细的介绍，这里只是结合广告效果测试的特点做一个简要的交代。

1. 抽样调查法

这是从广告效果调查对象的总体中，按照随机或非随机原则抽取一部分单位作为样本进行调查，并以调查结果推断总体的方法。

2. 问卷法

问卷法就是广告效果调查者运用一系列与广告活动效果指标有关的问题而统一设计的问卷，并选定一定数量的消费者为样本，让他们对有关的问题做出回答，通过统计和分析消费者不同的回答来确定广告活动效果的一种调查方法。

3. 访问法

访问法也称访谈法，它是指调查访问者通过口头交谈等方式向被调查访问者了解有关产品广告效果实际情况的方法。其实也可以把它理解为问卷法的口头交流方式，就是把问卷中的有关问题纳入融洽的语言环境中而达到调查广告效果的目的。

4. 观察法

这是一种由研究者到现场去进行直接观察，凭借视觉、听觉、触觉、嗅觉等感觉器官来搜集非语言行为的数据资料的一种方法。按照观察的地点和组织条件，观察法可分为实地观察和实验观察两种。

5. 比较法

比较法分为广告效果横向比较和广告效果纵向比较两种。

（1）**广告效果横向比较**。这就是通过对同一产品的不同品牌的广告销售效果和自身效果的调查，进行定量、定性的分析比较，从而确定各自品牌的广告的各项要素或指标在实现其目的时候的差异，为调整各自的广告活动计划从理论上和量化分析上加以论证。

（2）**广告效果纵向比较**。这是一种时间上效果差异的调查，就是通过对广告活动前和广告活动后某一品牌的认知度、销售效果相比较，或者将新旧广告前后的效果加以比较。

9.3.3 对广告效果的分析

分析研究广告效果的目的，是为了了解消费者对广告的接受和理解程度，从而不断调整广告策略，提高广告宣传效果，促进商品的销售。对广告效果的分析主要从以下几个方面入手。

1. 对广告经济效果的分析

由于对广告销售效果的测量有一个时滞因素，所以对广告经济效果的分析是比较困难的。由于广告对企业销售额的影响是长期的，而其他促销因素在现实中又带有很大的偶然性（例如有奖销售、季节性降价等因素），所以在分析广告经济效果时可以把这些因素排除在外。

2. 对广告社会心理效果的分析

从品牌建设的角度来考察，广告是对企业品牌形象的长期投资。因此，它更加重视广告的社会心理效果。对于广告社会心理效果的分析侧重于以下几个方面：① 对认知度效果的分析；② 对记忆效果的分析；③ 对情感态度的分析；④ 对购买行为的分析。

3. 关注广告投资陷阱

广告作为投资行为，同样也存在着一个边际收益问题。换言之，当广告投资达到了一定规模并基本上达成了预期目标时，如果再追加广告费用，其投资效果将会怎样呢？答案是：它必然会遵循经济学中的"边际收益递减规律"。

如图9-1所示，当广告投资效果函数处于E点时，也就是广告投资已达到了饱和的状态。图中的阴影部分就是"广告投资陷阱"即出现了广告投资的边际收益递减。在分析广告的效果时，我们应当注意到"广告投资陷阱"的存在，从而更加科学、合理地制订广告的预算计划。

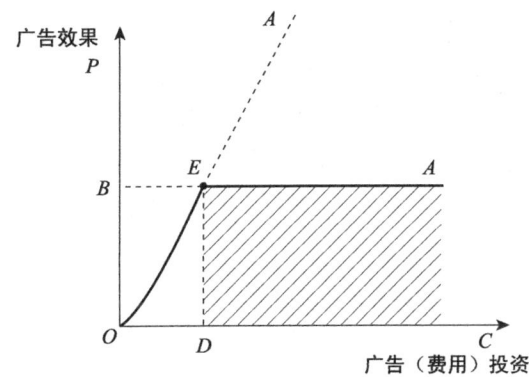

图9-1　广告投资陷阱

当广告投资效果函数处于图中的E点时，广告投资已达到饱和的状态，即出现了广告投资的边际收益递减的情况。所谓"广告投资陷阱"就是图中画阴影的区域。

本章小结

1. 广告效果具有间接、迟效、累积、耗散与复合等特性。
2. 评估广告效果的几个重要指标分别是：销售额、到达率、注意率、记忆程度、购买唤起与 AEI（广告效果指数）。
3. 广告效果比率法，即用销售量的增量与广告费的增量之间的比率关系来测定广告的效果。
4. 广告效益法，即用每元广告费所对应的销售量增量来衡量广告的效果。
5. 广告费比率法，即用每百元销售额所支出的广告费来衡量广告的效果。
6. 到达率。广告公司或企业可以委托专门的调查机构，负责电视、广播的收视率，报纸、杂志的订阅情况等项调查，然后从这些调查的结果中可以测量出广告的到达效果。
7. 关于注意率的测定，有以下两种计算公式。一是关于电视、广播等电子媒介中的认知率公式：认知率 $= (b/a) \times 100\%$。二是报纸、杂志等印刷媒介中的注意率公式：注意率 $= [(b+c)/a] \times 100\%$。
8. 记忆程度。对广告回忆的评估主要有两种方法：一是提示回忆法；二是无提示回忆法。
9. 购买唤起。广告传播的最后效果是唤起消费者对某品牌产品所做出的实际购买，对消费者购买行为的唤起被认为是评估广告效果的最强有力的指标之一。
10. 广告效果指数（advertising effectiveness index，AEI）的计算公式如下：
$$AEI = 1/n\{a - (a+c) \times [b/(b+d)]\} \times 100\%$$
11. 广告事前测试评估的内容主要有：① 知觉效果；② 理解效果；③ 消费者对新广告的反应。
12. 同步评估广告活动过程的效果主要有两种测定方法：① 同步性研究；② 追踪性研究。
13. 广告的事后分析评估通常采取固定样本、消费者日记、电话访问或其他方式收集资料，以了解消费者对有关广告与销售信息的意见、态度及行为，并将调查的结果与广告活动事前所定的广告目标相比较，并依此来评估广告投资的最后效果。
14. 结合广告效果测试的特点，广告效果的调查方法主要有：① 抽样调查法；② 问卷法；③ 访问法；④ 观察法；⑤ 比较法，而比较法又有横向比较与纵向比较两种。
15. 对广告效果的分析主要从经济效果与社会心理效果两个方面入手。对于广告社会心理效果的分析侧重于以下几个方面：① 对认知度效果的分析；② 对记忆效果的分析；③ 对情感态度的分析；④ 对购买行为的分析。

测试题

一、单项选择题

（在每小题备选答案中只有一个是正确的，请将其选出并把选项前的字母填在题后括号内）

1. 公式：（销售量的增量/广告费的增量）×100% 表达的是（　　）。
   A. 广告效益　　　　　　　　　　　B. 广告费比率

C. 消费者认知　　　　　　　　D. 广告效果比率

2. 公式：$(b/a) \times 100\%$ 表达的是（　　）。
   A. 电视、广播等电子媒介中的认知率
   B. 报纸、杂志等印刷媒介中的注意率
   C. 电视、广播等电子媒介中的注意率
   D. 报纸、杂志等印刷媒介中的认知率

3. 公式 $[(b+c)/a] \times 100\%$ 表达的是（　　）。
   A. 电视、广播等电子媒介中的认知率
   B. 报纸、杂志等印刷媒介中的注意率
   C. 电视、广播等电子媒介中的注意率
   D. 报纸、杂志等印刷媒介中的认知率

4. 从广告效果调查对象的总体中，按照随机或非随机原则抽取一部分单位作为样本进行调查，并以调查结果推断总体的方法叫作（　　）。
   A. 访问法　　　　　　　　　B. 观察法
   C. 抽样调查法　　　　　　　D. 问卷法

5. 由研究者到现场去进行直接观察，凭借视觉、听觉、触觉、嗅觉等感觉器官来搜集非语言行为的数据资料的一种方法叫作（　　）。
   A. 访问法　　　　　　　　　B. 观察法
   C. 抽样调查法　　　　　　　D. 问卷法

二、多项选择题

（在每小题备选答案中有 2~5 个正确答案，请将正确选项前的字母填在题后括号内）

1. 广告效果具有以下几个特性：（　　）。
   A. 间接　　　　　　　　　　B. 迟效
   C. 累积　　　　　　　　　　D. 耗散
   E. 复合

2. 评估广告效果的几个重要指标分别是：（　　）。
   A. 销售额　　　　　　　　　B. 到达率
   C. 注意率　　　　　　　　　D. 记忆程度
   E. 购买唤起与 AEI

3. 广告事前测试评估的内容主要有：（　　）。
   A. 知觉效果　　　　　　　　B. 理解效果
   C. 传播效果　　　　　　　　D. 销售效果
   E. 消费者对新广告的反应

4. 广告效果测试的具体方法主要有：（　　）。
   A. 抽样调查法　　　　　　　B. 问卷法
   C. 访问法　　　　　　　　　D. 观察法
   E. 比较法

5. 对于广告社会心理效果的分析应该侧重于以下几个方面：（　　）。
   A. 对认知度效果的分析　　　B. 对记忆效果的分析
   C. 对情感态度的分析　　　　D. 对购买行为的分析

E. 对社会风气的影响

三、名词解释题

1. 广告费比率法
2. 广告效益法
3. 问卷法
4. 访问法
5. 观察法

四、简答题

1. 简述广告效果的特性。
2. 简述广告的记忆程度。
3. 简述对广告效果进行同步评估的两种测定方法。

五、论述题

1. 试述评估广告效果的几个重要指标。
2. 试述对广告效果的事前、同步及事后评估。

六、案例分析讨论题

仔细阅读本章的"开篇案例",然后回答以下问题:

1. 广告效果测定有何意义?
2. Ameritest 调查公司为 IBM 做的是何种评估?有何作用?
3. 在"关键时刻"的广告案例中,除了用销售结果来衡量该广告的表现,我们还能使用别的什么指标来评价该广告?请运用本章知识要点进行分析。

第 10 章
综合案例研究

10.1 植入式广告：007 电影商业成功的奥秘[⊖]

回顾 007 电影所走过的 50 年历史，背后体现了电影娱乐和商业的完美结合，植入式广告的作用功不可没。《皇家赌场》《大破量子危机》《大破天幕危机》是 007 系列电影的第 21～23 部，中国观众尤其是 80 后观众对其印象深刻，影片的商业气息更加浓厚，植入式广告的运用更是炉火纯青。与以往 007 电影中詹姆斯·邦德周身配备的通常为超尖端、超现实的间谍装备不同，从《皇家赌场》开始，邦德的装备发生了根本转变——面向社会大众。除了我们耳熟能详的宝马 7 系列、欧米茄手表、Buoni 西装等高档商品以外，还有索尼－爱立信手机、索尼 VAIO 笔记本电脑、BRAVIA 液晶电视以及 Cyber Shot 数码相机，影片中崭新的、大众化的高科技产品自然地为邦德与邦女郎引出一段段惊心动魄而又赏心悦目的故事情节。

007 系列电影所取得的巨大票房成功有目共睹，但这只是我们关注的热点之一。事实上，007 系列电影在娱乐的同时，巧妙地与商业进行联袂互动，顺利地推广了自身和合作伙伴的产品与形象，从而上演了一场场富有戏剧性的财富盛宴。

几年前，作为当时最新推出的 007 大片，《皇家赌场》自 2006 年 11 月公映后，全球票房收入高达 5.4 亿美元，这一骄人的成绩使该片成为 21 部 007 系列影片中最卖座的一部。此前拥有最高票房的 007 影片是 2002 年上映的《择日再死》，全球票房收入为 4.31 亿美元。据悉，《皇家赌场》2006 年年底在华上映后，占据了 2007 年从情人节到春节的"黄金档期"。据非正式统计，看过 007 电影的观众总数达 20 亿人次，即地球上每 3～4 人就有 1 个曾经看过 007 电影！据不完全统计，这 50 年间的 22 部 007 影片已为制片方带来了近 60 亿美元的收入。作为英语电影中最长寿的影片，007 系列电影在进入 20 世纪 90 年代后加快了"印钞"的速度，一部影片动辄就是三四亿美元的票房。

随着 007 电影的深入人心，除了票房以外的种种衍生品也层出不穷，如小说、漫画、电视、游戏、玩具等，构建了环环相扣的"价值链"体系，从而形成 007 系列为中国人常常比喻的"摇钱树"式的庞大的财富链条。仅以道具拍卖为例，007 电影的道具拍卖得到影迷的

⊖ 吴柏林. 广告心理学 [M]. 北京：清华大学出版社，2011：95. 作者结合网上最新资料进行了调整、改动。另见本书作者的网易博客"上善若水"广告策划论坛：http://blog.163.com/ssrs_wbl/blog/static/731199402010254341958/.

极大追捧，成为创造财富的第一亮点。2001年，伦敦曾举办过一场007电影道具拍卖会，共有来自21部电影的逾250件道具被拍卖。其中第一位邦德女郎厄苏拉·安德斯所穿的比基尼泳衣极受瞩目，结果以4.1125万英镑成交。成交价最高的是1995年电影《黄金眼》中，饰演詹姆斯·邦德的皮尔斯·布鲁斯南所驾驶的1965年出产的经典车——阿斯顿·马丁DB5型跑车以近15.7万英镑成交。另外，在007图书、网络游戏、玩具、藏品等方面，也赚得盆满钵满。

当观众们在舒适的电影院里聚精会神地观赏007系列电影时，往往对影片中刚刚出现的各种品牌如欧米茄、宝马等不太留意。但是，随着各种品牌和影片情节不断交互出现，观众会在不知不觉之中加深对品牌形象的认识与记忆，并且将它们与詹姆斯·邦德所传承的惊险刺激、高档上乘的气质结合在一起。在007系列电影中，我们可以找出众多类似的案例，其共同之处就在于知名品牌的商业信息被魔术般地植入（当我们在"腐蚀"与"渗透"这两个词之间不知该用哪一个更好的时候，"植入"这个词便应运而生了！）。它们直逼观众的心智，成为007电影情节中一个不可或缺的部分。这种品牌商业信息与娱乐产品紧密结合，不分你我的营销传播形式，已经为国内观众所熟悉，其正式名称为"植入式广告"。

知名品牌选择007系列电影作为植入式广告的载体，无疑是十分明智的。在信息过剩的今天，观众往往会有意地过滤一些广告信息。而当名牌和电影、互联网等互动媒体出现，把商业信息与娱乐内容结合于一体，观众就能自然而然地选择和接收这些广告信息，从而产生良好的传播效果，这就是品牌植入的"魔术"效应。与此同时，品牌植入还拥有"不可替代"的特性。当007系列电影在电影院放映的时候，可以在片头插入广告；在电视播出的时候，在电视屏幕的一角可以加入电视台的台标以及栏目赞助的企业标识。但是没有人可以将电影中007驾驶的阿斯顿·马丁或BMW（宝马），佩戴的欧米茄手表，饮用的伯朗杰香槟替换成任何或随便一个不入流的品牌。在007系列电影中，知名品牌广告植入屡见不鲜，以下只点出几个杰出的代表，以供大家参考与借鉴。

第一个出场的是"宝马良驹"——BMW。007系列影片中邦德的座驾一直是"宝马"轿车，这几乎成了该片的定式之一。宝马汽车的优异性能在007系列电影中不仅与剧情巧妙结合，更可以看出很多电影情节是专为宝马汽车的优异性能而专门设计的，十分完美地彰显了宝马汽车的动力及超前的机械、电子的高科技性，使宝马车的尊贵和技术的卓越得到了完美结合。尤其是007系列影片之一的《黄金眼》成功地替宝马Z3大做了一把广告。BMW的多部Z系跑车、750iL等车辆，甚至连旗下摩托车也屡次在邦德耍酷的时候、最需要帮助的时候帮了他的大忙，当然宝马车也借着风靡全球的007成功实现了品牌升值。不少看完007电影的影迷认为，风流倜傥的詹姆斯·邦德都是开着宝马车出门拯救世界的，因此自己也对宝马车产生向往，情有独钟。有数据显示，007系列电影的品牌效应使宝马汽车公司产生了12亿美元的商业溢价（见图10-1）。

第二个是"表中圣者"——欧米茄。欧米茄手表和007电影的首次合作是1995年拍摄的《黄金眼》，在随后的《明日帝国》（1997）、《末日危机》（1999）、《择日再死》（2002）、《皇家赌场》（2006）中，双方一直保持良好的合作关系。詹姆斯·邦德在影片中佩戴的欧米茄海马系列是"勇于冒险"和"风度翩翩"的代名词，与007的精神气质十分吻合。而欧米茄精良的制造工艺、强大的功能设置及高贵典雅的外观设计无一不体现出欧米茄手表超凡的技术和艺术内涵，使之成为历任007的最爱。这些年来，欧米茄成功借助007的传播，从瑞士二三流的手表阵营中脱颖而出，直逼一流手表阵营（见图10-2）。

图 10-1 "宝马良驹"——BMW 与 007（皮尔斯·布鲁斯南饰）

第三个是"枪械王中王"——Walther。在 007 电影中，无所不能的邦德常常佩戴着一支 Walther PPK 7.65mm。而且这个习惯延续了好几十年，贯穿 10 来部电影。毫无疑问，在电影中，Walther 抢尽了观众的眼球，而在现实商业中，Walther 也一再上演着它的营销神话（见图 10-2）。

图 10-2 "表中圣者"——欧米茄、"枪械王中王"——Walther 与 007（丹尼尔·克雷格饰）

第四个是西服顶级名牌——Buoni 西装。Buoni 是来自意大利的国宝级西服，产量很少，以稀为贵，其市场价格大约在 3 000～10 000 美元一套，全世界有 50 多个国家的总统或元首经常穿它迎接贵宾或国事访问。虽然 Buoni 西装贵为顶级名牌，但借助 007 系列电影的传播，也不失为明智之举。例如邦德在影片中的动作很多，一般西装后面的领子往往容易翘起来，而穿 Buoni 西装做任何高难动作，领子都不会翘；无论是被海水浸湿还是在泥泞中打滚，面料笔挺且不会起皱。借此，007 电影无疑为 Buoni 西装做了很好的广告宣传（见图 10-3）。

特别值得一提的是，在 007 中获益最大的汽车厂商要数著名的阿斯顿·马丁了。在历次电影中，它出现的次数最多，且大多贯穿整部电影的核心情节。如在 2006 年上映的《皇家赌场》中，阿斯顿·马丁再次荣升为 007 座驾。可以说，这一年阿斯顿·马丁正是凭借 007 电影的品牌提升为自己扭亏为盈的。

不言而喻，制片方也因此获利甚丰。例如 2006 年的《皇家赌场》，市场推广、宣传费用的 50% 来自影片中的植入广告，50% 来自商业伙伴的广告。无论如何，如果想要在电影中利用詹姆斯·邦德的形象，你就得付钱！

图 10-3　Buoni 西装与 007（丹尼尔·克雷格饰）

007 系列影片被称为电影史上生命力最强、最成功的特工电影系列。1962 年 10 月首部 007 电影《诺博士》公映至今已有 50 年的历史。有趣的是，虽然它刚好诞生在虎年，但因前 20 部未能在华上映，没有让中国人更早感受到詹姆斯·邦德那"虎虎生威"的形象。50 年来，热情的观众真的还没有就它"娱乐和商业的相互渗透"说三道四，也没有为它的"植入式广告"而耿耿于怀。

 案例分析与讨论

（1）什么是植入式广告？请给它下一个定义。

（2）试从案例提到的品牌中挑出一个你感兴趣的知名品牌，上网搜索一下它与 007 电影商业合作的更多细节，就它成功的经验与不足之处总结一下，说出你的三个观点来。

（3）以 2010 年虎年的春晚展开讨论，说出你的观点。

10.2　营销《新快报》[⊖]

2004 年 6 月 30 日上午，由羊城晚报报业集团与侨鑫集团有限公司联手打造的海外华文报纸《澳洲新快报》在澳大利亚悉尼正式出版发行。此举开创了国内报纸品牌登陆西方发达国家的先河，表明中国报业跨国经营已经迈出了重要的一步（见图 10-4）。

⊖　资料来源：吴柏林. 营销《新快报》. 北京：现代广告，1998.

图 10-4 《澳洲新快报》创刊号

2004 年 6 月 30 日，海外华文报纸《澳洲新快报》在澳大利亚悉尼正式出版发行。此举开创了中国报纸品牌登陆西方发达国家的先河，表明中国报业跨国经营已经迈出了重要的一步。

时任澳大利亚总理霍华德、外交部部长唐纳、移民部部长范思彤、工党领袖黎敦、新南威尔士州州长卡尔等专门为该报的出版题写了贺词或发来贺电。

正如中国国务院侨务办公室给《澳洲新快报》发去贺电所说，《澳洲新快报》的发行，将为广大华侨华人提供国际及国内信息，大力宣传中国及广东和澳大利亚的投资环境和商贸机会，为中澳经贸合作和文化交流做出积极的贡献。

留意一下羊城的大小报摊，你一定会被那五光十色、百花齐放的报刊弄得眼花缭乱。用行家的话来评价广州的报业市场，这叫作"过度饱和"，或称为"媒体爆炸"。在这"饱和"与"爆炸"的激烈竞争之下，若想再挤进一家每天 12～16 版的综合性报纸，真还不是一件容易的事情。

1998 年 3 月 30 日，羊城晚报报业集团的《新快报》偏偏在这样的一个背景下创刊了。

真想创造一个奇迹吗？

"是的，至少要给羊城这过热的报业市场带来清新爽快的一丝凉意。"《新快报》的主编说，"然而，仅仅靠胆量是不够的。《新快报》若想在入市时获得成功，非得借助于良好的营销策划推广不可。"

10.2.1 《新快报》的定位导向

创刊之初,《新快报》的策划人首先要解决的问题是:《新快报》应当如何在读者的心目中创建一个属于自己的位置?换言之,就是如何为自己定位?

(1)《新快报》是一种什么样的报纸。《新快报》是由羊城晚报报业集团主管、主办的大型日报。它奉行"全心全意为读者着想"的办报方针。它贴近时代、贴近群众、贴近生活。它注重报道读者关心、街谈巷议的热点问题,它突出实用性内容。它是目前内地首家全彩色印刷的大型日报,它的技术力量雄厚。可以这样说,《新快报》的创刊,拉开了羊城晚报报业集团大发展的序幕。

(2)《新快报》的读者对象是谁。它的读者应该是年轻、前卫、文化消费层次高的群体。可以把《新快报》的读者群概括为"三拥有":

第一,他们拥有青春,这些人很年轻,他们前卫、他们新潮。

第二,他们拥有文化,这些人学历较高,有知识、有能力、有修养。

第三,他们拥有财富,这些人属"白领"阶层,有较丰厚的收入。

(3)《新快报》的特色在哪里。它要以"最新""最快"取胜。它要倡导一种全新的阅读方式:"一个标题,一幅照片,几行文字",清新爽快、简洁明了,迎合国际报业发展的最新潮流。它的版面设计独具特色:《新快报》的版面设计吸取海外报刊的设计优点,风格上与《今日美国报》相仿。

10.2.2 《新快报》的广告传播方式

清晰的广告定位,基本解决了"说什么?""对谁说?"的问题。剩下的关键是"如何说?"

《新快报》请来白马广告公司,组成一个策划小组,就广告的创意与策略做了初步研讨。策划小组想出了不少初级方案,以下罗列一二:

(1)"老少篇"(平面)。广告上有一老一少,画面上方是一位精神饱满的老人正聚精会神地读着他的《新快报》。画面下方是老人的小孙子,这个活泼可爱的小男孩也仰着头从报纸的背面津津有味地读着自己喜欢的内容。方案是想说报纸的阅读对象宽广,老少皆宜。

(2)"空饭桌篇"(影视)。一个温馨的三口之家。餐厅里,年轻的主妇已经摆好饭菜,三个人在餐桌前坐好正准备吃饭。客厅里,"嘭!"的一声,从窗外飞进一捆纸样的东西。先是丈夫站起身来走进客厅里去,后是儿子跟着跑进客厅,半天不见人回来吃饭。主妇纳闷,便"亲自"到客厅里去看个究竟。奇怪的事情发生了:连张罗吃饭的人也不回来吃饭了。结果,餐厅里只剩下一张摆好饭菜的空饭桌。客厅里飞进来的东西是什么?一叠崭新的《新快报》!全家人都给迷住了。该方案想说的是《新快报》的内容新颖、有吸引力,弄得全家人连饭都顾不上吃。

(3)"放大镜篇"(影视)。运用电脑三维动画技术,将在阳光下的《新快报》变形演化为一个放大镜,平行的光束在放大镜下面聚焦,燃起一团炽热的火焰。该方案也无非是想表现《新快报》媒体力量之巨大、社会影响之深刻等。

考虑到作为一个新报刊,《新快报》的宣传重点应该是知名度,应该是"品牌",要集中一切力量去输出《新快报》这个品牌!当年"MTV"问世之时不就是采纳这个策略吗?

经反复研讨，策划小组最后决定运用清新爽快的"《新快报》语言"去推广《新快报》。依照这个思路，白马广告公司再次投入力量进行创作。最后，一个让公众耳目一新的报纸平面广告系列诞生了：

系列之一：新潮开放（可乐篇）。

系列之二：正宗地道（茅台篇）。

系列之三：斯文大方（红茶篇）。

系列之四：清新自然（矿泉水篇）。

10.2.3 《新快报》的媒介策略

在构思创意的同时，策划小组在媒介策略上也做了深入的研讨。

做不做影视广告？做，肯定要做，但不能以一般商品广告的形式出现。若用一般的商品广告形式来做影视广告，《新快报》的声音恐怕会被商业广告极为嘈杂的背景噪声给淹没，不会引起公众的注意，除非你有特别突出的创意。也就是说，影视广告制作费用高昂，不花大本钱很难在该媒体上有突出的表现。另外，影视广告的制作周期较长，要精耕细作，要出好作品，从时间考虑也不太从容。于是，策划小组决定运用电视专题的形式为《新快报》做宣传。他们分别在广州电视台、广东卫星电视台为《新快报》做专题介绍。另外，在广州广播电台、广州珠江经济台上播出特约消息栏目：《新快报》信息与《新快报》特刊。事实证明，这个做法的花费少，周期短，见效快。这也正是《新快报》所倡导的作风。

《新快报》的户外广告做得十分醒目，它在"风神榜"（广州市内的公共汽车站车厅广告）上的精彩亮相，是地地道道的《新快报》风格：简洁明快、主题鲜明。整个广告没有美女（Beauty）、没有动物（Beast）、没有小孩（Baby），甚至没有图案，只有清新亮丽的3个字："新快报"。它集中力量凸显品牌名称，同时也恰到好处地展示了《新快报》"全新阅读方式"的优越性。策划小组戏称此招为"返璞归真"，它完全打破了美女（Beauty）、动物（Beast）、小孩（Baby）垄断广告舞台的"3B模式"。颇有趣味的是，五光十色的"3B模式"反而成了《新快报》的背景，使得这3个字上显得格外突出、引人注目（见图10-5）。

图 10-5 《新快报》在"风神榜"亮相

《新快报》的户外广告做得十分醒目，只有清新亮丽的3个字："新快报"。是地地道道的《新快报》风格：简洁明快、主题鲜明。

策划小组把广告投放的重点放在报纸广告上。在《新快报》创刊号出版的前一个星期，《羊城晚报》陆续刊出《新快报》平面广告系列：

- 3月25日，推出平面广告系列之一——新潮开放（可乐篇）。
- 3月26日，推出平面广告系列之二——正宗地道（茅台篇）。
- 3月27日，推出平面广告系列之三——斯文大方（红茶篇）。
- 3月28日，推出平面广告系列之四——清新自然（矿泉水篇）。
- 3月29日，将平面广告的四个系列汇总：新潮开放、正宗地道、斯文大方、清新自然，即由可乐、茅台、红茶、矿泉水4幅广告构成的"全家福"（见图10-6）。广告画面上的可乐、茅台、红茶、矿泉水均是世界著名品牌，试图传达《新快报》将与世界名牌齐名的意愿。广告语是："无论喜欢哪种口味，《新快报》都一样适合你。"同时提醒读者："《新快报》明天创刊，敬请留意。"
- 3月30日，隆重推出《新快报》发行宣传特刊——"朝朝《新快报》，人生步步高"。

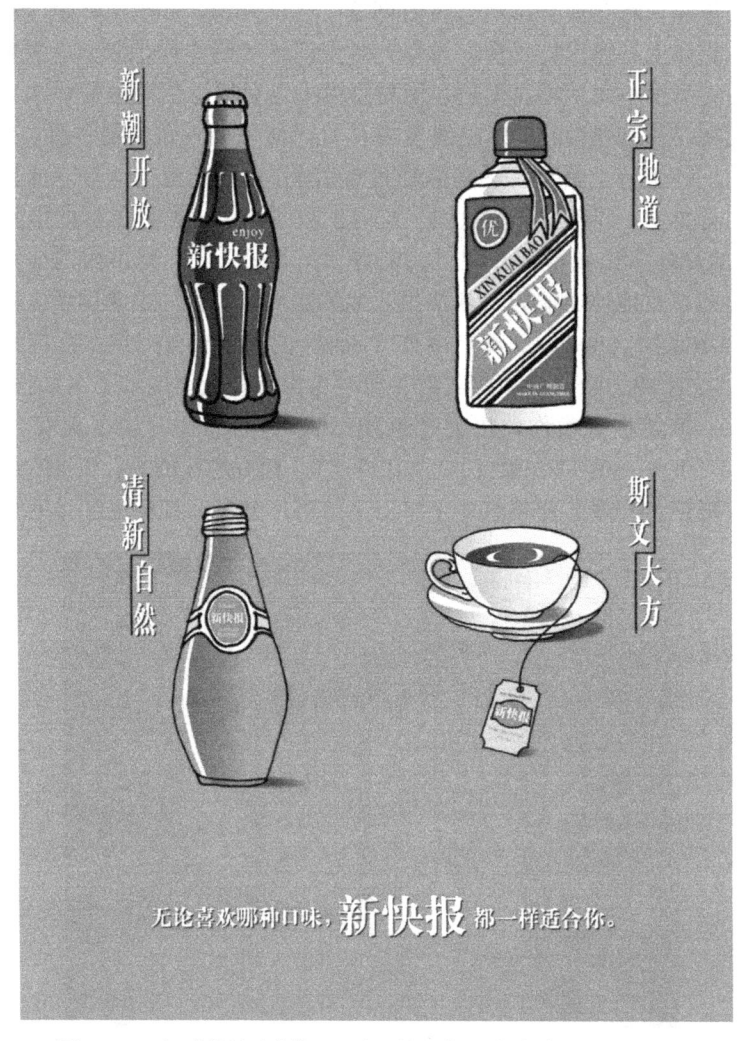

图10-6 在《羊城晚报》上刊登的整版、全彩广告"全家福"

广告画面上的可乐、茅台、红茶、矿泉水均是世界著名品牌，试图传达《新快报》将与世界名牌齐名的意愿。广告语是："无论喜欢哪种口味，《新快报》都一样适合你。"

以上六则宣传广告在《羊城晚报》上均以彩色整版的篇幅出现，如此大能量的视觉冲击，给读者的印象很深，效果非常突出。圆满地完成了"要集中一切力量去输出《新快报》这个品牌！"的传播目标。

3月30日一大早，《新快报》创刊号在广州市大小报摊首次亮相。当天创下8万份的发行纪录。到了下午，有不少市民打电话到报社来问："《新快报》创刊号能否再印？"因为此时广州市内各报摊的《新快报》全部销售一空。许多市民后悔自己没有意识到《新快报》创刊号的收藏价值。

3月30日晚，《新快报》在白天鹅宾馆举行创刊号发行庆祝酒会。政府领导及社会各界前来祝贺，场面十分热烈，又引来了香港和内地诸多新闻媒介的报道，更进一步巩固和刷新了广告宣传的成果。此前此后，又有不少有眼光的广告公司觉察到这家新媒体的发展潜力，纷纷以祝贺广告的形式在《羊城晚报》和《新快报》上表达自己的"爱慕之意"。在短短的一周之内，《新快报》的知名度直线上升，在羊城几乎是家喻户晓。

10.2.4 《新快报》的赠品营销

新报上市附送赠品，这种做法在香港很普遍。受此启发，《新快报》在发行的第一个星期，亦采纳了附送赠品的营销策略。买一份《新快报》，读者可以得到纸巾一包，纸巾当然是最好的。对这个小小的宣传媒体，策划小组也做了精心的设计。纸巾包装用的是双面印刷：一面是《新快报》的品牌名称，让读者有一个清晰的品牌印象；另一面是纸巾的品牌名称（维达），让读者知道"这是最好的纸巾——你受到了奖励"。

令人意外而又欣喜的一个现象值得一提。在《新快报》平面广告系列中曾经提示过会有赠品，但并未引起读者的注意。《新快报》首发的当日，一些贪心的报贩隐瞒实情，悄悄地把赠品"贪污"，没有送给读者。然而，报贩们的贪欲并没有对售报产生任何影响，8万份创刊号在3月30日下午售罄，出现供不应求的局面。显而易见，读者并非是"冲着纸巾而来"，推动他们买报的直接动力是来自营销推广及广告宣传的影响。

良好的营销与广告策划为《新快报》带来了明显的效益。最有说服力的事情有两件：一是报纸的发行量日渐增加；二是登广告的客户闻风而动。按照策划小组的前期设想，头一年的发行量有6万份、第二年达到10万份就算很好；关于报纸的广告收入，头一年并没有太大的期望。出人意料的是，仅仅几个月的经营，《新快报》的发行量就达16万份。广告收入也很可观。《新快报》挂牌的第一天，就有客户前来预登广告，手续办好去交广告费的时候，报社方面居然没有办法给人家开发票。因为《新快报》事先根本没有准备发票，完全没有想到挂牌当天就会有广告收入。

"真是没有想到！"且听策划小组的人如何说："在前期策划中，什么样的意外情况都考虑到了，就是这些个'意外'我们没有想到。"

清新爽快、脱颖而出，《新快报》的确是创造了一个奇迹。

案例分析与讨论

（1）文中写道：

创刊之初，《新快报》的策划人首先要解决的问题是：《新快报》应当如何在读者的心目中创建一个属于自己的位置？换言之，就是如何为自己定位？

- 《新快报》是如何为自己定位的？
- 《新快报》定位的角度是如何选取的？
- 试从定位战术的角度对《新快报》定位的三个导向进行分析。

（2）文中写道：

清晰的广告定位，基本解决了"说什么？""对谁说？"的问题。剩下的关键是"如何说？"

- "如何说？"是关乎广告创意的问题，什么是广告创意？广告创意有哪些特点？
- 结合本案，讨论一下广告创意应该遵循哪些原则？
- 广告创意的基本范畴有哪些？在本案中，《新快报》的广告创意运用了哪些基本范畴？

（3）文中写道：

新报上市附送赠品，这种做法在香港很普遍。受此启发，《新快报》在发行的第一个星期，亦采纳了附送赠品的营销策略。

- 新报上市附送赠品，是否属于"馈赠广告"的范畴？如果不是，它们的区别何在？
- 什么是馈赠广告？它有哪些种类？
- 联系实际，讨论一下馈赠广告的设计原则。

10.3 "代代相传，由你开始"：百达翡丽手表营销[⊖]

凡商业广告都有自己的商业意图，消费者在接触它时不免会产生一种本能的心理戒备。因此，广告的创作者要想方设法消除消费者的这种心理戒备——解除其"心理武装"。例如，站在消费者的立场上说话，设身处地地为消费者着想；以诚挚的情感为桥梁，悄悄进入消费者的内心世界；赋予产品品牌特定的内涵与象征意义，建立起目标消费者对产品的移情联想……这便是所谓的广告"心理共鸣论"。心理共鸣论主张在广告作品中诉说目标消费者珍贵的、难以忘怀的生活经历、人生体验及亲身感受。与此同时，巧妙地将目标消费者的这些经历、体验、感受与企业的产品属性发生关联，进而在产品品牌的特定内涵与目标消费者的移情联想之间建立起一个良好的通道，通过广告作品与消费者生活经历的心理共鸣而产生广告的传播效果。

百达翡丽（Patek Philippe）手表最近在美国《商业周刊》（*Business week*）和《新闻周刊》（*Newsweek*）等杂志上发表的系列平面广告便巧妙地运用了这一策略。百达翡丽的系列广告都用统一的设计格式：一张极具怀旧情调的黑白照片，一款色彩亮丽的手表造型，一段言简意赅的广告文案，一句富有煽情性的广告语。整个广告以一种细水长流式的心理渗透，运用系列广告所特有的持续力量，潜移默化地向消费者施加影响。

该系列广告已经有6个不同的篇目以不定期的形式交叉、重复出现（迄今为止，还没有结束的意向，后续还可能有更精彩的篇目）。每一个篇目与其他篇目的不同之处在于照片中的故事情节的差异。另外，因应产品款式的不同，广告附文的内容会有所调整（见表10-1）。这6个篇目见图10-7至图10-12。

⊖ 资料来源：吴柏林，张艳君. 世代相传，由你开始［J］. 国际广告，2000. 文章的标题略有改动.

图 10-7 领带篇

清晨,和煦的阳光照进了温馨的家。父亲正为准备去上学的男孩打着领带,这男孩低着头凝视着老爸那温暖的双手。

图 10-8 学车篇

  林荫大道上,年轻的母亲正扶护着学骑自行车的女孩。母亲的右手似要放开自行车,但她的左手却又停在女孩子的身边不肯放下。

第 10 章 综合案例研究 223

图 10-9 蒙眼篇

活泼可爱的小女孩正调皮地用双手蒙着妈妈的眼睛,仿佛是在问:"妈妈,你猜我是谁?"

图 10-10 阅读篇

读报的父亲与看小人书的儿子背靠背坐着。一时间,老爸竟被儿子的小人书所吸引,禁不住扭过头来张望。

第 10 章 综合案例研究 225

图 10-11 对弈篇
父子俩在室外的小凳上摆开了"战场"。室外寒风凛凛,父子情意暖融融。

图 10-12 嬉戏篇

一边是高大的父亲,一边是幼小的儿子;一个侧身低头看儿子,一个昂首向上望父亲。不知是什么笑话,逗得父子俩如此开心?

表 10-1　百达翡丽系统广告词

广告正文	你永远无法真正拥有一只百达翡丽表，你只能为你的下一代精心保管它。
广告附文	新款男/女装双时针腕表。即便你身处异地，也可以掌握家中时间①
广告语	代代相传，由你开始

① 这是百达翡丽表诸多款式中的一种，该款有两个时针：一时针为外地时间即"异地"；另一时针为当地时间即"家中"。

在西方，虽然科技发达、经济活跃、生活富裕，但仍有不少人对自己的未来忧心忡忡。世界发展之日新月异，世事变化之难以预料。面对这瞬息万变的世界，人们不得不诚惶诚恐地接受一大堆未知之数。为了生活，人们不得不拼命地工作、工作、再工作……为了不丢掉工作，人们又不得不去参加各种培训，学习、学习、再学习……紧张忙碌的工作、学习使人渴望回归到过去那遥远而淳朴的时代。大家都希望自己能有更多的时间，与父母、家人、子女多相处、多沟通，共享天伦之乐。因此，未来学家沃茨·瓦克尔说："我们正在创建一种新的文化，而我们并不知道会发生什么事，所以需要从过去寻找一些温馨但又模糊的东西。"

百达翡丽表的使用者大都是青少年，而其产品的购买者却是他们的父母——人到中年的怀旧者。该广告的广告语"代代相传，由你开始"是说给孩子们听的，稍稍留意便可注意到，这一句广告语是放在色彩亮丽的手表造型之下，显然是想把孩子们的视线留在此地。而该广告的正文："你永远无法真正拥有一只百达翡丽表，你只能为你的下一代精心保管它。"则是说给父母们听的。该系列广告的主画面充满怀旧的情调，是为了让这些为人父母的中年人能够回到过去，回到他们做孩子时的岁月。广告似乎是在引导这些怀旧者"从过去寻找一些温馨的东西"。广告画面之和谐，广告文案内涵之深厚，意在向产品的目标消费者——孩子及其父母们传达百达翡丽的品牌形象：

- 百达翡丽是维系家庭、子女的手表。
- 百达翡丽是父母与子女感情的纽带。
- 百达翡丽蕴藏、凝聚着血浓于水的亲情。

依此，广告给百达翡丽涂上了一层浓浓的人性色彩，从而淡化了商业广告的功利性。在这一系列广告中，黑白色调的老照片、色彩亮丽的手表造型、蓄意深刻的广告正文、富有煽情性的广告语以及它们之间的有机搭配，可以说是既考虑到了父母又照顾到了孩子，充分表现出广告文案创作者与广告画面设计者的独到功力。例如，仅从设计表现的形式上来看，这一系列广告就很有个性，主画面的图片都是黑白的，在《商业周刊》《新闻周刊》等杂志色彩缤纷的广告世界中反而别具一格，更加引人注目。

从这 6 个篇目中，我们会发现一个非常有趣的现象，那就是广告画面中的"同性别场合"：要么是父与子，要么是母与女。难道这是广告创作者的一个失误？若在广告画面中再出现一下父与女、母与子的场面岂不更好？然而，仔细一想，广告创作者确有他自己的道理，因为手表的款式男女有别，这里的"代代相传"也就只能限于父与子、母与女之间了。另外，站在广告设计者的角度上来看，如果广告介绍的是男款表，画面上就相应出现父与子；如果广告介绍的是女款表，画面上就相应出现母与女，这在设计上似乎更容易处理。事实上，在百达翡丽以前的广告版本中，即使是三代人同时登场，也是同性别场合。如 1997 年百达翡丽在《商业周刊》上的一个广告版本"泡泡篇"中，一个天真活泼的小女孩坐在小轿车里用心地吹着肥皂泡。在她的左边坐的是妈妈——正撅着嘴用力吹，饶有兴致地帮她的忙；右边坐的是外婆——掩饰不住内心的喜悦，笑得合不拢嘴。正是由于产品的属性所致，"同性别场合"便成了百达翡丽广告的另一个特点。

欣赏百达翡丽这一系列广告，无论是视觉感受——看它的画面，还是心理反应——读它的文案，都是一种享受，真是越看越读越有味道。如果有一天百达翡丽的目标消费者在商场看到百达翡丽表，相信他一定会买——为了自己，更为了孩子。

 案例分析与讨论

（1）文中写道：

凡商业广告都有自己的商业意图，消费者在接触它时不免会产生一种本能的心理戒备。因此，广告的创作者要想方设法消除消费者的这种心理戒备——解除其"心理武装"。

- 文中提到消费者的"心理戒备"是什么？讨论一下，心理戒备在市场中有哪些具体的表现？
- 结合本案讨论一下消费者产生心理戒备的原因是什么？
- 仔细阅读并分析这6个平面广告的画面及文案，看看广告策划人是如何解除消费者的"心理武装"的？

（2）文中写道：

从这6个篇目中，我们会发现一个非常有趣的现象，那就是广告画面中的"同性别场合"：要么是父与子，要么是母与女。

- 难道这是广告创作者的一个失误？若在广告画面当中再出现一下父与女、母与子的场面岂不更好？
- 在本书所描述的"定位"中似乎没有涉及"性别"这个变量，"性别"在市场细分中重要吗？试阐述一下你的观点。
- 进而讨论如何在广告定位中，认真考虑"性别"这个变量？

（3）文中写道：

未来学家沃茨·瓦克尔说："我们正在创建一种新的文化，而我们并不知道会发生什么事，所以需要从过去寻找一些温馨但又模糊的东西。"

- 试讨论一下，沃茨·瓦克尔在这里所说的"文化"指的是什么？
- 什么是广告文化？试举例说明广告文化在传达企业文化方面有哪些表现？
- 在本书第1章中有这样一段描述："作为一种独特的文化传播形式，广告传播效果有由浅入深的3个层次：①认知（感知和理解）层次；②情感体验（喜爱和偏好）层次；③行为（尝试和购买）层次。"还记得吗，试对这3个层次深入讨论。

附录 A 各章测试题参考答案

第 1 章 广告策划概论

一、单项选择题

1. A　　2. A　　3. B　　4. B　　5. D

二、多项选择题

1. A、B、C、D、E
2. A、B、D
3. A、B、C、E
4. A、D
5. A、B、C、D、E

三、名词解释题

1. 广告

广告是由特定的广告主通常以付费的方式，运用说服的技巧通过各种传播媒介对产品、服务或观念等信息的非个人的介绍及推广。

2. 广告策划

广告策划就是通过细致周密的市场调查与系统分析，充分利用已经掌握的知识（信息、情报与资料等）和先进的手段，科学、合理、有效地部署广告活动的进程。

3. IMC

IMC 即整合营销传播（integrated marketing communications），是近年出现的营销广告新概念，其核心思想是将与企业进行市场营销有关的一切传播活动一元化。

4. 心理连续性

心理连续性是指消费者对该企业及其品牌的一贯态度。

四、简答题

（答案从略，详见教材的相关内容）

五、论述题

（答案从略，详见教材的相关内容）

六、案例分析讨论题

提示：

1. 在经济衰退时期，仍然强调广告的重要性，从企业发展的战略来看是合适的。应该把广告活动看成是企业经营战略尤其是营销战略的重要组成部分。

2. 企业做广告应该是"投资"而不是"花费"。然而，像任何其他投资一样，广告投资同样存在着风险。

3. 文中提到"让那些杰出公司的领导人亲自讲述广告对于本公司经营成功的作用，证明广告宣传与经营业绩之间的联系"，如果他们讲的是事实，这样做当然能够产生效果。

第2章 广告调查研究

一、单项选择题

1. A   2. B   3. C   4. A   5. B

二、多项选择题

1. A、B、C、D、E
2. A、B、C、D、E
3. A、B、C、D、E
4. A、B、C、D、E
5. A、B、C、D

三、名词解释题

1. 广告调查研究

所谓广告调查研究就是利用市场研究的科学方法，对影响广告活动的相关因素的状况、特点及其相互关系进行调查、分析与研究的过程与活动。

2. 漏斗法

这种技术方法亦称"过滤法"，是指最初提出的问题性质广泛，应答者怎样回答都行，然后逐渐缩小范围，到最后所问的则是特殊的专门问题。

3. 顺位法

这种方法就是列出若干项目，以决定其中较重要的，按程序不同的标准加以排列。

四、简答题

（答案从略，详见教材的相关内容）

五、论述题

（答案从略，详见教材的相关内容）

六、案例分析讨论题

提示：

1. 速溶咖啡与一次性尿布的故事告诉我们，对于消费者购买心理的深层把握是多么重要。在消费者的心目中，产品的价值有时不表现在其物理特性上，而是体现在商品所表达的行为特点或心理特点上。而这些行为特点和心理特点又常常是隐藏着的，存在于深层心理之中，要求我们运用广告调查与研究的方法将它们挖掘出来。

2. 在发展一个有效果的广告策划时需要调查研究，其首要理由是因为产品、消费者以及市场上日益增加的复杂性。

3. 调查问卷的功能主要有 6 个：① 把研究目标转化为特定的问题；② 使问题和回答范围标准化；③ 通过措辞、问题流程和卷面形象来获取应答者的合作；④ 可作为调研的永久记录；⑤ 能加快数据分析的进程；⑥ 可以据此验证调研参与者的有效性。

第 3 章　广告定位策略

一、单项选择题

1. A　　2. C　　3. B　　4. A　　5. D

二、多项选择题

1. B、D、E
2. A、B、C、D、E
3. A、B、C、D
4. B、D
5. A、C、D

三、名词解释题

1. 定位

所谓定位，就是在潜在消费者的心目中为你的产品设置一个特定的位置，这个位置只为你的产品所独占而其他同类产品则不可能拥有。

2. 质量定位

质量定位，也叫品质定位。这个定位方式是通过强调产品的良好品质而对产品进行定位。也就是通过消费者对商品品质的认识来启动他们的需求与购买欲望，并在其心目中确定商品的位置。

3. 色彩定位

色彩定位是在广告宣传中运用色彩表现产品之美感，使消费者从产品及其外观的色彩上辨认出商品的特点。

4. 心理定位

以产品能给消费者心理上的价值定位，突出产品无形的精神功能和给人心理享受和满足，以刺激消费者的购买欲求。

四、简答题

（答案从略，详见教材的相关内容）

五、论述题

（答案从略，详见教材的相关内容）

六、案例分析讨论题

提示：

1. 登录 Nike 的官方网搜索一下，网址是：https://www.nike.com/cn/zh_cn/c/women，你

可以了解到相关信息。

2. 登录 Nike 在中国的官方网搜索一下"NIKE 女孩",网址是:https://www.nike.com/cn/zh_cn/c/girls 你可以了解到更多。

第4章 广告目标与预算

一、单项选择题

1. C   2. A   3. D   4. D   5. C

二、多项选择题

1. A、B、E
2. A、B、C、D
3. A、C、D、E
4. A、B、C、D
5. A、B、C、D、E

三、名词解释题

1. 广告目标

广告目标是广告主根据企业发展战略及企业资源所拟订的希望通过广告来实现的目标。

2. 广告预算

广告预算是广告活动所需费用的计划和控制方法,它规定计划期内从事广告活动所需经费总额和使用范围,是企业广告活动得以顺利进行的保证。

3. 营销目标

营销目标是公司在一个特定时期内所要完成的任务和努力的方向,它以销售额、市场份额、利润和投资收益率等具体可计量的指标来定义。

4. DAGMAR

DAGMAR 即 "Defining Advertising Goals for Measured Advertising Results" 的首写字母的缩写,可翻译为"为衡量广告效果确定广告目标"。

四、简答题

(答案从略,详见教材的相关内容)

五、论述题

(答案从略,详见教材的相关内容)

六、案例分析讨论题

提示:

1. 这是一种典型的"广告无用论"的观点,建议与下面的第2问结合起来讨论。
2. 这种观点在企业中也有一定的代表性,"无论效果如何,有广告总比没有的好"。

约翰·沃纳梅克曾说:"我知道我的广告费有一半被浪费掉了,但我不知道是哪一半?"

冷静地审视我们身边的企业,浪费掉的广告费何止一半!但如果能对广告效果进行经常性评估,我们会发现,这种浪费并非不可抗拒。

3. 关于这一点,请先阅读本书第9章中的相关内容。

第 5 章　广告策略规划

一、单项选择题

1. D　　2. D　　3. B　　4. C　　5. C

二、多项选择题

1. A、B、C、D、E
2. A、B、C、D、E
3. A、C、E
4. B、C、D、E
5. A、B、C
6. A、B、C、D、E
7. A、B、C、D、E
8. A、B、C、D
9. A、B、C

三、名词解释题

1. 广告计划

广告计划，是广告策划的必然产物，是广告策划所决定的战略、策略、方法、步骤的书面体现，是广告策划一系列思维与决策活动的最后归纳。

2. 预测

"预测"是指预先或事前对事物的发展和未来进行料想、推测或估计。

3. 公关广告

公关广告又称"企业广告"或"信誉广告"，它是一种以取得公众对企业的信赖与支持、宣传企业形象为主要目的的传播手段。

4. 馈赠广告

馈赠广告，主要是指对消费者购买广告产品进行物质鼓励，赠以纪念品或礼品、奖品的广告形式。

四、简答题

（答案从略，详见教材的相关内容）

五、论述题

（答案从略，详见教材的相关内容）

六、案例分析讨论题

提示：

1. "广告主题的三个要素"

广告主题是由广告目标、信息个性和消费心理三要素构成的。用公式表示，即

广告主题 = 广告目标 + 信息个性 + 消费心理

其中"消费心理"，即广告目标和信息个性要符合消费者的心理需要。如果不适应顾客

(在这里是被征对象)的心理欲求,这个主题也就不能成为好的主题。

2. 公关广告的目的是在公众心目中树立组织良好的社会形象,围绕这一目标,公关广告的目的有以下几个方面:①提高组织的知名度和美誉度,树立良好社会形象;②协调组织与公众的关系;③实现组织的未来发展战略。

3. 公关广告是广告的一种特殊类型,它不同于其他性质的广告如产品推销广告等。公关广告从本质上来看,不是直接推销产品,而是以提高组织的知名度和美誉度为主要目标。如果说一般商业广告推销的是产品的话,那么公关广告推销的就是企业形象了。

就本案例来看,这是一则由美国陆军发布的广告,更重视的是"军队形象"与"国家形象"。

第6章 广告创意策略

一、单项选择题

1. B　　2. B　　3. C　　4. A　　5. D　　6. D

二、多项选择题

1. A、B、C、D
2. A、B、D、E
3. A、B、C、E
4. A、C、D、E
5. A、B、C、D
6. A、B、C、D、E

三、名词解释题

1. 创意

创意是广告人对广告的创作对象,进行想象、加工、组合和创造的过程,它是使商品潜在的现实美升华为消费者能感受到的艺术美的一种创造性的劳动。

2. 联想

联想,是由一事物想到另一事物的心理过程。

3. 意念

意念,即有一定意志倾向的意识或观念。

四、简答题

(答案从略,详见教材的相关内容)

五、论述题

(答案从略,详见教材的相关内容)

六、案例分析讨论题

几点提示:

1. 广告创意的具体策略:

(1) 立于真实。广告必须真实,真实是广告的生命。在表达广告真实性的广告创意中,实证广告便是重要的一种方法,具体做法是:直观表演、现身说法、真凭实据。

（2）突出个性。广告创意要解决的问题很多，核心问题只有两个，那就是"我是谁？"与"谁是我？"，一句话：要突出个性。

（3）以小见大。所谓以小见大，就是在广告创意过程中，善于捕捉一些关于事件、事实或情景描述的细节，通过对于这个细节的"特写"，突显企业产品的优势与独到之处。

（4）删繁就简。广告用语贵在精练，言简意赅，意尽言止，不说废话。

（5）注重文采。写文章要有文采，写广告文案更要有文采。没有文采的广告是枯燥乏味的广告。枯燥乏味的广告吸引不了人，也就达不到广告传播的目的。

（6）以情动人。所以广告创意必须强调有情有义。只有"情如春雨细如丝"，才能使人在潜移默化中受到美的感染。

（7）意在言外。意在言外是指语意含蓄，广告创意的功力不只是文字的表面。高明的广告创意不是明言直说，而是旁敲侧击，剑走偏锋。

（8）出奇制胜。广告创意是一种创造性的劳动。它以标新立异、推陈出新作为自己的特点。只有出奇、爆冷的广告，才能引起注意，为消费者留下深刻的印象。

（针对本案例的具体分析略）

2. 可结合具体的策略，尝试自己来分析另一个广告的创意所在。

3. 可以借鉴本章学习的"广告创意的方法"：垂直思考法、水平思考法、逆向思考法、分析综合法、加减乘除法、巧布疑阵法、自由发挥法、头脑风暴法。

第 7 章　广告文案写作

一、单项选择题

   1. D   2. B   3. A   4. D   5. C

二、多项选择题

   1. A、B、C、D、E
   2. A、C、D
   3. A、B、C、D、E
   4. A、B、C、D、E
   5. A、B、C、D

三、名词解释题

1. 广告文案

广告文案是广告写作的产品，又叫广告文稿，它是广告作品不可缺少的组成部分。

2. 逆向思考法

逆向思考法实际上是一种颠倒思考法，对广告写作来说，有时把自己想法颠倒一下，也许能够发现一些新的写作思路。逆向思考法有意识地脱离人们习惯的思维轨道，往相反的方向探索。

3. 巧布疑阵法

又称悬念法或解决难题法，我们可以利用广告标题来设置"悬念""难题""关联"与"迷宫"，以此引起消费者的兴趣。

4. 随文

是广告的必要附加说明，一般放在广告文案最后部分。随文的作用是用来告诉顾客怎样购买。例如写明企业名称、地址、电话、电挂、购买手续、银行账号、经销部门等。

四、简答题

（答案从略，详见教材的相关内容）

五、论述题

（答案从略，详见教材的相关内容）

六、案例分析讨论题

提示：

1. 广告文案的立意概括为以下几个方面：① 广告文案的写作目的；② 广告文案的主题；③ 广告文案的内容；④ 广告文案的表现方法；⑤ 广告文案的表现风格。（针对本案例的具体分析略）

2. 广告语，又叫广告口号。它是广告在一定时期内反复使用的特定宣传语句，是使公众理解和记牢的一个确定的观念。广告语的写作类型主要有：① 功效型；② 优质型；③ 双关型；④ 好感型；⑤ 号召型。对广告语的传播要求是：① 简短易记；② 突出特点；③ 号召力强；② 适应需求。（针对本案例的具体分析略）

3. 移动互联网，就是将移动通信和互联网二者结合起来，成为一体。它是互联网的技术、平台、商业模式和应用与移动通信技术结合并实践的活动的总称。4G时代的开启以及移动终端设备的凸显为移动互联网的发展注入巨大的能量。移动互联网时代，用户行为移动化，时间碎片化，追逐简短分享，简易化表达。同时用户审美疲劳化，热点易散化，在线实时化，入口细分化和多元化。在此背景下，《致匠心》文案紧抓新百伦品牌特质，李宗盛的气质非常契合品牌定位，"匠心"这一关键点也很吻合新百伦的独特品质感。文案紧扣主题，既不过于直白又不晦涩——李宗盛对于人与作品间的关系进行了准确的表达，包括需要平静专注的心境、情怀与坚守、人与作品的相互成就、情感沟通等，只要解剖了独白，基本也就把握住了整个广告的主题。而本广告有个副标题：李宗盛的人生哲学——将匠心上升到人生哲学高度，很好地诠释了新百伦的制鞋匠人与鞋子之间的情感勾连以及匠人精神与历史传承。此外可以从表现方法和表现风格谈其传播的优势。局限在于：用户时间碎片化，追逐简短分享，简易化表达，本文案缺乏号召性行动诉求。目前越来越多的品牌和广告强调"情怀"和"工匠精神"，容易使用户审美疲劳化。

第8章 广告媒体策划

一、单项选择题

1. B　　2. A　　3. D　　4. C　　5. A

二、多项选择题

1. A、B、C、D
2. A、B、E
3. A、B、C、E
4. A、B、C、D
5. A、D、E

三、名词解释题

1. 专用媒体

专用媒体（或自用媒体）是指属广告主所有并能为广告主直接使用的媒体，如产品包装、邮寄、传单、橱窗、霓虹灯、挂历、展销会、宣传车，等等。

2. POP广告

POP广告是英文"Point of Purchase Advertising"的缩写，是指在商品进行销售和购买活动的场所所做的广告，它属于销售现场媒体广告。

3. 触及率

触及率用来表示一则广告推出一段时间后，接收到的人数占覆盖区域内总人数的百分比。

4. 毛感点

毛感点是各项广告推出后触及人数占总人数比例之和。该指标表示的是广告在某一媒体上能够达成的总效果。

四、简答题

（答案从略，详见教材的相关内容）

五、论述题

（答案从略，详见教材的相关内容）

六、案例分析讨论题

几点提示：

1. 电视传播的优点：① 视听结合传达效果好；② 纪实性强、有现场感；③ 传播迅速、影响面大；④ 多种功能、娱乐性强。

电视传播的弱点：① 传播效果稍纵即逝，信息的储存性差，记录不便且难以查询；② 受时间顺序的限制，加上受场地、设备条件的限制，信息的传收不如报刊、广播灵活；③ 电视广告的制作、传送、接收和保存的成本较高。

（具体分析略）

2. 对广告媒体评价指标主要有权威性、覆盖面、触及率、毛感点、重复率、连续性、针对性与总效益8个方面，逐点分析可口可乐中国在微信朋友圈的广告效果。

（具体分析略）

3. 从效益分析、危害性分析与实施条件分析3个方面，结合互联网+的时代背景加以分析可口可乐中国未来的广告策略。

（具体分析略）

第9章 广告效果评估

一、单项选择题

1. D　　2. A　　3. B　　4. C　　5. B

二、多项选择题

1. A、B、C、D、E

2. A、B、C、D、E

3. A、B、E
4. A、B、C、D、E
5. A、B、C、D

三、名词解释题

1. 广告费比率法

广告费比率法即用每百元销售额所支出的广告费来衡量广告的效果。

2. 广告效益法

广告效益法即用每元广告费所对应的销售量增量来衡量广告的效果。显而易见，这个数值越大，广告的效果就越好。

3. 问卷法

问卷法就是广告效果调查者运用一系列与广告活动效果指标有关的问题而统一设计的问卷，并选定一定数量的消费者为样本，让他们对有关的问题做出回答，通过统计和分析消费者不同的回答来确定广告活动效果的一种调查方法。

4. 访问法

访问法也称访谈法，它是指调查访问者通过口头交谈等方式向被调查访问者了解有关产品广告效果实际情况的方法。其实也可以把它理解为问卷法的口头交流方式，就是把问卷中的有关问题纳入融洽的语言环境中而达到调查广告效果的目的。

5. 观察法

观察法是一种由研究者到现场去进行直接观察，凭借视觉、听觉、触觉、嗅觉等感觉器官来搜集非语言行为的数据资料的一种方法。

四、简答题

（答案从略，详见教材的相关内容）

五、论述题

（答案从略，详见教材的相关内容）

六、案例分析讨论题

几点提示：

1. 总体来说，进行广告效果测定有以下意义：加强广告目标管理；增强企业的广告意识、提高广告信心；制定更加有效的广告策略；提高广告投资的经济效益。

2. Ameritest调查公司为IBM做的是事前评估。广告的事前评估通常都在广告投放之前进行。广告事前评估的内容主要包括知觉效果、理解效果以及消费者对新广告的反应。针对广告效果进行事前评估不仅有利于确定广告活动的各个相关要素，更有利于确定广告是否传播了销售信息和提高公众对于产品的认知度。

3. 除了对广告经济效果分析之外，还可以对广告的社会心理效果进行分析。如：对认知度效果的分析；对记忆效果的分析；对情感态度的分析；对购买行为的分析等。（针对本案例的具体分析略）

附录 B
广告策划模拟考试试题与参考答案

广告策划与策略模拟考试试卷（A）

一、单项选择题（本大题15小题，每小题1分，共15分）

1. 英文 Advertising（广告）来源于拉丁文的 Advertere，其含义是"注意"或（　　）。
   A. "诱导"　　　　B. "宣传"　　　　C. "传播"　　　　D. "告知"

2. 广告创意是决定广告策划成败的（　　）。
   A. 前提　　　　　B. 关键　　　　　C. 基础　　　　　D. 内涵

3. 在广告策划的探索阶段，有两种类型的调查研究对我们相当有用：一是密集资料收集；二是使用各种（　　）。
   A. "放射"技术　 B. "发散"技术　 C. "投射"技术　 D. "集中"技术

4. 市场调查报告的文体结构一般分为（　　）。
   A. 3个部分　　　 B. 4个部分　　　 C. 5个部分　　　 D. 6个部分

5. 所谓市场细分，指的是市场的划分或称之为市场分割，它是企业为了增加市场营销精确性的（　　）。
   A. 一种努力　　　B. 一种策略　　　C. 一种战略　　　D. 一种战术

6. 产品定位是广告定位的基础，我们可以把产品定位称为（　　）。
   A. "虚拟定位"　 B. "实体定位"　 C. "实效定位"　 D. "实质定位"

7. DAGMAR 即（　　）。
   A. "Defining Advertising Goats for Measured Advertising Results"的首写字母之缩写
   B. "Defining Advertising Goals for Measured Advertising Research"的首写字母之缩写
   C. "Defining Advertising Goods for Measured Advertising Research"的首写字母之缩写
   D. "Defining Advertising Goals for Measured Advertising Results"的首写字母之缩写

8. 几乎所有的广告人都赞同以下两种销售曲线中的一种：（　　）。
   A. 一种是U形的，另一种是S形的
   B. 一种是U形的，另一种是W形的
   C. 一种是倒U形的，另一种是S形的
   D. 一种是倒U形的，另一种是W形的

9. 选择广告方案的方法有筛选法、归并法和（　　）。
   A. 科学归纳法　　B. 简单枚举法　　C. 演绎法　　D. 决策树法
10. 公关广告又称"企业广告"或（　　）。
    A. "公共广告"　　B. "信誉广告"　　C. "抽象广告"　　D. "概念广告"
11. 广告创意"信息模式法"（FCB模式）的提出者是（　　）。
    A. 大卫·奥格威　　　　　　　　B. 威廉·伯恩巴克
    C. 艾·里斯和杰克·特劳特　　　D. 理查德·伍甘
12. 广告文案的写作过程大致会经历（　　）。
    A. 调查、规划、决策及实施4个关键的环节
    B. 研究、讨论及沟通3个关键的环节
    C. 调研、设计及发布3个关键的环节
    D. 立意、构思、修改及完稿4个关键的环节
13. 电视、广播、电动广告牌、电话等属于（　　）。
    A. 印刷媒体　　B. 电子媒体　　C. 短期性媒体　　D. 专业性媒体
14. DM是（　　）。
    A. 户外广告的一种特殊形式　　　B. 通过互联网发行的广告
    C. 企业自主发布的广告　　　　　D. 直接邮寄的广告
15. 公式：（销售量的增量/广告费的增量）×100% 表达的是（　　）。
    A. 广告效益　　B. 广告费比率　　C. 消费者认知　　D. 广告效果比率

二、多项选择题（本大题10小题，每小题2分，共20分）

16. 从海外广告的发展历史来看，已经经过了以下几个时期：（　　）。
    A. 广告分离期　　　　　　B. 广告全面服务期
    C. 传播分离期　　　　　　D. 形象传播期
    E. 整合营销传播期
17. 在广告调查问卷的问题设计中，具体方法有：（　　）。
    A. 二项与多项选择法　　　B. 自由回答法
    C. 漏斗法　　　　　　　　D. 比较法
    E. 顺位法
18. 在为品牌定位的过程中，有以下几点十分重要：（　　）。
    A. 定位明确　　　　　　　B. 形象一致
    C. 眼光长远　　　　　　　D. 刻意求新
    E. 震撼雷人
19. 预算分配的方法有以下几种：（　　）。
    A. 按照广告机能分配　　　B. 按照广告媒体分配
    C. 按照广告地区分配　　　D. 按照广告时间分配
    E. 按照广告商品分配
20. 广告主题由以下几个要素构成：（　　）。
    A. 广告目标　　　　　　　B. 商标形象
    C. 信息个性　　　　　　　D. 媒介安排

E. 消费心理

21. 形象与形象思维在广告创意中有以下几个作用：（　　　）。
    A. 强化产品定位　　　　　　　　B. 构思广告内容
    C. 安排广告形式　　　　　　　　D. 影响产品定价
    E. 塑造企业整体形象

22. 在文案构思的过程中，我们可以朝着以下几个方向进行联想（　　　）。
    A. 接近联想　　　　　　　　　　B. 突发联想
    C. 相似联想　　　　　　　　　　D. 对比联想
    E. 间断联想

23. 报纸传播的弱点有：（　　　）。
    A. 时效性短　　　　　　　　　　B. 传播信息易被读者忽略
    C. 理解能力受限　　　　　　　　D. 色泽较差，缺乏动感
    E. 过于通俗

24. 广告媒体调查研究分为以下几个具体步骤：（　　　）。
    A. 分析媒体的性质、特点、地位、作用
    B. 分析媒体传播的数量与质量
    C. 分析受众对媒体的态度
    D. 分析各类媒体的技术设施
    E. 分析媒体的广告成本

25. 广告事前测试评估的内容主要有：（　　　）。
    A. 知觉效果　　　　　　　　　　B. 理解效果
    C. 传播效果　　　　　　　　　　D. 销售效果
    E. 消费者对新广告的反应

三、简答题（本大题5小题，每小题4分，共20分）

26. 简述整合营销传播的两个明显特性。
27. 简述定位的4种错误。
28. 简述广告决策的基本步骤。
29. 简述广告文案的构思方法。
30. 简述广告语的创作要求。

四、论述题（本大题2小题，每小题10分，共20分）

31. 试述广告定位的十大战术。
32. 对于广告社会心理效果的分析，应该侧重于哪几个方面？

五、案例分析题（本大题只有1小题，25分）

33. 仔细阅读本书第5章的开篇案例[一]，然后回答以下问题。
    （1）文中的图片说明中写道：

[一] 请任课教师注意，如果要以此试卷做考试题用，请务必将此案例打印成阅读材料让学生在现场有讨论的线索和依据。

"一人之军"主题背后的创造性策略是将一种观念置于最重要的位置,即士兵是军队最宝贵的资源,每个人都与众不同,每个人的贡献都关系到团队的成功与否。"一人之军"活动传递了一种信息:一名士兵不是默默无闻的,而是由无数个人组成的强大美国陆军中不可或缺的一分子。

如何理解"士兵是军队最宝贵的资源,每个人都与众不同"?试用本章关于"广告主题策划"中的相关知识分析。

(2)公关广告的目的是什么?

(3)公关广告与产品促销广告的本质区别在哪里?

广告策划与策略模拟考试试卷(A)参考答案

一、单项选择题

1. A   2. B   3. C   4. B   5. A   6. B   7. D   8. C
9. D   10. B   11. D   12. D   13. B   14. D   15. D

二、多项选择题

16. A、B、C、E
17. A、B、C、D、E
18. A、B、C、D
19. A、B、C、D、E
20. A、C、E
21. A、B、C、E
22. A、C、D
23. A、B、C、D
24. A、B、C、E
25. A、B、E

三、简答题

26. 一是战术连续性,二是战略导向性。

27. 定位的4种错误分别是:①定位过低;②定位过高;③定位混乱;④定位怀疑。

28. 广告决策的基本步骤是:①提出问题、分析问题、找出问题关键点;②确立决策目标;③拟订行动方案;④方案评审、优化与选择;⑤贯彻实施、反馈调节。

29. 结合广告文案写作的特点,广告文案的构思方法主要有:①顺向思考与逆向思考;②分析法与综合法;③巧布疑阵法;④自由发挥法;⑤联想思维法。

30. 对广告语创作的要求是:①简短易记;②突出特点;③号召力强;④适应需求。

四、论述题

31. 广告定位的十大战术分别是:①产品定位;②市场定位;③企业定位;④质量定位;⑤价格定位;⑥观念定位;⑦形象定位;⑧功能定位;⑨服务定位;⑩心理定位。

32. 广告社会心理效果的分析侧重于以下几个方面:①对认知度效果的分析;②对记忆效果的分析;③对情感态度的分析;④对购买行为的分析。

五、案例分析题

33. 提示：

（1）"广告主题的三个要素"

广告主题由广告目标、信息个性和消费心理三要素构成。用公式表示，即

广告主题＝广告目标＋信息个性＋消费心理

其中"消费心理"，即广告目标和信息个性要符合消费者的心理需要。如果不适应顾客（在这里是被征对象）的心理欲求，这个主题也就不能成为好的主题。

（2）公关广告的目标是在公众心目中树立组织良好的社会形象，围绕这一目标，公关广告的目的有以下几个方面：①提高组织的知名度和美誉度，树立良好社会形象；②协调组织与公众的关系；③实现组织的未来发展战略。

（3）公关广告是广告的一种特殊类型，它不同于其他性质的广告如产品推销广告等。公关广告从本质上来看，不是直接推销产品，而是以提高组织的知名度和美誉度为主要目标。如果说一般商业广告推销的是产品的话，那么公关广告推销的就是企业形象了。

就本案例来看，这是一则由美国陆军发布的广告，更重视的是"军队形象"与"国家形象"。

广告策划与策略模拟考试试卷（B）

一、单项选择题（本大题15小题，每小题1分，共15分）

1. 市场调查，是进行广告策划的（　　）。
   A. 基础　　　　B. 核心　　　　C. 内涵　　　　D. 外延
2. 整合营销传播（IMC）又有人称它为（　　）。
   A. 新传播　　　B. 新广告　　　C. 新沟通　　　D. 新营销
3. 在发展与评价广告策划上，广告策划人通常使用两种类型的研究：（　　）。
   A. 一是经济研究；二是市场研究
   B. 一是营销研究；二是广告研究
   C. 一是营销研究；二是公关研究
   D. 一是公关研究；二是广告研究
4. 抽样调查法常用的方式有以下3种：（　　）。
   A. 等距抽样、任意抽样与随机抽样
   B. 等差抽样、任意抽样与随机抽样
   C. 等距抽样、任意抽样与任何抽样
   D. 等距抽样、等差抽样与随机抽样
5. 细分消费者市场常用的变量分为两大部分，有些研究人员根据消费者特征细分市场，而另一些研究人员则是通过（　　）。
   A. 广告策划人对消费者的印象来细分市场
   B. 营销者对产品的反应来细分市场
   C. 消费者对产品的反应来细分市场

D. 政府部门对营销者的印象来细分市场

6. 按照大卫·奥格威的观点，品牌形象就是指（   ）。
   A. 品牌个性   B. 企业形象   C. 商标形象   D. 产品个性

7. 广告策划目标是关于广告策略的各个方面所要实现目标的陈述，它们应该建立在（   ）。
   A. 特定传播任务的基础之上   B. 一般销售任务的基础之上
   C. 一般管理任务的基础之上   D. 特定沟通任务的基础之上

8. DAGMAR法对于制订广告促销活动的计划十分重要，很多促销计划的制订者以此作为基础确定目标和（   ）。
   A. 了解消费者的真实想法   B. 清楚自身产品的市场定位
   C. 了解竞争对手的广告策略   D. 评估广告活动的成效

9. 广告主题由广告目标、信息个性和（   ）。
   A. 市场定位三要素构成   B. 艺术性三要素构成
   C. 科学性三要素构成   D. 消费心理三要素构成

10. 如果说一般商业广告推销的是企业产品的话，那么公关广告推销的就是（   ）。
    A. 企业责任了   B. 企业文化了   C. 企业形象了   D. 企业精神了

11. 广告创意"固有刺激法"的提出者是（   ）。
    A. 李奥·贝纳   B. 罗瑟·瑞夫斯   C. 大卫·奥格威   D. 威廉·伯恩巴克

12. USP的具体含义是（   ）。
    A. "Unlike Selling Promotion"   B. "Unique Selling Promotion"
    C. "United State Proposition"   D. "Unique Selling Proposition"

13. 随文是广告的必要附加说明，一般放在广告文案的（   ）。
    A. 导语部分   B. 中间部分   C. 夹在正文中   D. 最后部分

14. POP广告就是（   ）。
    A. 销售现场媒体广告   B. 顶级媒体广告
    C. 户外广告   D. 公共媒体广告

15. 公式：$(b/a) \times 100\%$ 表达的是（   ）。
    A. 电视、广播等电子媒介中的认知率
    B. 报纸、杂志等印刷媒介中的注意率
    C. 电视、广播等电子媒介中的注意率
    D. 报纸、杂志等印刷媒介中的认知率

二、**多项选择题**（本大题10小题，每小题2分，共20分）

16. 整合营销传播的战术连续性又分为：（   ）。
    A. "物理连续性"   B. "社会连续性"
    C. "生理连续性"   D. "心理连续性"
    E. "结构连续性"

17. 广告调查的具体内容有：（   ）。
    A. 影响市场需求因素和市场政策法规调查
    B. 市场供求关系与市场容量调查

C. 市场竞争性调查
D. 广告产品调查
E. 广告活动调查

18. 观念定位在使用时可分为：（　　　）。
    A. "功能定位"　　　　　　　　B. "逆向定位"
    C. "冲突定位"　　　　　　　　D. "是非定位"
    E. "反常定位"

19. 科利认为广告的传播任务应建立在等级模型基础之上，一般按照以下几个步骤进行：（　　　）。
    A. 认知：使消费者知晓公司或品牌的存在
    B. 理解：使消费者进一步了解产品的性能
    C. 深信：使消费者对产品产生心理上的亲切感和购买欲
    D. 行动：使消费者诉诸购买行动
    E. 忠诚：一旦拥有，别无所求

20. 确定广告主题应注意的事项有以下几个方面：（　　　）。
    A. 符合科学发展观　　　　　　B. 引人注目
    C. 浅显易懂　　　　　　　　　D. 整体统一
    E. 独特个性

21. 实施重心法应注意以下几点：（　　　）。
    A. 尊重受众　　　　　　　　　B. 富裕的预算
    C. 手法必须干净、直接　　　　D. 广告作品必须出众
    F. 不要忽视幽默的作用

22. 联想的基本形态有：（　　　）。
    A. 接近联想　　　　　　　　　B. 对比联想
    C. 类似联想　　　　　　　　　D. 因果联想
    E. 直觉联想

23. 间接标题的写作方式主要有以下几种：（　　　）。
    A. 悬念式　　　　　　　　　　B. 寓意式
    C. 提问式　　　　　　　　　　D. 幽默式
    E. 比喻式

24. 杂志的优势有：（　　　）。
    A. 时效性长　　　　　　　　　B. 针对性强
    C. 出版周期短　　　　　　　　D. 信息传达及时
    E. 印刷精美，表现力强

25. 对于广告社会心理效果的分析应该侧重于以下几个方面：（　　　）。
    A. 对认知度效果的分析　　　　B. 对记忆效果的分析
    C. 对情感态度的分析　　　　　D. 对购买行为的分析
    E. 对社会风气的影响

三、**简答题**（本大题5小题，每小题4分，共20分）

26. 简述广告调查的具体内容。

27. 简述 DAGMAR 法可能存在的问题。
28. 简述联想的 4 个基本形态。
29. 简述电视传播信息的优势。
30. 简述选择媒体的 4 个步骤。

四、论述题（本大题 2 小题，每小题 10 分，共 20 分）

31. 以广告调查研究发展广告策略有哪些基本方法？
32. 试述威廉·伯恩巴克提出的实施重心法。

五、案例分析题（本大题只有 1 小题，25 分）

33. 仔细阅读本书第 6 章的开篇案例①，然后回答以下问题。

（1）请留意老鼠、毛驴、猪 3 位主角形象的特别之处。查阅一下本章第 4 节之"三、大卫·奥格威的品牌形象法"中的案例，看有没有新的发现？

（2）试将大卫·奥格威的"穿哈萨维衬衣的男人"与江苏大唐灵狮广告公司的"老鼠、毛驴和猪"加以比较，仔细分析它们的异同之处。

（3）至此讨论一下：如何理解詹姆斯·韦伯·扬在《产生创意的方法》中提出的"旧的要素……新的组合"？该广告公司是如何完成这个"新的组合"的？

广告策划与策略模拟考试试卷（B）参考答案

一、单项选择题

1. A   2. B   3. B   4. A   5. C   6. A   7. A   8. D
9. D   10. C   11. A   12. D   13. D   14. A   15. A

二、多项选择题

16. A、D
17. A、B、C、D、E
18. B、D
19. A、B、C、D
20. B、C、D、E
21. A、C、D、E
22. A、B、C、D
23. A、B、C、D、E
24. A、B、E
25. A、B、C、D

三、简答题

26. 广告调查的具体内容有：① 影响市场需求因素和市场政策法规调查；② 市场供求关系与市场容量调查；③ 市场竞争性调查；④ 广告产品调查；⑤ 广告活动调查。

---

① 请任课教师注意，如果要以此试卷做考试题用，请务必将此案例打印成阅读材料让学生在现场有讨论的线索和依据。

27. DAGMAR法可能存在的问题有：① 等级层次存在的问题；② 销售目标的问题；③ 实用性和成本问题；④ 限制创造性思维。

28. 联想的4个基本形态是：① 接近联想；② 对比联想；③ 类似联想；④ 因果联想。

29. 电视传播信息的优势有：① 视听结合传达效果好；② 纪实性强、有现场感；③ 传播迅速、影响面大；④ 多种功能、娱乐性强。

30. 具体选择媒体一般要经过以下4个步骤：① 确定媒体级别；② 确定具体媒体；③ 确定媒体组合原则；④ 进行媒体试验。

四、论述题

31. 以广告调查研究发展广告策略，有以下5种基本方法：① 焦点小组；② 知觉或品牌认知图；③ 用途研究；④ 动机调查研究；⑤ 利益区划。

32. 威廉·伯恩巴克提出了实施重心法，他认为，实施（广告信息战略的"如何表达"部分）完全可以独立成为自己的内容。广告的技巧不是在于"说什么"而是"如何说"。实施重心法应注意以下4点：① 尊重受众；② 手法必须干净、直接；③ 广告作品必须出众；④ 不要忽视幽默的作用。

五、案例分析题

33. 提示：

（1）江苏大唐灵狮广告公司的"老鼠、毛驴和猪"与大卫·奥格威的"穿哈萨维衬衣的男人"（参见本书第6章6.4.3 大卫·奥格威的品牌形象法图6-8）都戴着眼罩。

（2）建议列一个表格，从时间、产品、广告对象、形象等方面入手进行比较。

（3）这是詹姆斯·韦伯·扬提出的"旧的要素……新的组合"的一个极为有趣的例子。现将"旧要素新组合"的核心内容摘录如下：（详见本书第6章6.3 广告创意过程）

詹姆斯·韦伯·扬，在他所著的《产生创意的方法》中提出了下面的两项重要原则。

第一，创意完全是把原来的许多旧的要素做新的组合。

第二，涉及把旧的要素予以新的组合的能力，此能力大部分在于对（事物间）相互关系的了解。在心理上养成寻求各事物之间关系的习惯，是产生创意当中最为重要的事情。

分析思路：首先要搞清楚哪些是旧的要素？哪些是新的要素？广告公司利用哪些手法将它们做了新的组合？

参 考 文 献

[1] 吴柏林. 广告学原理 [M]. 北京：清华大学出版社, 2009.
[2] 吴柏林. 广告心理学 [M]. 2版. 北京：清华大学出版社, 2014.
[3] 穆虹, 李文龙. 实战广告案例 [M]. 北京：中国人民大学出版社, 2005.
[4] 斯各特·卡特里普, 等. 公共关系教程 [M]. 明安香, 译. 北京：华夏出版社, 2001.
[5] 凯文·凯恩·凯勒. 战略品牌管理 [M]. 吴水龙, 何云, 等译. 4版. 北京：中国人民大学出版社, 2014.
[6] 利连. 营销工程与应用 [M]. 魏立源, 等译. 北京：中国人民大学出版社, 2005.
[7] 菲利普·科特勒. 营销管理 [M]. 何佳讯, 等译. 15版. 上海：格致出版社, 2016.
[8] 威廉 M 普赖德. 营销观念与战略 [M]. 梅青豪, 等译. 北京：中国人民大学出版社, 2005.
[9] 苏比哈什 C 贾达. 国际市场营销 [M]. 吕一林, 等译. 6版. 北京：中国人民大学出版社, 2004.
[10] 弗兰克 F 卡迪斯. 消费者行为与管理决策 [M]. 马龙龙, 译. 北京：清华大学出版社, 2003.
[11] 德尔 I 霍金斯, 戴维 L 马瑟斯博. 消费者行为学 [M]. 符国群, 译. 12版. 北京：机械工业出版社, 2014.
[12] 迈克尔 R 所罗门. 消费者行为学 [M]. 卢泰宏, 译. 10版. 北京：机械工业出版社, 2014.
[13] 罗格 D 布莱克韦尔, 等. 消费者行为学 [M]. 吴振阳, 等译. 10版. 北京：机械工业出版社, 2009.
[14] 西瑟斯, 等. 广告媒体策划 [M]. 闻佳, 等译. 北京：中国人民大学出版社, 2006.
[15] 特伦斯 A 辛普. 整合营销传播：广告、促销与拓展 [M]. 7版. 北京：北京大学出版社, 2006.
[16] 舒尔茨. 整合营销沟通 [M]. 孙斌艺, 等译. 上海：上海人民出版社, 2006.
[17] 汤姆·邓肯. 广告与整合营销传播原理 [M]. 廖以臣, 张广玲, 译. 2版. 北京：机械工业出版社, 2006.
[18] 拉塞尔, 莱恩. 克莱普纳广告教程 [M]. 15版. 北京：中国人民大学出版社, 2005.
[19] P R 史密斯, 乔纳森·泰勒. 市场营销传播方法与技巧 [M]. 方海平, 魏清江, 译. 3版. 北京：电子工业出版社, 2003.
[20] 威廉·阿伦斯. 当代广告学 [M]. 丁俊杰, 程坪, 陈志娟, 等译. 11版. 北京：人民邮电出版社, 2013.
[21] 乔治·贝尔奇, 等. 广告与促销：整合营销传播视角 [M]. 郑苏晖, 等译. 9版. 北京：中国人民大学出版社, 2014.
[22] 大卫·奥格威. 欧格威谈广告 [M]. 洪良浩, 官如玉, 译. 台北：哈佛企业管理顾问公司, 1984.
[23] 保罗 M 莱斯特. 视觉传播：形象载动信息 [M]. 霍文利, 史雪云, 玉海茹, 译. 北京：北京

广播学院出版社，2003.

[24] 大卫·奥格威. 一个广告人的自白 [M]. 林桦，译. 北京：中国物价出版社，2003.

[25] 冯斌，周建中，慕洋. 平面广告创意经典 [M]. 沈阳：辽宁科学技术出版社，1999.

[26] 甘布尔. 有效传播 [M]. 7 版. 北京：清华大学出版社，2005.

[27] 吴柏林. 广告策划与策略 [M]. 2 版. 广州：广东经济出版社，2009.

[28] 唐·舒尔茨，海蒂·舒尔茨. 整合营销传播：创造企业价值的五大关键步骤 [M]. 王茁，顾洁，译. 北京：清华大学出版社. 2013.

[29] 格伦 M 布鲁姆. 公共关系（英文版. 第 10 版）[M]. 北京：中国人民大学出版社. 2013.

[30] 弗雷泽 P 西泰尔. 公共关系实务 [M]. 12 版. 北京：清华大学出版社. 2014.

[31] 马谋超. 广告心理学基础 [M]. 北京：北京师范大学出版社. 1992.

[32] Thomas Wheelen J. Hunger: Strategic Management & Business Policy [M]. 11th ed. New Jersey: Prentice-Hall, 2007.

[33] Fraser P Seitel. The Practice of Public Relations [M]. 12th ed. New Jersey: Prentice-Hall, 2013.

[34] William D Perreault, E Jerome McCarthy. Basic Marketing: A Global Managerial Approach [M]. 14th ed. New York: McGraw-Hill, 2002.

[35] Michael R Solomon, Elnora W Stuart. Marketing: Real People, Real Choices [M]. 9th ed. New Jersey: Prentice-Hall, 2017.

[36] William D Wells, John Burnett, Sandra Moriarty. Advertising: Principles and Practice [M]. 9th ed. New Jersey: Prentice-Hall, 2011.

[37] O'Guinn, Allen. Advertising and Integrated Brand Promotion [M]. 7th ed. South-Western, 2014.

[38] Tom Duncan. IMC: Using Advertising and Promotion to Build Brands [M]. New York: McGraw-Hill, 2002.

网上学习支持与资源共享

"柏林营销广告系列"各专题学习网站：

(1) 广告学原理：http://ettc.sysu.edu.cn/policy/adp_2010/index.htm

(2) 广告创意策略：http://ettc.sysu.edu.cn/policy/asp_adc/index.htm

(3) 广告策划——实务与案例：http://ettc.sysu.edu.cn/policy/cmp_adv/index.htm

(4) 优酷视频"柏树成林"有更多全球优秀影视广告、教师 MBA、EMBA 课堂实录等资源：http://i.youku.com/u/UNDEzNzk1NTY=

另外，读者还可以通过博客、微博与作者互动：

(1) 新浪微博"中山大学吴柏林"：http://t.sina.com.cn/1898673734/profile/

(2) 网易博客"上善若水柏树林"：http://lpsslwj.blog.163.com/